Elke Gerr

Das große Vornamenbuch

Elke Gerr

Das große Vornamenbuch

Bedeutung und Herkunft
Nach Kulturkreisen geordnet
Prominente Namensträger

12., aktualisierte Auflage

humboldt

Bibliografische Information der Deutschen Nationalbibliothek
Die Deutsche Nationalbibliothek verzeichnet diese Publikation in der Deutschen Nationalbibliografie; detaillierte bibliografische Daten sind im Internet über http://dnb.ddb.de abrufbar.

ISBN 978-3-86910-618-2

Die Autorin: Elke Gerr, Studienrätin, befasst sich beruflich wie privat intensiv mit Literatur, Linguistik und Geschichte. Ihre Fachkenntnisse machen sie zu einer Expertin auf dem Gebiet der Namensforschung.

12., aktualisierte Auflage

Eine Marke der Schlüterschen Verlagsgesellschaft mbH & Co. KG,
Hans-Böckler-Allee 7, 30173 Hannover
www.schluetersche.de
www.humboldt.de

Lektorat:	Eckhard Schwettmann
Covergestaltung:	DSP Zeitgeist GmbH, Ettlingen
Innengestaltung:	akuSatz Andrea Kunkel, Stuttgart
Titelfoto:	Panthermedia
Satz:	PER Medien+Marketing GmbH, Braunschweig
Druck:	Grafisches Centrum Cuno GmbH & Co. KG, Calbe

Hergestellt in Deutschland.
Gedruckt auf Papier aus nachhaltiger Forstwirtschaft.

Inhalt

Vorwort 7

Von Hadubrand zu Oliver – ein Streifzug durch die Geschichte unserer Vornamen 9

Lexikon der Vornamen 24
Abkürzungen 24
So finden Sie die Namen, die Sie suchen 25

Männliche Vornamen, nach Kulturkreisen geordnet 27
Biblisch-hebräischer Kulturkreis 27
Antiker Kulturkreis 38
Romanischer Kulturkreis 64
Anglo-amerikanischer Kulturkreis 77
Deutscher Kulturkreis 101
Nordischer Kulturkreis 152
Osteuropäischer Kulturkreis 165
Außereuropäische Sprachen 170

Weibliche Vornamen, nach Kulturkreisen geordnet 172
Biblisch-hebräischer Kulturkreis 172
Antiker Kulturkreis 179
Romanischer Kulturkreis 211
Anglo-amerikanischer Kulturkreis 226

Deutscher Kulturkreis 249
Nordischer Kulturkreis 279
Osteuropäischer Kulturkreis 291
Außereuropäische Sprachen 297

Von Hans und Grete zu Christian und Christina – unsere Vornamen im Spiegel der Statistik 301

Maria Theresia oder Laura – das ist heute die Frage 307

Namenstage 318
Auswahl männlicher Namenstage 318
Auswahl weiblicher Namenstage 320

Namensverzeichnis 322
Männliche Vornamen von A–Z 322
Weibliche Vornamen von A–Z 333

Vorwort

Dieses Buch will Sie, liebe Leser, informieren – über die Entwicklung, die unser Schatz an Vornamen im Laufe der Jahrhunderte genommen hat, über Modetrends und Tendenzen in der Wahl der Vornamen, über berühmte Namensträger und Namenstage, und will Ihnen, liebe Eltern, helfen bei der Lösung der manchmal etwas schwierigen Frage „Wie soll unser Kind denn nun heißen?"

Daher enthält das Buch auch Bemerkungen zu Rechtsvorschriften der Standesämter in den deutschsprachigen Ländern, Rechtschreibungshinweise sowie Ratschläge und Tipps (passen Geschwisternamen zusammen? Welche Länge des Vornamens empfiehlt sich mit Rücksicht auf den Familiennamen? usw.). Wir übernahmen schon früher – und tun es heute auch – unsere bevorzugten Namen häufig von fremden Völkern, seien es Franzosen, Engländer, Skandinavier oder Slawen. Daher gliedert sich der lexikalische Teil unseres Vornamenbuches in die Kulturkreise, aus denen der jeweilige Name stammt. Namen, die durch langen Gebrauch der deutschen Sprache angeglichen wurden und dadurch oft gar nicht mehr ihre ursprüngliche Herkunft erkennen lassen, habe ich deshalb in den deutschen Sprachraum einbezogen (dies gilt zum Beispiel für Hans und Grete, für Susi und Achim). Freilich mag gelegentlich die Zuordnung verwundern, da sich zum Beispiel Namen keltischer Herkunft nicht eindeutig dem englischen oder französischen Sprachraum zuordnen lassen. In solchen Fällen erscheint der Name bei dem Kulturkreis, durch den er zu uns gelangt ist.

Ebenso wie die Zuordnung zu den einzelnen Sprachräumen kann die Auswahl der Vornamen überhaupt willkürlich anmuten. Bei der Fülle vorhandener Namen musste ich mich stark einschränken. Mancher Leser wird den einen oder anderen Namen vermissen. Germanisten wird vielleicht die weitgehende Streichung altgermanischen Namensgutes befremden. Aber mir kam es auf die Namen an, die heute gewählt werden, die modernen Ansprüchen genügen. Daher enthält das Buch auch zahlreiche Namen aus dem anglo-amerikanischen und dem slawischen Bereich, während viele altdeutsche, die heute gar nicht mehr zum lebendigen Namensgut zählen, wegfallen.

Die Erklärung der einzelnen Namen geht auf die vorhandene Literatur zurück, ist also nicht das Ergebnis eigener Forschung. In strittigen Fällen führe ich auch einmal mehrere Deutungsmöglichkeiten auf; man möge sich eine davon aussuchen!

Und nun hoffe ich, Sie, lieber Leser, blättern mit einigem Vergnügen in diesem neuen Vornamenbuch auf dem deutschen Markt, das vor 25 Jahren erste Formen annahm (nämlich 1983), in dem Jahr, als sich der Geburtstag des Verfassers des ersten deutschen Vornamenbuches zum 500. Male jährte: des großen Deutschen Dr. Martin Luther, der im Jahre 1537 sein „Namenbüchlein“ in Wittenberg zusammenstellte.

Sie halten nun die 12., aktualisierte Auflage in Händen, ergänzt und erweitert um 135 aktuelle Namen. Ich bin mir sicher, Sie werden den passenden und richtigen Namen für Ihr Kind finden!

Autorin und Verlag

Von Hadubrand zu Oliver – ein Streifzug durch die Geschichte unserer Vornamen

„Nomen est omen“ und „Name ist Schall und Rauch“ – zwischen diesen beiden Extremen spannt sich der Bedeutungsbogen, den man dem Namen eines Menschen zumisst.

Für uns selbstverständlich: Jeder Mensch hat zumindest zwei Namen, den Vornamen sowie den Familiennamen, auch Vaters- oder Nachnamen genannt. Und wenn wir heute einen Namen für unser Kind aussuchen, möglichst klangvoll, vielleicht sogar etwas ausgefallen oder andererseits ganz modisch, dann haben wir eine Fülle von Möglichkeiten – und damit die Qual der Wahl! Aber war das schon immer so? Wie entstanden überhaupt unsere Namen? Lassen Sie uns einen kleinen Abstecher in die Vergangenheit machen!

Wir müssen weit zurückgehen, ca. 3 000 Jahre, denn in vorgeschichtlicher Zeit bildeten sich unsere Namen aus. Ja, man kann sagen, die Gewohnheit, Mitmenschen benennen zu wollen, sie damit als Individuum hervorzuheben, ist eigentlich etwas, worin der Mensch sich vom Tier unterscheidet. Und Namenbestandteile, die sich auf Tiere beziehen, gehören zu den ältesten Kulturgütern aller Völker! Was bezweckte man damit? Sicher erträumten sich die Eltern in grauer Vorzeit, ihr Kind möge so stark sein wie ein Bär, so ausdauernd wie ein Löwe, so weitblickend wie ein Falke. Das bedeutet, dass man mit der Namengebung ursprünglich eine Wunschvorstellung verband.

Man wünschte seinem Kind bestimmte Eigenschaften, man empfahl es dem Schutz der Götter, man dokumentierte mit der Benennung bestimmte Umstände seiner Geburt (z. B. in einer Mondnacht, bei einem Sturm usw.).

So entstanden die Namen bei allen Völkern der Erde.

In Zeiten, in denen die Kunst des Lesens und Schreibens noch gänzlich unbekannt oder, später, nur wenig verbreitet war, stellte die Benennung eines Menschen seine einzige Identifizierung dar. In sämtlichen indogermanischen Sprachen besteht eine große Verwandtschaft hinsichtlich der Namen: Sie haben meist zwei Bestandteile, die ursprünglich in ihrer Zusammensetzung einen Sinn ergaben. (So urteilt schon Jacob Grimm: „Namen sind in ihrem Ursprung sinnlich und bedeutsam.") Nehmen wir den altdeutschen Namen „Dietmar": Sein erster Bestandteil bedeutet „Volk", der zweite „berühmt", so dass man ihn übersetzen könnte mit „Berühmt-beim-Volk". Circa 600 alte Namen sind gemeinsamer Bestandteil aller indogermanischen Sprachen: So bedeutet das altdeutsche Konrad dasselbe wie das griechische Thrasyboulos, nämlich „Kühn-im-Rat". Der slawische Bogumil entspricht unserem altdeutschen Gottlieb.

Die Bestandteile der Namen stammen in unserer Sprache, das heißt im Altdeutschen, meist aus folgenden Bereichen:

- Namen, die Kraft und Stärke, Kühnheit im Kampf und im Umgang mit Waffen zum Ausdruck bringen (zu brenn = Helm gehört u. a. Luitprand, zu hiltja und gund = Kampf zählt man Hildebrand und Gunther, zu ger und gis = Speer Namen wie Gerhard, zu heri = Heer Werner, zu harti = stark z. B. Volkhard);

- Namen aus dem Friedensleben (waltan = herrschen führt zum Namen Walter, richi = mächtig zu Richard, beraht = glänzend zu Lambert, mari = berühmt zu Dietmar, uodal = Besitz zu Ulrich. Das Wort Adel steckt in Adalbert, das Wort Rat in Konrad);
- Namen aus der Tierwelt (mit Bär hängt Bernhard zusammen, mit Wolf Wolfram, mit Rabe Bertram, mit Eber Eberhard);
- Namen aus der Götterwelt (ase, der Allgemeinbegriff für Gottheit, bringt Namen wie Ansgar oder Oswald zustande).

Der Schatz an weiblichen Namen ist geringer. Auch hier sind es Bereiche wie Kampf und Stärke, vom Ideal der Walküren abgeleitet, die einen Großteil der Namen bilden (Hildegard und Irmgard zum Beispiel); daneben kommt der weibliche Zauber zum Ausdruck in Namen wie Heidrun, Gudrun; weibliche Anmut bei Hulda; Adel bei Adelheid. Auch die Tierwelt ist vertreten in Namen wie Schwanhild und Roswitha (Zusammenhang mit Pferd = hros). Ein guter Teil weiblicher Namen wird auch durch die sogenannte Movierung, das heißt durch Abänderung des entsprechenden männlichen Namens, gebildet (Karla zum Beispiel von Karl).

Bei den zweistämmigen altdeutschen Namen kennzeichnet der zweite Bestandteil das Geschlecht: Die Endungen -gard, -gund, -hild und -lind sind Frauennamen vorbehalten.

Neben der großen Gruppe der zweistämmigen Namen gibt es auch einige einstämmige, die zumeist aus Beinamen entstanden sind: so bedeutet Frank eigentlich „der Franke", Hasso „der Hesse" (die ungebräuchlichere Nebenform Hesso lässt dies leicht erkennen). Namen wie Ernst und Kraft zeigen Eigenschaften an, die den Träger auszeichnen sollen.

Und im Lauf der Zeit änderte sich das Bild unserer Vornamenwelt. Statt einer sinnvollen Kombination von Namensteilen suchte man zum Beispiel Verwandtschaft durch gleiche Bestandteile auszudrücken (so heißen in aufeinanderfolgenden Generationen die ältesten Söhne Hildebrand – Hadubrand – Heribrand), oft auch durch gleiche Anfangsbuchstaben, dem sogenannten Stabreim (wir kennen ihn aus der Nibelungensage von den Brüdern Gunther, Gernot und Giselher). Schließlich begann man, beliebte Namenselemente willkürlich zusammenzusetzen. Damit entstand im Lauf der Jahrhunderte ein fester Bestand gebräuchlicher Namen, der die fast unzähligen Kombinationsmöglichkeiten alter Zeiten ersetzte. Der Sinngehalt der Namen verliert schon vor dem Beginn schriftlicher Aufzeichnungen, den man um das Jahr 800 v. Chr. ansetzen kann, seine Bedeutung. Darauf weist auch die Ausbildung von Kurz- und Koseformen hin, die oft den eigentlichen Namen nur mühsam oder gar nicht mehr erkennen lassen. Wer vermutete zum Beispiel, dass Till zu Dietrich gehört, Benno zu Bernhard, Otto zu Otmar oder Otfried? Diese Kurzformen erhielten indessen bald den Rang selbständiger Namen. Der altdeutsche Namenstyp hielt sich bis ins 12. Jh. n. Chr. Über 90 % der Menschen im heutigen deutschen Sprachraum trugen Namen altdeutscher Herkunft. Erst die Zeit der Kreuzzüge mit der Erschließung des Orients sowie die immer stärker werdende Macht der Kirche führten dazu, dass fremde Namen in unseren Sprachraum eindrangen und allmählich die alten bodenständigen verdrängten. Mit dem 12. Jh. etwa beginnt eine weitere gravierende Änderung in der Benennung eines Menschen.

Solange die Menschen noch in kleinen, überschaubaren Gemeinschaften zusammenlebten, reichte über Jahrhunderte ein Name zur Kennzeichnung eines Menschen, der sogenannte Individualname (eine Erscheinung, die sich bei kulturgeschichtlich jungen Völkern noch heute erkennen lässt; den meisten von uns geläufig durch die Indianerstämme, deren Namenssitten wir von Karl May oder Lederstrumpf her kennen, z. B. „Adlerauge"). Aber der Horizont der Menschen wurde weiter; man wurde mobiler; Handel brachte Menschen aus entfernteren Regionen zusammen. Dazu kam ein Bevölkerungsanstieg, die Städte bildeten immer stärkere Anziehungspunkte – kurz, es reichte nicht mehr, sich nur mit einem Namen zu kennzeichnen; es gab mittlerweile zu viele Archibalde oder Ermintrauds. Daher fing man an, eine Erklärung hinzuzufügen, etwa der Art „der Sohn des Friedrich", „die Tochter des Müllers", „der Lange" usw. So entstanden unsere Nachnamen, zuerst als Beinamen nur an eine Person gebunden, die in unterschiedlichen Gruppen sogar unter verschiedenen Namen bekannt sein konnte: Nehmen wir an, ein Heinrich wird bezeichnet als „Heinrich, der Sohn des Otmar" (Vatersname), „Heinrich, der Schmied" (Berufsbezeichnung), „Heinrich, der Schielende" (Eigenschaft), „Heinrich, der im Steinhaus wohnt" (Herkunftsangabe). Viel später wurden diese Nachnamen erblich und damit erst „Familiennamen".

Und im friesischen Bereich hielt sich noch bis ins 21. Jahrhundert die Sitte, die Kinder mit dem Personennamen des Vaters zu nennen, zum Beispiel Gesa Friedrich = Gesa, die Tochter des Friedrich. Auch heute noch ist es dort erlaubt, den Vatersnamen zwischen Vor- und Familiennamen zu setzen.

Die Ausbildung von Familiennamen begann beim Adel, der sich häufig nach seinem Wohnsitz, seiner Burg, benannte.

(Wir kennen Walther von der Vogelweide, Wolfram von Eschenbach.) Heute gibt es diese Sitte noch in England, wo ein neuernannter Peer sich ebenfalls nach seinem Wohnsitz zu bezeichnen pflegt.

Vom Süden her (Oberitalien, Frankreich) setzte sich die Sitte des Nachnamens im Lauf des 12. Jhs. in süddeutschen Städten durch, wanderte im 13. Jh. ins mittlere Deutschland und gelangte im Lauf des 14. Jhs. bis nach Nord- und Ostdeutschland, wobei immer die Städte den Anfang machten, während man auf dem Lande zunächst keine Veranlassung sah, sich mit einem zweiten Namen näher zu bezeichnen. Das Schriftbild der Nachnamen änderte sich noch über Generationen immer wieder. Erst als man begann, die Namen in Kirchenbüchern und Steuerlisten aufzunehmen, bekamen sie eine feste Form und wurden so auch erblich. Dieser Vorgang zog sich bis etwa 1600 hin.

In Deutschland hat man heute – mit der oben erwähnten Ausnahme von Friesland – einen bestimmten Familiennamen. Es kann seit dem 1. Juli 1976 frei nach Wahl des frischgebackenen Ehepaares der Name des Mannes oder der der Frau sein, oder man wählt die Doppelform. Das ist nicht in allen europäischen Ländern gleich. Im englischen und übernommen davon auch im amerikanischen Sprachraum nimmt man häufig den Mädchennamen der Mutter als Zwischennamen (z. B. Pearl Sydenstricker Buck oder George Gordon Byron), der gewöhnlich mit einem Buchstaben abgekürzt wird (Pearl S. Buck, John F. Kennedy). In Russland trägt man als Zwischennamen den Vornamen des Vaters (Dimitri Dimitrijewitsch Schostakowitsch). In Spanien verbinden sich die Familiennamen von Mutter und Vater (Don Jaime de Mora y Aragon); dafür wählt man dort meist nur einen Vornamen, um den Namen nicht zu lang werden zu lassen. Eine Verknüpfung der Elternnamen kann auch durch Bindestrich geschehen, zum Beispiel bei der Familie Mendelssohn-Bartholdy. Und Island hat immer noch die Sitte, dem Kind den väterlichen Vornamen als Nachnamen zu geben, mit der jeweiligen Endung -son oder -dottir für Sohn beziehungsweise Tochter. (Man denke an die Namen des isländischen Staatsoberhauptes, Frau Vigdis Finnbogadottir, und des Regierungschefs Gunnar Thoroddson.) Auch Vorsilben oder nachgestellte Silben geben oft einen Hinweis auf den alten Brauch der Benennung mit dem Vornamen des Vaters: Ein angehängtes -s bedeutet bei uns Sohn oder Tochter des ... (Friedrichs, zum Beispiel); -ing und -sen geben ebenfalls die Abstammung an (Andersen, Lortzing). Das spanische -ez bedeutet Sohn (Hernandez), im Schottischen ist es die Vorsilbe Mac, im Normannischen Fitz, im Irischen O', Ben im Hebräischen, Ibn im Arabischen.

Dieser Schritt zur Zweinamigkeit, der für uns heute so selbstverständlich ist, hat sich also in geschichtlich junger Zeit – im Verhältnis zu den Personennamen – entwickelt. Aber schon über 1500 Jahre vor uns gab es ein solches Namensystem bei den Römern: Durch ihre Expansionspolitik ergab sich für sie viel früher die Notwendigkeit, ein festes Namensystem auszubilden. Sie nahmen sich andere mittelitalienische Volksstämme zum Vorbild und entwickelten bereits vor Beginn schriftlicher Aufzeichnungen (vor 500 v. Chr.) ein System aus mindestens drei Namen: Zum Individualnamen trat ein Sippenname, dazu ein Beiname, der Einzelzweige einer großen Sippe kennzeichnete.

Unter diesem Beinamen sind uns viele große Römer heute bekannt: Cäsar zum Beispiel hieß eigentlich Gaius (Vorname)

Julius (Sippenname) Cäsar (Beiname); Cicero war vollständig Marcus Tullius Cicero. Mit dieser Ausbildung eines starren Systems mehrerer Namen ging ein Verlust an Vornamen einher. Um Christi Geburt verfügte man nur über ca. 20 Vornamen! Diese sind, im Unterschied zu den übrigen indogermanischen Sprachen, meist einstämmig, verkürzte Formen alter Vollnamen, Götternamen (wie Markus zum Kriegsgott Mars) oder einfach Zahlen (wie Quintus = der Fünfte, Tertia = die Dritte). Man führt das auf den nüchternen Sinn der Römer zurück.

Eine ähnliche Entwicklung setzte dann auch im deutschsprachigen Raum ein: Zum einen durch die Übernahme fremder Vornamen, zum anderen durch die Entwicklung der Nachnamen kommt es zu einem starken Schwund bei den altdeutschen Namen. Ein großer Teil kann nur dadurch überleben, dass er zu Nachnamen wird und seinen Charakter als Personennamen völlig verliert. (Wer denkt zum Beispiel bei Meinrad noch an einen Vornamen?) Von den Tausenden altdeutscher Namen blieben zwischen ein- und zweitausend übrig. Die neuen Namen, deren Einfluss von Generation zu Generation wächst, stammen aus dem hebräischen, dem griechischen und dem lateinischen Sprachraum. Im 16. Jh. dann stellte die Kirche Heiligenkalender auf, die bindend waren bei der Namenwahl; das heißt zu der Zeit, da die Kirche die dominierende Macht in Europa war, gab es die uns heute so selbstverständliche Freiheit bei der Wahl der Vornamen noch nicht. Die Heiligenkalender führten aber – auf dem Weg der Heiligsprechung eines bedeutenden Namensträgers – dazu, dass ein gewisser Bestand an altdeutschen Namen erhalten blieb (z. B. Bernhard). Waren zwischen 800 und 1000 n. Chr. noch über 90 % der im deutschen Sprachraum gewählten Vornamen altdeutscher Herkunft (die älteste Namensammlung auf deutschem Boden, die von St. Gallen, weist bei 1 069 Namen nur 31 fremde auf, das heißt hebräische und lateinische, die etwas jüngere Fuldaer Sammlung nennt bei 4 588 Namen nur 89 nichtdeutsche, sondern hebräische, griechische oder lateinische), so verkehrt sich das Bild bis zum Beginn der Reformation: 90 % aller Namen sind nunmehr die von Heiligen, damit meist fremden Ursprungs. Nur der Adel bewahrte seine traditionsreichen Vornamen, so die Hohenzollern Friedrich und Wilhelm, die Habsburger Rudolf. Die Namen, die die Kirche verbreiten half, stammen aus dem hebräischen, griechischen und lateinischen Sprachraum; es sind Namen der Heiligen Familie, der Erzengel, der Apostel, der Propheten, der Nothelfer. Dazu kommen Orts- und Landesheilige wie Kilian in Würzburg, Sebald in Nürnberg, Wenzel in Böhmen sowie Schutzpatrone (Georg ist bekannt als Patron der Reiter, Hubertus als der der Jäger). Durch Heiraten mit fremden Fürstenhäusern gelangten auch nichtkirchliche fremde Namen zu uns, zunächst beim Adel verbreitet, dann durch das Patensystem (man nannte das Neugeborene meist nach seinem hochgestellten Paten) auch in die unteren sozialen Schichten absinkend. Es werden so vor allem fremde Frauennamen bei uns heimisch, wie Beatrix und Irene. Die fremden Namen bleiben auf ihrem Weg durch die sozialen Schichten nicht unverändert: Das einfache Volk verstand ja ihre Bedeutung nicht, man deutschte sie ein, es bildeten sich zahlreiche Kurzformen aus. Ja, man kann sagen, an der Anzahl der Nebenformen lässt sich die Beliebtheit eines Namens ablesen: So entwickelte sich Johannes u. a. zu Hans, Margarethe zu Grete. Von Nikolaus gibt es sogar 480 Neben-, Kurz- und Koseformen (man denke an Niklas, Nicky, Klaus). Gelegentlich verschmolzen die fremden Namen auch mit einheimischen: Judith vermischte sich mit Jutta; aus Hiob und Jodokus wurde der Name Jobst.

Hat sich der Namensschatz, den die katholische Kirche verbreitete, vornehmlich im Bereich der anerkannten Heiligen bewegt, so werden mit der Reformation immer mehr Namen aus der Bibel übernommen. Daneben wirken die Namen Martin Luthers und seiner Frau Katharina v. Bora stark als Vorbild. Der Kalvinismus beschränkt sich weitgehend auf Namen aus dem Alten Testament. Daher spielen diese, durch den Einfluss der Puritaner, im angloamerikanischen Bereich noch heute eine bedeutende Rolle. Die Übernahme fremder Namen blieb aber nicht ohne Widerspruch; es gab viele Leute, die das Verschwinden des einheimischen Namengutes beklagten. Andererseits übernahmen aber auch andere Völker, vornehmlich romanische, die altdeutschen Namen, die auf diesem Umweg Generationen später wieder in den deutschen Sprachraum gelangten: Als Beispiel sei der Name Ferdinand erwähnt, der altdeutschen Ursprungs ist, über Frankreich nach Spanien kam, später durch die spanischen Besitzungen der Habsburger wieder im deutschen Sprachraum heimisch wurde.

Im 16./17. Jh. gab es keine großen Veränderungen in unserem Namenwesen. Der Versuch der Humanisten, antike Namen bei uns volkstümlich zu machen, scheiterte, mit Ausnahme der Namen Cornelia und Augustus. Neue Namen entstanden im 17./18. Jh. durch den Pietismus. Er lehnte fremde Namen ab und bemühte sich um eine – teilweise groteske – Eindeutschung: Dorothea wurde mit Himmelhulde übersetzt, Philipp mit Ritterhold; aus Adam wurde Erdmann mit dem weiblichen Gegenstück Erdmuthe. Auch schuf er neue Namen, nach altdeutschem Vorbild zweistämmig: Traugott, Leberecht, Christlieb, Gottliebe, Bringfriede ... Aber nur wenigen davon gelang es, volkstümlich zu werden.

Mit dem 17. Jh. kam auch eine Tendenz auf, die heute noch bedeutend ist für unseren Vornamenbestand: Modische Einflüsse machten sich breit; es wurde interessant, Namen aus Nachbarsprachen zu übernehmen. Wie üblich geht der Adel bei dieser Entwicklung voran. Nach Generationen sind die Namen auch in den unteren sozialen Schichten angelangt. Durch Reformation und Gegenreformation, durch die Schrecken des 30-jährigen Krieges hat somit die Kirche ihren dominierenden Einfluss auf diesem Gebiet verloren. Das 17. Jh. steht ganz im Zeichen französischer Namen. Das Vorbild des Sonnenkönigs wirkt also nicht nur auf den Baustil ein (Schlösser nach dem Vorbild von Versailles entstanden ja allenthalben), sondern auch auf die Wahl der Vornamen im deutschen Sprachraum. Es verbreiten sich Jean, Charles, Henri, Louis, Louise, Namen auf -ette wie Henriette, Babette, Annette. Ja, sogar altdeutsche Namen können mitunter einen französisch beeinflussten Akzent erhalten: So ist uns heute der Name Adele mit seiner französischen Betonung auf dem e geläufig, während man ihn früher deutsch auf dem A betonte. Noch gravierender als bei uns ist der französische Einfluss auf die englischen Namen gewesen; der altenglische Namensschatz wurde seit dem 12. Jh. weitgehend durch französische Namen ersetzt. Der Einfluss kirchlichen Namengutes erfolgte hier erst später. Zu uns kamen dann im 18. Jh. im Zuge der Übersetzungen zum Beispiel der Shakespeare-Dramen und der Ossian-Dichtung als neue Welle englische Namen wie Eduard, Oskar, Selma. Auch verdrängte die englische Koseformendung -y das deutsche entsprechende -i. Harry und Fanny wurden volkstümlich, Willi wurde zu Willy, Gabi zu Gaby. Das 19. Jh. ist gekennzeichnet durch mehrere Strömungen: Die Romantik mit ihrer Vorliebe für Ritterdichtung, alte Sagen und Opern zu diesen Sagenstoffen lässt die altdeutschen Namen wieder aufleben, zum Beispiel Kuno und Elsa. Die weit verbreitete Herrscherverehrung sorgt dafür, dass Namen wie Luise und Friedrich, Franz und Ludwig zu Modenamen werden. In der Zeit des Krieges von 1870/71 treibt das Nationalbewusstsein sonderbare Blüten, wenn Namen wie Sedanie und Gravelotte (nach den großen Schlachten) gewählt werden, eine Tendenz, die sich mit Hindenburgine und Hitlerine in unserem Jahrhundert fortsetzte, zum Glück aber eine Ausnahme blieb!

Dagegen sind bedeutsam die Einflüsse von Literatur und Kunst, die sich bereits ab Ende des 18. Jhs. auf die Namenwahl auswirken: Durch Goethe verbreiten sich Namen wie Lotte und Ottilie, durch Schiller Johanna und Luise, durch Klopstock Horst. Auch die Belletristik wirkt hier mit. Scheffel sorgt für die Verbreitung des Namens Ekkehard, durch Stifter wird Brigitta populär, durch Löns kommt Rosemarie in Mode. Zum Ende des 19. Jhs. hin sind es slawische und nordische Namen, die durch die Übersetzungen der dortigen Literatur – Ibsen, Tolstoi – bei uns heimisch werden: Namen wie Harald und Ingrid, Alexander und Olga. Auch der Tourismus beginnt, einen Einfluss auszuüben. Aus dem Mittelmeerraum gelangen Namen wie Rosa und Eleonore zu uns. In unserem Jahrhundert wuchs der Bestand an Vornamen stark an. Der 1. Weltkrieg und der Beginn der Republik ließen alte Traditionen mehr und mehr schwinden; dafür wurde die Übernahme von Namen aus anderen Kulturkreisen (vorwiegend aus dem Romanischen, Angloamerikanischen, Slawischen und Nordischen) immer bedeutsamer. Namenmoden wechseln heute häufiger als in früheren Zeiten. Das zeigt sich zum Beispiel an den Doppelnamen: Sie erlebten im 16. und 17. Jh. eine erste Blüte (Johann Wolfgang v. Goethe, Gotthold Ephraim Lessing), oft bildeten dabei Heiligennamen einen Bestandteil (bei Frauennamen vorwiegend Anna, Maria, Elisabeth, Katharina und Margarethe). Im 18. und 19. Jh. ging die Bedeutung der Doppelnamen stark zurück und wurde zu Beginn unseres Jahrhunderts neu belebt. Dazu trug in erster Linie die Operette „Alt-Heidelberg“ bei, die den Namen Karl-Heinz populär machte. In den 20er und 30er Jahren erlebten die Doppelnamen einen Boom (Hansjoachim, Klausdieter, Hannelore, Rosemarie usw.). Heute spielen sie keine große Rolle mehr. Das 3. Reich führte zu neuer Blüte der nordischen und altdeutschen Namen, z. B. Siegfried und Karin.

Nach dem 2. Weltkrieg wuchs die Vielfalt der Namen noch, beeinflusst durch die Massenmedien. Statt Herrscher und Politiker (Bismarck z. B. stand Pate für viele kleine Ottos im 19. Jh.) nimmt man sich heute Stars von Film und Fernsehen, Künstler und Sportler zum Vorbild: So heißt mancher Uwe nach Uwe Seeler, und eine Anfang der 60er Jahre geborene Marika dürfte mit ziemlicher Sicherheit Marika Kilius als Vorbild haben. Nach den Olympischen Spielen 1972 in München wurden – wenn auch nur kurzfristig und vereinzelt – Olympia oder Olympos bei den Standesämtern angemeldet. In jüngster Zeit ist ein gewisser Anstieg von Namen aus der amerikanischen Fernsehserie „Dallas“ festzustellen; Sue Ellen und Charlene z. B. waren früher nur höchst selten vertreten. Aber man darf den Einfluss des Fernsehens auch nicht überschätzen. Andere Motive bei der Namengebung überwiegen meist.

Das Zahlenverhältnis von männlichen zu weiblichen Vornamen ist heute annähernd gleich, während früher die Anzahl an Frauennamen überwog; was vielleicht damit zusammenhängt, dass die Söhne als Stammhalter eher traditionsgebundene Vornamen erhielten, während bei den Mädchen Wohlklang und Modetrends schon früher eine Rolle spielten.

Die Namenwahl unserer Tage ist nicht mehr klassengebunden. Beliebte Vornamen erscheinen nahezu gleichzeitig in allen sozialen Schichten. Ebenso hat sich der landschaftliche Einfluss stark abgeschwächt. Jan, Dirk und Silke finden auch im Süden zahlreiche Anhänger; der früher auf den süddeutschen Sprachraum beschränkte Florian ist auch im Norden beliebt. Nur im Grenzgebiet spielt der Einfluss der Nachbarkultur eine Rolle, so dass im Südwesten unseres Sprachgebiets französische Namen häufiger sind als anderswo, im Norden skandinavische und im Südosten slawische. Landschaften, die heute noch starke Bindungen an traditionelles Namensgut aufweisen, sind Ostfriesland, mit Namen wie Abbo, Boje, Momme, Onno; und Niederbayern, wo Franz Xaver und Elisabeth zu den beliebtesten Namen zählen. Reto, Urs, Orell deuten auf Schweizer Herkunft des Namensträgers hin, ein Beat oder Donat stammt meist aus Tirol.

Manche Stilblüten seien hier nicht verschwiegen, die im weiteren Verlauf dieses Buches aber keine Rolle spielen: Gneisenauette, Winnetou, Winzbraut oder gar Pepsi-Carola wurden tatsächlich von deutschen Standesämtern zugelassen, spielen in diesem Buch aber keine Rolle. Ihrem Kind erweisen Sie damit keinen Gefallen.

Über 3000 Jahre alt ist die Geschichte der Vornamen im deutschen Sprachraum – und welche Wandlungen haben sich in diesem Zeitraum vollzogen! Aber noch heute gilt das Wort des griechischen Philosophen Plato aus dem 4. Jh. v. Chr.: „Die Namenserteilung ist kein gleichgültiges Anliegen und sollte nicht vom Zufall abhängen!“

Lexikon der Vornamen

Abkürzungen

ahd.	= althochdeutsch
altdt.	= altdeutsch
altengl.	= altenglisch
altfranz.	= altfranzösisch
amer.	= amerikanisch
angloamer.	= anglo-amerikanisch
ant.	= antik
arab.	= arabisch
außereurop.	= außereuropäisch
AT	= altes Testament
bibl.	= biblisch
bulgar.	= bulgarisch
bzw.	= beziehungsweise
ca.	= circa
christl.	= christlich
dän.	= dänisch
d. h.	= das heißt
dt.	= deutsch
EF	= erweiterte Form
engl.	= englisch
europ.	= europäisch
ev.	= evangelisch
evtl.	= eventuell
Fam.name	= Familienname
franz.	= französisch
fries.	= friesisch
Gd.	= Gedenk- oder Namenstag
german.	= germanisch

griech.	= griechisch
hebr.	= hebräisch
Hl.	= Heilige(r)
isländ.	= isländisch
ital.	= italienisch
Jh.	= Jahrhundert
jüd.	= jüdisch
jugoslaw.	= jugoslawisch
kath.	= katholisch
kelt.	= keltisch
KF	= Kose- oder Kurzform
lat.	= lateinisch
lit.	= literarisch
lt.	= laut
m	= männlich
MA	= Mittelalter
n. Chr.	= nach Christus
N	= Norden
NF	= Nebenform
niederdt.	= niederdeutsch
niederländ.	= niederländisch
nord.	= nordisch
norddt.	= norddeutsch
norweg.	= norwegisch
NT	= Neues Testament
oberdt.	= oberdeutsch
osteurop.	= osteuropäisch
österr.	= österreichisch
östl.	= östlich

pers.	= persisch	slaw.	= slawisch
poln.	= polnisch	span.	= spanisch
portug.	= portugiesisch	süddt.	= süddeutsch
rätorom.	= rätoromanisch	tschech.	= tschechisch
röm.	= römisch	TV	= Fernsehen
roman.	= romanisch	u. a.	= unter anderem
rumän.	= rumänisch	ungar.	= ungarisch
russ.	= russisch	v. Chr.	= vor Christus
S	= Süden	W	= Westen
schott.	= schottisch	w	= weiblich
schwed.	= schwedisch	westl.	= westlich
skand.	= skandinavisch	z. B.	= zum Beispiel

So finden Sie die Namen, die Sie suchen

Damit Sie, lieber Leser, sich leichter zurechtfinden, einige Bemerkungen zum Aufbau des lexikalischen Teiles unseres Vornamenbuches: Teil I des Lexikons hat die männlichen Namen zum Inhalt, Teil II die weiblichen. Nun möge bitte niemand auf die Idee kommen, damit sei eine Wertung verbunden. Nein, der Grund liegt vielmehr darin, dass männliche Vornamen häufiger in weibliche umgewandelt (oder mit dem Fachausdruck: moviert) werden als umgekehrt. So ist es zweckmäßig, zunächst den Namen in seiner männlichen Form zu erklären und bei der weiblichen Fassung darauf zu verweisen.

Innerhalb dieser beiden Teile erfolgt die Gliederung nach den Sprachgebieten, aus denen die Namen stammen.

Wie aus dem geschichtlichen Überblick hervorgeht, sind es die biblischen Namen, die unseren Schatz an Vornamen stark geprägt haben. Daher ist der erste Kulturkreis oder Sprachraum der biblisch-hebräische. Es folgen die Namen aus der griechisch-römischen Antike. Aufgrund der Entwicklung der europäischen Sprachen schließt sich sinnvollerweise daran der romanische Sprachraum an. Er umfasst die italienischen, französischen, spanischen, portugiesischen und rumänischen Namen. Da der englische Bestand an Vornamen zahlreiche Namen französischer Herkunft enthält, ist der nächste Abschnitt dem englischen und angloamerikanischen Sprachraum gewidmet. Es folgt der deutsche Sprachraum. Hiermit sind die germanisch-altdeutschen Namen, deutsche Formen zum Beispiel für biblische Namen (wie Hans und Grete) sowie die oberdeutschen Fassungen einiger Namen gemeint. Die niederdeutschen und friesischen Namen dagegen findet man unter dem nordischen Kulturkreis, der auch alle skandinavischen Sprachen und das Niederländische einschließt. Der vorletzte Sprachraum ist der osteuropäische. Darunter fallen Namen aus dem Russischen, Polnischen, Tschechischen, Ungarischen, Bulgarischen, zumeist also Namen slawischen Ursprungs. Namen aus fremden Kulturkreisen bilden den Abschluss. Dieser letzte Abschnitt enthält natürlich nur wenige Namen, da „exotische Vornamen" für unseren deutschen Sprachraum nur geringe Bedeutung haben. Eine Ausnahme bilden einige arabische und persische Namen, die uns geläufig sind.

Um das Auffinden eines ganz bestimmten Namens zu erleichtern, gibt es im Anhang noch ein Namensverzeichnis, das alle in unserem Vornamenbuch enthaltenen Namen in alphabetischer Reihenfolge enthält.

Männliche Vornamen, nach Kulturkreisen geordnet

Männliche Vornamen aus dem biblisch-hebräischen Kulturkreis

Aaron, Aron, aus der Bibel übernommen = *der Erleuchtete.* Lt. Bibel war A. der ältere Bruder von Mose und sein Helfer und Vertrauter beim Exodus. Gern in engl.-sprachigen Ländern verwendet. Lit. Gestalt im Drama „Titus Andronicus" (1594) von William Shakespeare, dargestellt als gewissenloser Schwarzer, der mit der Gotenkönigin Tamora ein Kind zeugt, obwohl sie verheiratet ist. Auch eine Figur im Filmklassiker „Jenseits von Eden" mit James Dean (1955). Im Dt. ist der Name seit dem 8. Jh. bekannt und wurde schon da und bis zur Mitte des 20. Jh. vorwiegend von jüd. Familien ausgewählt. Seitdem ist er aber auch öfters außerhalb des jüd. Umfelds anzutreffen, seit Ende des 20. Jh./Anfang des 21. Jh. immer populärer. Namensträger: amer. Komponist A. Copland (1900–1990); A. Ashmore (*1979), amer. Schauspieler (u. a. seit 2006 in der Fernsehserie „Smallville").

Abel, aus der Bibel übernommener hebr. Name = *Hauch, Vergänglichkeit;* Name des 2. Sohnes von Adam, den sein Bruder im Streit erschlug. Bei uns seit der Reformation verbreitet, aber nur selten. Lit.: M. Hausmann, „Abel mit der Mundharmonika" (1932). Andere Deutung: KF von Albrecht, Adalbert (im MA gebräuchlich).

Abraham, Name des Stammvaters Israels (hebr. Bedeutung = *Vater vieler Völker*). Urbild des Gläubigen, der seinem Gott den eigenen Sohn opfern würde. Heute selten gewählt. Namensträger: Augustinermönch A. a Santa Clara (eigentlich Hans Ulrich Megerle), 1644–1709; amer. Präsident A. Lincoln (1809–1865); Familienname: Paul A., ungar. Komponist („Viktoria und ihr Husar"), 1892–1960. KF: Abi (bekannt: israel. Schlagersänger A. Ofarim); arab.: Ibrahim.

Adam, Name des ersten Menschen (hebr. = *aus roter Erde geformt*). Bei uns seit der Reformation eingebürgert, zeitweise sehr beliebt. Namensträger: A. Riese, Rechenpädagoge im 16. Jh.; A. Kraft, Bildhauer im 15./16. Jh.; A. Opel, Begründer der Opel-AG (1837–95), auch Familienname: franz. Komponist Adolphe Charles A., im 19. Jh. („Der Postillon v. Lonjumeau"). Heute selten gewählt.

Balthasar, hebr. Form des babylon. Namens Belsazar = *Gott Baal helfe dem König* (bekannt durch Fontanes Ballade). Name verbreitet durch Hl. Drei Könige; GD.: 11. 1. Namensträger: B. Neumann, dt. Barockbaumeister (u. a. Würzburger Residenz), 1687–1753. Heute relativ selten.

Bartholomäus, Name eines Apostels. Aus dem Aramäischen = *Sohn des Ptolemäus*; Gd.: 24. 8. Verunglimpfung des Namens durch berüchtigte B.nacht (Blutnacht an den Hugenotten, 1572). Engl.: Bartholomew, ital.: Bartolomeo, slaw.: Bartosch. KF: Bartel, Barthel.

Benjamin, wörtliche Bedeutung = *Sohn der rechten Hand* = *Glückskind*. Name des jüngsten Sohnes von Jakob, daher oft gewählt für Nachkömmlinge. Bei uns seit dem 16. Jh. verbreitet, heute relativ häufig. Namensträger: B. Franklin, Unterzeichner der amer. Unabhängigkeitserklärung 1776, Erfinder des Blitzableiters; engl. Komponist B. Britten („The Beggars Opera“), geb. 1913. Beliebte Kinderserie B. Blümchen. Ital.: Beniamino (Tenor B. Gigli, 1890–1957).

Daniel, Prophet des AT (Gd.: 21. 7., hebr. Bedeutung = *Gott ist mein Richter*). Seit der Reformation verbreitet, im ganzen dt. Sprachraum heute sehr beliebt, ab 1950 sprunghaft angestiegen. Namensträger: Berliner Illustrator D. Chodowiecki im 18. Jh.; engl. Schriftsteller D. Defoe im 18. Jh. („Robinson Crusoe“); franz. Schauspieler D. Gelin. Engl.: Dan, slaw.: Danil(o).

David, Name eines Königs im AT, Ahnherr von Jesus (Gd.: 29. 12.), hebr. Bedeutung = *der Geliebte*. Seit der Reformation verbreitet, zählt heute zu den beliebtesten Namen, auch im engl. Sprachraum. Namensträger: engl. Philosoph D. Hume (18. Jh.); engl. Afrika-Entdecker. D. Livingstone (19. Jh.); dt. Maler Caspar D. Friedrich (1774–1841); russ. Violinist D. Oistrach; israel. Politiker D. Ben Gurion (1886–1973), amer. Filmschauspieler u. Sänger D. Hasselhoff („Knight Rider“, „I've been looking for freedom“); amer. Magier D. Copperfield. Lit.: „D. Copperfield“ v. Ch. Dickens (1850). Engl. Davie; ital: Davide.

Elias, bibl. Name = *Jahwe ist mein Gott*; legendärer Prophet und Führer der Juden gegen den Baalkult; gilt als Urheber des Mönchswesens. Um 1900 in jüd. Kreisen verbreitet, heute allgemein, sehr häufig gewählt. Russ.: Ilja.

Ephraim, Name eines Sohnes von Joseph (Gründer eines israel. Stammes); hebr. Bedeutung = *von fruchtbarer Nachkommenschaft*. Seit der Reformation verbreitet, angeregt durch dt. Dichter Gotthold E. Lessing („Nathan der Weise“, „Minna

v. Barnhelm" 1729–81). Heute recht selten. Namensträger: israel. Satiriker E. Kishon („Drehen Sie sich um, Frau Lot").

Esra, Name eines bibl. Priesters, der die Juden aus der babylonischen Gefangenschaft führte. Bedeutung = *Hilfe ist Jahwe.* Nach der Reformation in ev. Kreisen verbreitet; heute vor allem im engl. Sprachraum (amer. Schriftsteller Ezra Pound, 1885–1972).

Gabriel, Name des Erzengels (Bedeutung = *Mann Gottes*). Gd.: 24. 3. Im MA weit verbreitet; heute häufiger in der w Form Gabriele. Ital.: Gabriele, russ.: Gawrila, Ungar.: Gabor.

Gideon, bibl. Name = *der mit der zertrümmerten Hand* (= *Haudegen*). Vor allem in der Schweiz gebräuchlich.

Immanuel, Bedeutung = *Gott mit uns.* Namensträger, der zur Verbreitung des Namens beitrug: dt. Philosoph. I. Kant (1724–1804, „Kritik der reinen Vernunft", „Kritik der praktischen Vernunft"), Um 1900 vor allem im Adel; heute selten gewählt. KF: Manuel.

Jacob, Jakob, hebr. = *Der Fersenhalter* (vermutl. = *Überlister*). Im AT Sohn Isaaks, Zwillingsbruder des Esau (Erstgeburtsrecht). Name zweier Apostel, Gd.: 25. 7., Im MA stark verbreitet. Volkstümlich geworden (Redensart vom „wahren J.", Jahrmarkthändler, bekannt als „billiger J."). Heute meist in kath. Gebieten. Namensträger: J. Fugger, Begründer des Augsburger Handelshauses (1459–1525); Kunstwissenschaftler J. Burckhardt im 19. Jh.; Märchensammler J. Grimm (1785–1863). Engl.: James, franz.: Jacques, ital.: Giacomo, span.: Jago, Jaime, Diego.

Jeremias, Name eines Propheten des AT; hebr. Bedeutung = *der, den Gott erhöht.* Bekannt durch Erzähler J. Gotthelf (19. Jh.; „Uli, der Knecht"); heute selten gewählt. Engl.: Jeremy.

Joachim, = *der, den Gott aufrichtet.* Gd.: 16. 8. Verbreitung im MA durch Verehrung des hl. J., Vater der Maria. Nach der Reformation Modename, vor allem in Norddeutschland (Name brandenburgischer Kurfürsten). Um 1900 vorwiegend im Adel und in Romanliteratur. Ab 1960 wieder zunehmend beliebt. Namensträger: preuß. Husarengeneral Hans J. v. Ziethen (18. Jh.); J. Nettelbeck, Verteidiger d. Stadt Kolberg gegen Napoleon (1738–1824); Humorist u. Kabarettist J. Ringelnatz (eigentlich Hans Bötticher, 1883–1934); J. Fuchsberger, beliebter Showmaster im TV; Schriftsteller J. Fernau (1909–1988; „Rosen für Apoll", „Disteln für Hagen"). Ital.: Gioacchino.

Jobst, Doppelname aus dem hebr. Hiob/Job (= *Angreifer*) und dem keltischen Jost.

Jochen, KF von Joachim. Namensträger: dt. Dichter J. Klepper (1903–1942). Heute ansteigend. NF: Jochem.

Joel, Bedeutung = *Jehova ist Gott.* Beliebt in der Schweiz.

Johann(es), hebr. = *Gott ist gnädig.* Weit verbreiteter Name durch Verehrung des Evangelisten und Apostels J. und Johannes des Täufers (Gd.: 24. 6., Fest der Mittsommernacht, auch „Johannistag"; Gd. für den Apostel 27. 12., also Wintersonnenwende). Auch Name mehrerer Heiliger, u. a. J. v. Nepomuk (14. Jh., in der Moldau ertränkt, Gd.: 16. 5.). Häufig seit den Kreuzzügen, Modename im 15./16. Jh. (zahlreiche KF, wie Hans!). Im 20. Jh. neu belebt durch Verehrung für Papst J. XXIII., aber auch außerhalb kath. Kreise. Heute immer noch weit verbreitet. Im 19. Jh. zeitweise etwas abgewertet als bevorzugter Dienstbotenname. Namensträger: J. Gutenberg (Erfinder der Buchdruckerkunst im 15. Jh.); tschech. Nationalheld J. Hus (1370–1415); kath. Heerführer im 30-jährigen

Krieg J. Tilly (1559–1632); bedeutendster dt. Barockkomponist J. Sebastian Bach (1685–1750; Matthäuspassion, Weihnachtsoratorium); J. Brahms, Komponist im 19. Jh. (Wiegenlied); J. Nestroy, Dramatiker im 19. Jh. („Lumpazivagabundus"), Walzerkönige J. Strauß Vater u. Sohn. Engl.: John, franz.: Jean, ital.: Giovanni, Gianni, span.: Juan, dän.: Jens, russ.: Iwan, ungar.: János, tschech.: Jan.

Jona, in der Bibel Name eines Propheten im AT. Seit Anfang des 21. Jh. zunehmend beliebtere NF zu Jonas = die Taube. In dieser Form bekannt im Dt. seit Anfang des 19. Jh. Engl.: Jonah.

Jonas, Name eines Propheten im AT (= *Taube*); populär durch Geschichte von J. und dem Walfisch. Seit Anfang der 1970er Jahre häufiger. Seit Anfang der 1980er Jahre einer der beliebtesten Vornamen im Dt.

Jonathan, bibl. Name (Sohn König Sauls im AT) mit der Bedeutung = *Gott hat gegeben*. Namensträger: engl. Erzähler J. Swift (1667–1745; „Gullivers Reisen"). Bei uns vereinzelt.

Jordan, zu hebr. *„abwärts fließend"*; auf den Fluss Jordan in Palästina bezogen, in dem Jesus getauft wurde. Seit der israelitischen Landnahme die Grenze zu Israel. Sein Überqueren heute noch sinnbildlich für Sterben, daher die Redensart „über den Jordan gehen". Als Vorname nach den Kreuzzügen (seit dem 12. Jh.) im Dt. bekannt, heute immer öfter. Im engl. Sprachraum häufiger. Namensträger: Truchsess von Heinrich d. Löwen J. von Blankenburg (12. Jh.). Niederländ.: Jordann, ital.: Giordano.

Josef, Joseph, hebr. = *Gott soll vermehren*. Name des Sohnes Jakobs, aber Verbreitung vor allem durch Hl. J., den Mann Marias, Gd.: 19. 3., 1. 5. (Schutzherr d. kath. Kirche). Seit Ende des MA beliebt auch als Fürstenname (Kaiser J. II., 1741–1790, Sohn Maria Theresias). Heute noch verbreitet, vor allem in kath. Gegenden. Namensträger: Barockkomponist J. Haydn (1732–1809, „Kaiserquartett", dessen Melodie die [ehem.] österr. und dt. Nationalhymne entlehnt ist); dt. romantischer Dichter J. v. Eichendorff (1788–1857); „Taugenichts"); österr. Schauspieler J. Kainz (1858–1910); Dressurreiter u. Großkaufmann J. Neckermann, † 1992. Ital.: Giuseppe, span.: José, russ.: Ossip.

Joshua, NF zum aus der Bibel stammenden Vornamen Josua, hebr. = *Gott ist die Rettung*. Lt. Bibel war J. Helfer und Begleiter von Mose, führte das Volk Israel ins Westjordanland. Als Vorname in vielen Ländern weit verbreitet, besonders in Amerika. Seit Anfang der 1980er Jahre einer der beliebtesten dt. Vornamen. Namensträger: kanadischer Schauspieler J. Jackson (*1978, u. a. als Pacey Witter in „Dawson Creek", „Grey's Anatomy"); amer. Pop-Sänger J. Kadison (*1965, „Picture Postcards from L.A."). Seltene dt. NF: Joschua; KF: Josh

Levi, aus der Bibel stammender Name vermutlich hebr. Ursprungs = anhänglich. Bedeutung aber unsicher. Im AT Sohn des Jakob und der Lea. Als Vorname im Dt. seit dem beginnenden 17. Jh. bekannt, seit Anfang des 21. Jh. gelegentlich. Namensträger: amer. Unternehmer dt. Herkunft und Erfinder der Jeans L. Strauss (1889–1902).

Linus, aus der Bibel und der griech. Mythologie stammend, griech. Ursprungs. Bedeutung unklar, vermutlich von linos =

Klagegesang. In der griech. Mythologie ist Linos einer der drei Söhne von Apollon und Musiklehrer des Herkules. In der Bibel wird L. in den Paulusbriefen erwähnt. Bekannt ist auch der hl. Linus als erster Nachfolger des Apostels Simon Petrus als Bischof in Rom (1. Jh.). Im Dt. ist der Name seit dem 18. Jh. belegt, seit Anfang der 1990er Jahre aber zunehmend modern, im engl. Sprachraum ist er allerdings schon lange beliebt. Namensträger: L. van Pelt ist eine Figur aus der Comic-Serie „Peanuts"; L. Carl Pauling (1901–1994), zweimaliger Nobelpreisträger (Chemie- und Friedensnobelpreis); L. Torvalds (*1969), Initiator des Computer-Betriebssystems Linux.

Maria, als Zweitname traditionell auch m. Name. U. a. Komponist Carl M. v. Weber (1786–1826; „Freischütz"); dt. Dichter Rainer M. Rilke (1875–1926); dt. Schriftsteller Oskar M. Graf (1894–1960); dt. Schauspieler Klaus M. Brandauer („Mephisto" v. Klaus Mann; „Jedermann" in Salzburg).

Matthäus, Name des Evangelisten; bedeutet *Geschenk Jahwes.* Heute verdrängt von der Form Matthias. Gd.: 21. 9.

Matthias, NF von Matthäus. Verbreitung durch hl. M. (Gd.: 24. 2.; Grab in Trier; einer der Jünger Jesu). Häufig als Name von Kaisern und Königen (zum Beispiel im ungar. Königshaus). Zeitloser, stets beliebter Name. Namensträger: dt. Maler M. Grünewald (richtig: Mathis Neithardt; 1465–1528; „Isenheimer Altar"); dt. Lyriker M. Claudius (1740–1815; „Der Mond ist aufgegangen"); dt. Schauspieler M. Wiemann. Engl.: Matthew, franz.: Mathieu, ital.: Matteo.

Melchior, verbreitet bei uns seit dem MA durch Dreikönigsspiele als Name eines der 3 Weisen aus dem Morgenland. Gd.: 6. 1. Bedeutung = *König des Lichts.* Heute nur selten.

Michael, Name d. Erzengels, der die Teufel besiegt. Bedeutung = *Wer ist wie Gott?* Gd.: 29. 9. (Michaelistag). Patron der christl. Heere, dt. Nationalschutzpatron („der deutsche Michel"), der erst später den Ruf des spießigen Deutschen erhielt. Verbreitung schon im MA groß, heute zu den beliebtesten Namen gehörend (in 70er Jahren oft an 1. Stelle). Namensträger: dt. Bildschnitzer M. Pacher (15. Jh.); dt. Komponist von Unterhaltungsmusik M. Jary († 1988; Filmmusiken wie „Lass mich heute abend nicht allein"); dt. Tennisspieler M. Stich, amer. Sänger M. Jackson (Jacko), Schriftsteller M. Crichton („Dinopark"); Lit.: „M. Kohlhaas" (Novelle v. H. v. Kleist, 1810), „M. Kramer" (Drama v. G. Hauptmann, 1900). Franz.: Michel, ital.: Michele, span.: Miguel, nord.: Mikkel, Mikael, slaw.: Michail (Politiker M. Gorbatschow, Perestroika u. Glasnost i. d. SU), ungar.: Misthály. Beliebte KF: Michel.

Nathan, = *Gott hat gegeben.* Name e. Propheten (2. Sam.). Auch in nicht jüdischen Kreisen verbreitet durch Lessings Drama „Nathan d. Weise" (1779). Auch als KF zu Nathanael u. Jonathan.

Noah, aus der Bibel stammender, auf das Hebr. zurückgehender m und w Vorname. Vermutlich KF eines Befehlsnamens = *beruhige dich, (Gott), Ruhe- und Trostbringer.* Im AT überlebt N. aufgrund seiner Frömmigkeit zusammen mit seiner Familie und je einem Tierpaar die Sintflut und gründet danach neue Volksstämme. Im Dt. seit dem 16. Jh. bekannt, seit Mitte der 1990er Jahre einer der beliebtesten Vornamen. In der Regel als m Vorname verwendet, die NF Noa wird allerdings meist als w Name vergeben. Auch als Nachname benutzt. Namensträger: amer. Lexikograph N. Webster (1758–1843);

amer. Bestseller-Autor N. Gordon (*1926, u. a. „Der Medicus"); amer. Schauspieler N. Wyle (*1971, u. a. als Dr. John Carter in der Arztserie „Emergency Room"). NF: Noach.

Raffael, Raphael, Name eines Erzengels (*Gott heilt*). Gd.: 24. 10. Patron für Kranke, Auswanderer u. Reisende. Im MA weite Verbreitung in christl. Kreisen, weltweit durch ital. Maler Raffaello Santi (1483–1520; „Sixtinische Madonna", Stanzen im Vatikan). Ital.: Raffaele, Raffaelo. KF: Raff (auch bei uns vereinzelt).

Ruben, bibl. Name = *Seht, ein Sohn* (Sohn Jakobs). Vereinzelt bei uns. Engl.: Reuben (Name d. Sohnes d. Sängerin Daliah Lavi).

Salomon, = *Der Friedliche*. Bekannt durch bibl. Geschichte des weisen Königs S. („salomonisches Urteil"). Früher in jüdischen Kreisen, heute sehr selten. Türk.: Soliman (beliebter Sultanname).

Samuel, = *Gott erhört*. Im MA häufig, heute bei uns selten, aber beliebt im angloamer. Sprachraum. Name eines Hl. aus dem AT (Gd.: 20. 8.). Namensträger: Begründer der Homöopathie S. Hahnemann (1755–1834); ir. Dramatiker S. Beckett („Warten auf Godot"). KF: Sam(my).

Silas, aus der Bibel stammender Name. Aramäische Form des hebr. Namens Saul = *der Erbetene*. Latinisierte Formen: Saulus und Silvanus. S. war ein angesehenes Mitglied der christlichen Urgemeinde und begleitet in der Apostelgeschichte den Apostel Paulus. In Engl. war der Name seit der Reformation sehr beliebt, vor allem im 17. Jh. Im Dt. kommt S. seit Anfang der 1980er Jahre vor. Lit. bekannt als Albino-Mönch in Dan Browns Bestseller „Sakrileg". Namensträger: Earl S. Tupper

(1907–1983), amer. Erfinder der Tupper-Dosen und Gründer des gleichnamigen Tupperware-Konzerns.

Simon, NF zu Simeon (Name des Apostels Petrus, Bedeutung = *Gott erhört*). Sehr beliebt in der Reformation. Heute vereinzelt. Bekannt: dt. Dichter S. Dach (17. Jh.). Russ.: Semjon.

Thomas, eigentlich als Beiname = *Zwilling* in griech. Form übernommen. Seit MA sehr beliebt als Name des Apostels und mehrerer Heiliger (Gd.: 28. 1., 22. 6., 3. 7., 22. 9., 29. 12.). Ab 1950 stark zunehmend, heute sehr häufig, Spitzenstellungen im ganzen dt. Sprachraum. Namensträger: hl. Th. v. Aquin (1225–1274); Dominikaner, Schüler v. Albertus Magnus, Gd.: 7. 3.); Th. Morus (1478–1535; engl. Jurist u. Staatsmann, Lordkanzler; wegen Hochverrats hingerichtet; Hauptwerk: „Utopia"); Th. Mann (großer dt. Erzähler, 1875–1955; Nobelpreis 1929; u. a. „Buddenbrooks", „Zauberberg", Novellen wie „Tonio Kröger"); dt. Schauspieler Th. Fritsch; dt. Moderator Th. Gottschalk („Wetten, dass …"); Th. Koschwitz. Engl.: Tom(my), franz.: Thomé, ital.: Tommaso, span.: Tomas, nord.: Tammes, slaw.: Toma, russ.: Toma, ungar.: Tamás.

Timon, aus der Bibel stammender Name griech. Ursprungs. Bedeutung: timon = *der Ehrwürdige*, der Angesehene. In der Apostelgeschichte ist T. einer der ersten sieben Diakone der urchristlichen Gemeinde. Er soll während einer Missionsreise in Korinth den Kreuztod gestorben sein. Lit. bekannt ist der Dichter und Philosoph T. von Athen als Urbild des Menschenhassers in William Shakespeares Drama „Timon von Athen" (1606–1609); Timon (und Pumbaa) sind bekannte Figuren aus dem Walt Disney-Zeichentrickfilm „Der König der Löwen" (1994).

Tobias, bibl. Name = *Gott ist gütig*. Prophet (Gd.: 2. 9.). Verbreitung seit MA. Von Süddeutschland seit Ende der 70er Jahre Ausbreitung nach Norden; heute allgemein unter ersten 10 Namen. Lit.: „T. Knopp“ (Wilhelm Busch). Engl.: Toby.

Uriel, = *Gott ist mein Licht*. Bekannt in KF Uri durch Zauberer U. Geller (Telekinese, Auftritte im TV).

Zacharias, griech. Form d. hebr. Sacharja = *Gott gedenkt meiner*. Vater Johannes d. Täufers. Engl.: Zachary, franz.: Zacharie.

Männliche Vornamen des antiken Kulturkreises

Achilles (griech.), Name unklarer Bedeutung, bekannt durch sagenhaften griech. König, Held bei Troja, von Paris getötet, der von der einzig verwundbaren Stelle („Achillesferse“) wusste. Ab 13. Jh. im dt. Sprachraum als Vorname gebräuchlich, verbreitet im brandenburgischen Herrscherhaus (zum Beispiel Albrecht Achilles, Markgraf v. Brandenburg). Heute mehr im engl. Sprachraum geläufig.

Adrian (lat.) = Hadrian, eigentlich Ortsbezeichnung = *der aus der adriatischen Hafenstadt Hadria Stammende* (südlich von Venedig). Bekannt durch röm. Kaiser H. (3. Jh. n. Chr.) und hl. A. v. Nikodemia (3./4. Jh.), dessen Gebeine in Flandern ruhen; daher Verbreitung im dt. Sprachraum zunächst in Niederlanden und Rheinland (so auch Name eines niederländischen Papstes im 16. Jh., Papst Hadrianus). Heute zunehmend gewählt. Namensträger: dt. Filmschauspieler A. Hoven,

Franz.: Adrien, ital.: Adriano (Name d. ital. Sängers u. Filmschauspielers A. Celentano, „Azzurro").

Alban (lat.), Herkunftsbezeichnung = *aus der Stadt Alba Longa stammend* (nahe Rom). Verbreitet durch Märtyrer und Heiligen A., um 300 in London hingerichtet, Gd.: 22. 6.; Mainzer Märtyrer des 4. Jhs., Gd.: 21. 6. Heute selten gewählt. Namensträger: dt. Komponist A. Berg (1885–1935; Oper „Wozzeck").

Albin (lat.), = *der Weiße*. Vereinzelt gewählt. NF: Albuin.

Alexander (griech.), = *der Schützer*. Bekannt durch makedonischen König A. d. Gr., Schöpfer eines Weltreichs (356–323 v. Chr.). Durch ihn Verbreitung in zahlreichen Königshäusern, speziell auf dem Balkan; ebenso bei Päpsten d. MA beliebt. Im dt. Sprachraum wurde Verbreitung vor allem gefördert durch russ. Zaren A. I. (1777–1825), den Verbündeten Preußens gegen Napoleon. Zunehmende Beliebtheit also ab Ende d. 18. Jhs. Heute sehr häufig, unter den ersten 10 Namen. Namensträger: dt. Gelehrter und Forschungsreisender A. v. Humboldt (1769–1859), dt. Schriftsteller Rudolf A. Schröder (1878–1962; Nachdichtungen antiker Werke); österr. Schauspieler A. Moissi (1880–1935, langjähriger Jedermann-Darsteller in Salzburg); russ. Dichter A. Puschkin (1799–1837); ungar. Dichter u. Freiheitskämpfer A. Petőfi (1823–49); franz. Schriftsteller A. Dumas (1802–70; „Die 3 Musketiere"); Sohn gleichen Namens (1824–95; „Die Kameliendame"); tschech. Politiker A. Dubcek („Prager Frühling", 1968). Engl.: Alec, franz.: Alexandre, ital.: Alessandro (KF: Sandro), russ.: Alexej, ungar. KF: Sándor.

Alexis (griech.), KF zu Alexander. Name eines Heiligen des 4./5. Jhs. (Gd.: 17. 7.). Bekannt auch griech. Dichter A. (372–

270 v. Chr.), nach dem sich der dt. Schriftsteller Wilhelm Häring das Pseudonym Willibald Alexis zulegte (1798–1871; „Die Hosen des Herrn von Bredow"). Heute vereinzelt gewählt.

Amadeus (lat.), = *Gottlieb*, Verbreitung des Namens durch den großen Komponisten Wolfgang A. Mozart (1756–91; „Die Zauberflöte" als bekannteste Oper, Messen u. v. a.), danach im 19. Jh. als Vorname recht beliebt, heute kaum noch gewählt. Bekannt auch als Name eines Heiligen des 12. Jhs. (Bischof A. v. Lausanne, Gd.: 28. 1.); Name eines Papstes des 15. Jhs. Name neuerdings wieder geläufig durch Schlager „Amadeus, Amadeus" oder „Rock me A." von Falco.

Ambrosius (griech.), = *der durch Ambrosia (Speise der Götter) unsterblich Gewordene*. Bekannt durch Kirchenlehrer des 4. Jhs., Bischof A. v. Mailand (Gd.: 7. 12.). Verbreitung vor allem im süddt. Raum, heute aber sehr selten. Engl.: Ambrose, franz.: Ambroise.

Anatol (griech.), Herkunftsbezeichnung = *der aus dem Morgenland kommt* (heutige Landschaft Anatolien in der Türkei). Name eines Heiligen (Gd.: 3. 7.), aber bekannt im dt. Sprachraum erst durch franz. Erzähler A. France (1844–1924). Lit. in Roman „Stiller" v. Max Frisch (1954). Russ.: Anatolij.

Andreas (griech.), = *der Tapfere, Mannhafte*. Verbreitung schon im MA durch Apostel A., Bruder des Petrus; als Märtyrer in Patras am „Andreaskreuz" hingerichtet, Apostel Kleinasiens und Russlands (Gd.: 30. 11.). Häufig auch in Fürstenhäusern (zum Beispiel ungar. Könige im MA). Heute zählt der Name zu den beliebtesten im dt. Sprachraum und nimmt Spitzenpositionen ein. Namensträger: preuß. Bildhauer A. Schlüter (1660–1714; Statue des Großen Kurfürsten); Tiroler Freiheitskämpfer A. Hofer (1767–1810; dt. Schauspieler A. Elsholtz („Gute Zeiten – schlechte Zeiten"); Barockdichter A. Gryphius (1616–1664). Engl. Andrew, KF: Andy; franz.: Andre, ital.: Andrea (bei uns durch Verwechslung mit w. Vornamen nur mit eindeutigem Zweitnamen!), russ.: Andrej, ungar.: Andor, András, nord.: Anders.

Angelus (griech.), = *Bote Gottes* (= *Engel*). Bekannt als Künstlername des dt. Barockdichters Johann Scheffler (1624–77); unter dem Namen A. Silesius (= „der Schlesier") verfasste er die Gedichtsammlung „Der Cherubinische Wandersmann". Heute vereinzelt gewählt.

Anton (lat.), altröm. Sippenname, bekannt durch Caesars Nachfolger Marcus A. (Ehemann v. Kleopatra, Selbstmord 31 v. Chr. nach der Schlacht von Aktium, die er gegen Oktavian, den späteren Kaiser Augustus, verlor; lit. bekannt durch Shakespeares Drama „Antonius und Kleopatra"). Früher häufig gewählter Name, der heute relativ selten ist. Verbreitung gefördert durch hl. A. v. Padua (1195–1231, als Wundertäter bekannt, soll beim Finden verlorener Gegenstände helfen, Gd.: 17. 1., 13. 6.); davor schon durch einen Heiligen, Einsiedler in Oberägypten im 3./4. Jh., der als Vater des Mönchstums gilt. Namensträger: dt. Komponist A. Bruckner (1824–96); tschech. Komponist A. Dvorák (1841–1904; „Sinfonie aus der Neuen Welt"); russ. Komponist A. Rubinstein (1829–94); russ. Dichter A. Tschechow (1860–1904; „Der Kirschgarten", „Die Steppe"); franz. Schriftsteller und Flieger A. de Saint Exupery („Der kleine Prinz", „Nachtflug"; 1900–44). Engl.: Anthony, franz.: Antoine, ital.: Antonio, slaw.: Antek.

Apollonius (griech.), = *dem Gott Apoll geweiht*. Name eines Heiligen und Märtyrers (2. Jh., Gd.: 18. 4.). Stärker verbreitet w Form des Namens (Apollonia), während m. Form nur selten ist.

August (lat.), ursprünglich als Beiname des ersten röm. Kaisers Oktavian (Kaiser 31 v. Chr.–14 n. Chr.), nach dem unser Monat August benannt ist (Bedeutung des Beinamens: *der Erhabene*). Bekannt durch Augusteisches Zeitalter, Weihnachtsevangelium. Im dt. Sprachraum im Humanismus weit verbreitet, Name von Gelehrten, Fürsten: sächs. Kurfürst A. d. Starke, König v. Polen, 1670–1733 (unter dem Dresden und Warschau im „Sächsischen Barock" zu bedeutenden Städten wurden); Prinz A. Wilhelm v. Preußen (Bruder Friedrichs des Gr., 1722–58); Sohn des Kaisers Wilhelm II.). Ab Ende des 18. Jhs. allgemein verbreiteter Name; im 19. Jh. Modename. Abwertung erfolgte in Form des „dummen August", Bezeichnung für Clowns; daher nahm die Verbreitung des Namens in unserem Jh. ab. Namensträger: dt. Dichter A. Kopisch (1799–1853; „Die Heinzelmännchen von Köln"); A. Borsig (1804–54; Gründer der Eisengießerei in Berlin); A. Bebel (1840–1913; Mitbegründer der SPD); A. Thyssen (1842–1926; Begründer des gleichnamigen Konzerns); A. v. Mackensen, dt. Heerführer im 1. Weltkrieg (1849–1945); plattdt. Dichter A. Hinrichs (1879–1956; „Krach um Jolanthe"); dt. Unternehmer A. Oetker (1862–1918); franz. Bildhauer A. Rodin (1840–1917; „Der Denker"); franz. impressionistischer Maler A. Renoir (1841–1919; „Die Loge"); schwed. Dichter A. Strindberg (1849–1912; „Fräulein Julie"). Franz.: Auguste.

Augustin (lat.), EF zu August. Bekannt durch hl. A., Bischof v. Hippo, der als größter Kirchenlehrer der christl. Antike gilt

(354–430; Hauptwerk „De civitate dei“ = „Über den Gottes-Staat“). Volkstümlich durch alten Wiener Schlager „Ach du lieber Augustin, alles ist hin“. Wiederbelebt durch Roman von Horst-Wolfram Geißler „Der liebe A.“ (1921). Heute nicht häufig.

Aurelius (lat.), altröm. Sippenname, bekannt durch röm. Kaiser Marc Aurel (121–180 n. Chr.), den „Philosophen auf dem Kaiserthron“. Vereinzelt bei uns, geläufig in der Schweiz. Ital.: Aurelio.

Baptist (griech.), verbreitet als Beiname von Johannes d. Täufer (griech. = *der Täufer*), Gd.: 24. 6. Name dadurch häufig in Form des Doppelnamens Johann Baptist. In dieser Form im süddt. Raum noch geläufig. Auch durch Baptisten (Sekte, die die Erwachsenentaufe befürwortet und seit Beginn des 17. Jhs. existiert), bekannt. Namensträger: dt. Rokokobaumeister Joh. B. Zimmermann (1680–1758), CDU-Politiker Joh. B. Gradl († 1988). Franz.: Baptiste (auch hier Doppelname Jean-B., bekannt durch napoleonischen Marschall Bernadotte, den späteren schwed. König), ital.: Battista.

Beat(us) (lat.), = *der Glückliche*. Name eines Heiligen (hl. B., Patron v. Thun u. Lausanne, 2. Jh., um den sich eine Drachentöterlegende bildete), Schutzpatron der Inneren Schweiz (Gd.: 9. 5.), daher heute vor allem dort verbreitet.

Benedikt (lat.), = *der Gesegnete*. Verbreitung durch hl. B. v. Nursia (5./6. Jh., Gd.: 21. 3.), den Begründer des Benediktinerordens, damit des abendländischen Mönchtums, Abt von Monte Cassino. Häufig als Papstname (u. a. B. VI.). Heute verbreitet. Engl.: Benedict, KF: Benny; engl. Schauspieler B. Kingsley (Gandhi; Oskarpreisträger). Auch: Bennet, franz.: Bénoît, Benedict, nord.: Bengt, Bent, span.-ital.: Benito.

Blasius (lat.), Name unklarer Bedeutung, verbreitet durch Heiligen des 3./4. Jhs., Märtyrer und Nothelfer (Gd.: 3. 2.). Heute selten gewählt.

Bonifatius (lat.), = *der Wohltäter.* Schon im MA weit verbreiteter Name durch Verehrung d. hl. B., Apostel der Deutschen (672–754, Missionar in Hessen, Thüringen sowie bei den Friesen, wo er erschlagen wurde; seine Gebeine ruhen im Dom zu Fulda; erster dt. Erzbischof, Gd.: 5. 6.). Häufiger Papstname im MA. In jüngster Zeit wieder auflebend.

Cajus (lat.), NF zu Gaius (wohl Name etruskischer Herkunft, aber unklarer Bedeutung). Vereinzelt bei uns, wohl angeregt durch bekanntes Jugendbuch „C. ist ein Dummkopf".

Christian (griech.-lat.), lat. Christianus = *der Christ*, griech. Christos = *Christus.* Obwohl als Name mehrerer Märtyrer bekannt (Gd.: 24. 5., 3. 11., 4. 12.), verbreitete sich Chr. erst nach der Reformation stark, angeregt durch norddt. und dän. Fürsten (in Dänemark neben Frederik als Name der Könige). Im 19. Jh. allgemeine Verbreitung noch gering (lit. z. B. bei Th. Storm in der Novelle „Vetter Chr."). Heute zunehmend gewählt, mit immer stärkerer Verbreitung auch im Süden des Sprachraums; z. T. sogar in Spitzenpositionen. Namensträger: dt. Dichter Chr. Fürchtegott Gellert (18. Jh.); dän. Märchendichter Hans Chr. Andersen (1805–75; „Schneekönigin", „Kleine Seejungfrau"); dt. Lyriker Chr. Morgenstern (1871–1914); amer. Schauspieler C. Slater; franz. Modeschöpfer Chr. Dior (1905–1957).

Christoph (griech.), eigentliche Bedeutung = *Anhänger von Christus,* aber im MA umgedeutet zu Christophorus = *Träger Christi* (bekannte Legende; hl. Chr. ist einer der 14 Nothelfer, Patron der Reisenden, Gd.: 25. 7.) und weit verbreitet. Heute auch häufig, aber mit abnehmender Tendenz. Namensträger: Herzöge von Württemberg und Bayern im 15./16. Jh.; dt. Opernkomponist Chr. Willibald Gluck (18. Jh.). NF: Christof. Engl: Christopher, span.: Cristobal (Name des Seefahrers C. Colombo = Christoph Columbus, 1446–1506, der 1492 Amerika entdeckte).

Claudius (lat.), altröm. Sippenname zum lat. claudus = *lahm*. Name eines röm. Kaisers (10 v. Chr. bis 54 n. Chr.; bekannt durch Romanbiographie von R. von Ranke-Graves: „Ich, Claudius, Kaiser und Gott"). Verbreitung im dt. Sprachraum seit dem Humanismus (15./16. Jh.), heute nicht sehr häufig. Als Familienname: dt. Dichter Matthias C. (1740–1815, dessen Lied „Der Mond ist aufgegangen" allgemein bekannt ist). Franz.: Claude, ital.: Claudio (bekannt durch ital. Dirigenten C. Abbado, 20. Jh.). Clemens (lat.), = *der Milde*. Verbreitung im MA durch hl. Cl., einen der Apostolischen Väter, Papst im 1. Jh., Gd.: 23. 11. Im 14.–18. Jh. häufig als Papstname. Heute vorwiegend in kath. Gebieten. Namensträger: dt. Dichter Cl. v. Brentano (1778–1842).

Coelestin(us) (lat.), zum lat. caelus = *der Himmel*. Papstname im 5. Jh. (hl. C, Gd.: 6. 4.). Heute nur vereinzelt in kath. Gebieten. Engl.: Celestine, franz.: Celestin, ital.: Celestino.

Constantin (lat.), NF zu Konstantin. Beliebte Schreibweise seit Ende des 20. Jh.

Cornelius (lat.), altröm. Sippenname. Verbreitung durch hl. C., Papst im 3. Jh., dessen Gebeine in Aachen ruhen (Gd.: 16. 9.). Erreicht an Häufigkeit nicht die w Form Cornelia.

Crispin(us) (lat.), zum lat. crispus = *kraushaarig*. Name zweier Märtyrer des 2. Jhs. (Gd.: 25. 10.), Patrone der Schuster. Verbreitet als Dienername im Theater des 17./18. Jhs. Heute vor allem in der Schweiz gebräuchlich.

Damian (griech.), = *mächtiger Mann*, nach (griech.) damadsein = *beherrschen, bezwingen*. Der hl. D., Schutzheiliger der Apotheker und Ärzte, soll mit seinem Bruder Kosmas der Legende nach im 4. Jh. den Martertod gestorben sein. Im 11. Jh. war Bischof und Benediktinermönch Petrus Damiani (1006–1072), einflussreichster Geistlicher. Heute wieder gelegentlich. Engl.: Damon, franz.: Damien, ital.: Damiano.

Dominik (lat.), KF zu Dominikus. Seit Anfang der 1960er Jahre im Dt. sehr beliebt, besonders populär seit Ende des 20. Jh. Schreibvariante häufig auch Dominic. Namensträger: dt. Film- und Fernsehregisseur D. Graf (*1952); dt. Schauspieler D. Raacke (*1958, z. B. als Kommissar Till Ritter in TV-Krimi-Serie „Tatort").

Dominikus (lat.), = *dem Herrn gehörend*. Zunehmende Tendenz, auch in engl. Form Dominic. Franz. Dominique nicht günstig bei uns, da Verwechslungsmöglichkeit mit w Form. Namensträger: dt. Rokokobaumeister D. Zimmermann (1685–1766; Erbauer der Wieskirche und zahlreicher anderer Bauten im oberbayer. Pfaffenwinkel). Ital.: Domenico, span.: Domingo.

Emanuel (griech.), entspricht dem hebr. Immanuel. Bekannt durch dt. Dichter E. Geibel (1815–84). Engl., franz.: Emmanuel, ital.: Emanuele, Manuele, span. KF (in dieser Form auch im dt. Sprachraum häufig): Manuel.

Erasmus (griech.), = *der Liebenswerte*. Verbreitung im MA durch hl. E., einen der 14 Nothelfer, Schirmherr der Schiffe und Drechsler (Gd.: 2. 6.). Berühmtheit erlangte der Name durch niederländ. Humanisten E. Desiderius v. Rotterdam (1465–1536; eigentlich Geerd Geerts). Heute nur selten gewählt.

Eugen (griech.), = *wohlgeboren*. Name zahlreicher Märtyrer und Päpste (Gd.: 11. 1., 13. 1., 21. 1., 24. 1., 1. 2., 8. 2.). Verbreitung vor allem gefördert durch österr. Feldherrn Prinz E. v. Savoyen, 1663–1736, bekannt durch das Lied „Prinz E., der edle Ritter“ (Ballade von Loewe). Namensträger: dt. Humorist E. Roth (1895–1976); dt. Dirigent E. Jochum (†1987); dt. Politiker E. Gerstenmaier (1907–1986) Lit.: Novelle „E. Onegin“ v. Puschkin, vertont in der Oper Tschaikowskijs. Franz.: Eugène (Name d. Stiefsohnes v. Napoleon, E. de Beauharnais; franz. Dramatiker E. Ionesco, (1918–1994, „Die Nashörner“, „Der König stirbt“), ital.: Eugenio, engl. Eugene, ungar.: Jenö.

Eusebius (griech.), = *der Fromme*. Im MA verbreitet durch Verehrung d. hl. E. (3. Jh., Gd.: 3. 10.); E. v. Caesarea (4. Jh., Verfasser der ersten Kirchengeschichte). Heute vor allem in der Schweiz.

Eustach(ius) (griech.) = *ährenreich, fruchtbar*. Name eines Heiligen, Nothelfer (Gd.: 20. 1.). Verbreitung im süddt. Raum. KF: Stachus (Spitzname des berühmten Münchener Platzes). Franz.: Eustache.

Fabian (lat.), altröm. Sippenname, berühmt durch Quintus Fabius Maximus, der im 3. Jh. v. Chr. Rom vor Hannibal rettete. Name abgeleitet vom lat. Wort für *Bohne*. Verbreitung als Vorname durch hl. F., Papst im 3. Jh., Märtyrer (Gd.: 20. 1.). Im 16. Jh. weit verbreitet; um 1900 vorwiegend im Adel gebräuchlich; seit den 70er Jahren zunehmend gewählt. Franz.: Fabien, ital.: Fabio.

Felix (lat.), = *der Glückliche*. Name mehrerer Päpste u. Heiliger (Märtyrergeschwister F. u. Regula im 4. Jh., Patrone von Zürich,

Gd.: 11. 9.; hl. F. v. Valois, Gründer des Trinitanerordens, Gd.: 20. 11.). Seit 19. Jh. beliebt, angeregt auch durch Goethes „Wilhelm Meister". Um 1900 weit verbreitet, heute unter 10 beliebtesten Namen; gleichmäßig im ganzen dt. Sprachraum verteilt (früher auf den S beschränkt). Namensträger: dt. Schriftsteller F. Dahn („Kampf um Rom", 1876); Komponist, Dirigent F. Mendelssohn-Bartholdy (19. Jh., „Sommernachtstraum" vertont); fläm. Schriftsteller F. Timmermanns (1886–1947; „Das Jesuskind in Flandern"); dt. „Seeteufel" F. Graf Luckner (1881–1966. Lit. u. a. bei Th. Mann („Die Bekenntnisse des Hochstaplers F. Krull").

Florens (lat.), = *der Blühende, der Hochangesehene.* Nach dem gleichnamigen altröm. Beinamen. Im Dt. seit dem 15. Jh. bekannt, aber eher selten. Seit Anfang des 21. Jh. immer häufiger. Namensträger: dt. Schauspieler F. Schmidt (*1984, als Oliver Schuster in „Schloss Einstein", „Gute Zeiten, schlechte Zeiten").

Florenz (lat.), = der Blühende, der Hochangesehene. Eingedeutschte Form. Geht auf den röm. Namen Florentius zurück, einer EF zu Florens. Namensträger: hl. Florentius (6./7. Jh.) von Straßburg.

Florian (lat.), zum lat. florere = *blühen.* (Derselben Wurzel gehört auch der seltene Name Florentinus an.) Verbreitung im MA durch hl. F. (Landesheiliger von Oberösterreich; Patron bei Feuer u. Wasser; „Heiliger St. Fl., verschon' mein Haus; zünd' and're an"; Gd.: 4. 5.) und dt. Bauernführer im 15./16. Jh. Fl. Geyer (lit. durch Schauspiel v. G. Hauptmann). Heute sehr beliebt, seit den 70er Jahren in Spitzenpositionen.

Franziskus (lat.), latinisierte Form zu Francesco, bekannt durch hl. F. v. Assisi (Patron der Tiere). Engl.: Francis (Name des engl. Seefahrers Sir F. Drake im 16. Jh.), franz. François (F. Mitterrand, franz. Präsident 1981–1995).

Gaudenz (lat.), eigentlich Partizip = *der, der sich freut*. Als Vorname in der Schweiz beliebt.

Georg (griech.), = *der Bauer*. Name großer Beliebtheit schon im MA durch hl. G. (Ritter, einer der 14 Nothelfer, Patron der Krieger, Waffenschmiede, Bauern, bekannt durch die Legende des Kampfes mit dem Drachen; Gd.: 23. 4.). Häufiger Fürstenname (u. a. im engl. Königshaus, Name des Vaters der heutigen Queen; im griech. Königshaus, bei brandenburgischen u. sächsischen Fürsten). Heute im ganzen dt. Sprachraum verbreitet, aber abnehmend. Namensträger: amer. Präsident G. Washington (1732–99); dt. Dichter G. Büchner (19. Jh., „Dantons Tod"); G. Büchmann (im 19. Jh., Herausgeber der bekannten Zitatensammlung); Dichter u. Schriftsteller wie G. Kaiser (1878–1945); G. Trakl (1887–1914); G. Heym (1887–1912); franz. Komponist G. Bizet (1835–1875; „Carmen"); amer. Politiker G. Marshall (Vater des „Marshallplanes" nach 1945; Friedensnobelpreis 1953); amer. Präsident G. Bush. Lit.: Ritterromane im 19. Jh.; Goethes „Götz von Berlichingen". Engl.: George, franz.: Georges, ital.: Giorgio, span.: Jorge, russ.: Juri, Jiri, tschech.: Jiri, ungar.: György, schwed.: Göran, Jöran, dän.: Jörge.

German (lat.), Stammesbezeichnung = *der Germane*. Vor allem im südl. Sprachraum vertreten. Engl.: Jermyn, Jermaine, franz.: Germain, ital.: Germano.

Gregor (griech.), = *wachsam*. Häufig als Papstname im MA (hl. G. d. Gr., 590–604, Gd.: 12. 3.; G. IV, Gegner Kaiser Heinrichs II., dessen Gang nach Canossa er 1077 erreichte) und

Name von Kirchenvätern. Papst Gr. XIII führte 1582 den noch heute gültigen „Gregorianischen Kalender“ ein. Früher auf kath. Kreise beschränkt, wird der Name heute allgemein relativ häufig gewählt. Namensträger: Biologe und Vererbungsforscher G. Mendel (1822–84, „Mendelsche Gesetze“). Engl.: Gregory, franz.: Gregoire, slaw.: Grigor, Grigorij.

Gordian (lat.), Herkunftsbezeichnung = *Mann aus der phrygischen Stadt Gordium*. Bekannt durch spätröm. Kaiser (3. Jh. n. Chr.). Name gewinnt an Beliebtheit.

Hektor (griech.), Name des Sohnes des trojanischen Königs Priamos (nach Homer von Achill erschlagen). Ab 16. Jh. als Vorname im dt. Sprachraum vertreten, aber selten gewählt. Namensträger: franz. Komponist H. Berlioz (1803–69). Name im roman. Sprachraum häufiger. Franz.: Hector, ital.: Ettore.

Hieronymus (griech.), = *Mann mit heiligem Namen*. Im MA verbreitet durch hl. H. (Kirchenlehrer, der die Bibel ins Lateinische übersetzte, sogenannte Vulgata, 345 bis ca. 420; Gd.: 30. 9.). Name auch bekannt durch H. v. Prag, hussitischen Ketzer, der 1416 auf Konstanzer Konzil verbrannt wurde; niederländ. Maler H. Bosch (1450–1516). Auch bekannter Stich v. Dürer (H. Holzschuher). Heute nur vereinzelt in kath. Gebieten. Franz.: Jerôme, ital.: Girolamo.

Hilarius (lat.), zum lat. hilaris = *heiter*. Im MA verbreitet durch hl. H., Bischof v. Poitiers (4. Jh., Gd.: 14. 1.). Engl.: Hilary, franz.: Hilaire.

Hubertus (lat.), latinisierte Form vom altdt. Namen Hubert.

Ignatius, Ignaz (lat.), NF eines lat. Namens von unklarer Herkunft, evtl. in Verbindung zu ignis = *Feuer*. 2 Heilige des frühen MA (Gd.: 1. 2., 23. 10.) machten den Namen nicht volkstümlich, das erreichte erst die Verehrung d. Gründers d. Jesuitenordens, I. v. Loyola (1491–1556), Gd.: 31. 7.). Nach seiner Heiligsprechung 1622 verbreitete der Name sich rasch, vor allem im süddt. Sprachraum (Eindeutschung zu Ignaz). Auch heute noch gebräuchlich in kath. Gebieten. Namensträger: österr. Arzt I. Semmelweis (1818–1865), entdeckte das Kindbettfieber, dt. Mathematiker, Mandarin in China I. Kögler, I. Bubis, Vorsitzender d. Zentralrats d. Juden in Deutschland.

Innozenz (lat.), = *der Unschuldige*. Name mehrerer Päpste. Verbreitung vor allem durch hl. I., Papst im 3./4. Jh. (Gd.: 28. 7.). Heute sehr selten, nur in kath. Kreisen.

Isidor (griech.), = *Geschenk der Göttin Iris*. Name mehrerer Heiliger (I. v. Sevilla im 6./7. Jh., Gd.: 4. 4.). Verbreitung des Namens vorwiegend in jüd. Kreisen.

Jason (griech.), = *der Heilbringende*. Die Argonautensage erzählt die Geschichte von Jason und dem goldenen Vlies. Zwar kommt J. im Dt. schon im 16. Jh. vereinzelt vor, doch verschwindet der Name dann und findet sich erst seit Anfang der 1970er Jahre wieder, vermutlich durch angloamer. Einfluss. Heute in vielen Ländern verbreitet, vor allem im engl. Sprachraum, weshalb meist auch die engl. Aussprache benutzt wird. Seit Anfang der 1990er Jahre bei uns immer beliebter. Namensträger: J. Orange (*1970), Mitglied der Pop-Gruppe „Take That“; J. Donovan (*1968), austral. Sänger und Schauspieler.

Julian (lat.), EF zu Julius. Name röm. Kaiser und Heiliger (u. a. J. Apostata, der im 4. Jh. das Christentum zurückdrängen wollte). Neuerdings zunehmend gewählt, inzwischen einer der beliebtesten Jungennamen in Deutschland. Evtl. beeinflusst durch Pianisten J. Karolyi. Engl.: Julian, franz.: Julien.

Julius (lat.), altröm. Sippenname (Sippe, zu der auch Caesar gehörte; nach ihm Monatsname Juli). Name zahlreicher Heiliger und Päpste (u. a. J. II, 1443–1513, Erbauer des Petersdomes in Rom, unter dem Michelangelos und Raffaels Meisterleistungen im Vatikan entstanden). Name sehr beliebt in der Renaissance aus Verehrung für die Antike, speziell für Caesar; heute stark zurückgegangen. Namensträger: Schriftsteller J. Stinde (1841–1905, „Familie Buchholz", Romane über eine Berliner Familie), Otto J. Bierbaum (1865–1910), Erzbischof Kardinal J. Döpfner (1913–76), Arzt J. Hackethal (bekannt durch seine Krebstheorien). Engl.: Giles, franz.: Jules, ital.: Giulio, span.: Julio (Name des bekannten Schlagersängers J. Iglesias), ungar.: Gyula.

Justin(us) (lat.) m EF zu Justus. Bekannt durch dt. Dichter J. Kerner (19. Jh.).

Just(us) (lat.), = *gerecht*. Verbreitung im Humanismus (16. Jh.), auch durch falsche Latinisierung d. beliebten Namens Jobst. Im 19. Jh. neu belebt durch Romanliteratur. Heute selten, nur in der Schweiz noch gebräuchlich durch Verehrung d. Hl. J. (4. Jh., Gd.: 28. 9.). Namensträger: Chemiker J. v. Liebig (1803–73); Pianist J. Frantz.

Kajetan (lat.), Herkunftsbezeichnung = *der aus der Stadt Gaeta Kommende*. Name eines Heiligen des 16. Jhs. (Gründer des Theatinerordens, Gd.: 7. 8.). Gilt auch heute als modern.

Konstantin (lat.), zum lat. constans = *standhaft*. Im MA weit verbreitet durch Verehrung für röm. Kaiser K. d. Gr. (280–337), Christ seit 312, Gründer von Konstantinopel als Residenz des Oström. Reiches, 330). Auch Name einiger Heiliger und häufiger Name im griech. Königshaus (Ex-König K., geb. 1940). Name verbreitet, aber nicht häufig, steigende Beliebtheit. NF: Constantin. Konstantin (Constantinus): beliebter Papst- u. Herrschername, dt. Sänger K. Wecker.

Kyrill(us) (griech.), altgriech. Name = *der zum Herrn* (Christus) *Gehörende*. Verbreitet durch Slawenapostel K. (Gd.: 7. 7.). Heute vereinzelt in kath. Kreisen.

Laurentius, Laurenz (lat.), Herkunftsbezeichnung = *Mann aus Laurentum* (Ortschaft nahe Rom). Später in Zusammenhang gebracht mit *Lorbeerbaum* (lat.: laurus). Verbreitet als Name eines Heiligen (Märtyrer des 3. Jhs., Schutzherr der Schlacht auf dem Lechfeld, 955; Gd.: 10. 8.). Häufig als Familienname und Vorname in der eingedeutschten Form Lorenz. Engl.: Lawrence (bekannt durch Film „L. von Arabien"), ital. KF: Rienzo, nord.: Lars.

Leander (griech.), zu laos = Volk + andros = Mann, = *Mann aus dem Volk*. In der griech. Mythologie tragische Gestalt. Lit. bereits von Vergil („Georgica") und Ovid („Heroides") verarbeitet sowie Vorlage für Solokantate von Georg Friedrich Händel (1707). In einem Gedicht von dt. Humoristen Heinz Erhardt und als wichtiges Element bei Erich Maria Remarque (1961/62, „Die Nacht von Lissabon"). Namensträger: L. von Sevilla (540–600), span. Benediktinermönch und Erzbischof von Sevilla; dt. Film- und Theaterregisseur sowie Schauspieler L. Haußmann (*1959, „Warum Männer nicht zuhören und Frauen schlecht einparken"). Ital./span. NF: Leandro.

Leo (lat.), = *der Löwe*, auch KF zu Leopold. Häufiger Papstname (Löwe ist Sinnbild des Evangelisten Markus): L. d. Gr. (5. Jh., Gd.: 11. 4.); L. III. (krönte Karl d. Gr., Gd.: 12. 6.);

L. XIII. (1878–1903, beendete den Kulturkampf). Um 1900 sehr beliebt, vor allem in jüd. Kreisen. Heute verbreitet, aber stark zurückgegangen. Namensträger: russ. Erzähler L. Tolstoi (1828–1910, „Kreutzersonate"); russ. Revolutionär L. Trotzki (1879–1940); Dirigent L. Blech (1871–1958); österr. Sänger L. Slezak (1873–1946); Operettenkomponist L. Fall (1873–1925, „Dollarprinzessin"). Engl.: Lion, Lionel, franz.: Léon, ital.: Leone, russ.: Lew.

Lucius, Luzius (lat.), zum lat. lucere = *leuchten*. Name mehrerer Päpste und Heiliger (2 Schweizer Kantonspatrone, Chur und Tessin, Gd.: 12.7., 3.12.). Dadurch vor allem in der Schweiz geläufig. Engl.: Lucius (Name des Politikers L. Clay, der sich nach 1945 für Berlin stark einsetzte).

Lukas (lat.), Herkunftsname = *aus Lukanien stammend* (Landschaft in Unteritalien). Verbreitet durch Verehrung des Evangelisten und Paulusgefährten, Arztes und Märtyrers (Gd.: 18.1.), Patron der Maler und Metzger. Heute einer der beliebtesten Namen. Namensträger: dt. Maler L. Cranach (1472–1553); gleichnamiger Sohn (1515–86). Engl.: Luke, franz.: Luc.

Magnus (lat.), Adjektiv = *groß*. Beiname für Karl d. Gr., von daher Verselbständigung des Namens. In Skandinavien als Königsname gebräuchlich, dann als Vorname in dt. Sprachraum gelangt: M. I. v. Norwegen (Gd.: 1.5.); hl. M. (7./8. Jh. Missionar in der Lechgegend, Gd.: 6.9.); hl. M. v. Dänemark (1100 gestorben, Reliquien in Aachen und Prag, Gd.: 19.4.). Heute nicht sehr häufig, aber verbreitet. Namensträger: dt. Schriftsteller Hans M. Enzensberger (geb. 1929); dt. Springreiter M. v. Buchwaldt.

Marcellus (lat.), altröm. Sippenname als EF zu Markus. Name von Heiligen (Papst Marcellinus im 3./4. Jh., Gd.: 26. 4.; hl. M., Bischof v. Paris, um 400, Gd.: 3. 11.). Bei uns zunehmend gewählt. Franz.: Marcel, ital.: Marcello (Name des Filmschauspielers M. Mastroianni).

Marian (lat.), EF zu Marius. Oft nur in kath. Kreisen, Beliebtheit steigt.

Marius (lat.), altröm. Sippenname (bekannt durch Feldherrn Gaius M., Sieger über Cimbern und Teutonen um 100 v. Chr., siebenmaliger röm. Konsul). Im dt. Sprachraum selten, steigende Beliebtheit (M. Müller-Westernhagen, dt. Popstar, * 6. 12. 1948), häufig im ital. (und in ital. Form auch bei uns gebräuchlich). Ital.: Mario.

Markus (lat.), = *zum Kriegsgott Mars gehörig* (d. h. *kriegerisch*). Verbreitung gefördert seit dem MA durch Verehrung des Evangelisten M. (Gd.: 25. 4.). Zunächst in jüd. Kreisen sehr beliebt. Modename, stand häufug an 1. Stelle im dt. Sprachraum; Verbreitung von S nach N fortschreitend. Namensträger: russ. Maler Marc Chagall (1889–1985); amer. Schwimmer M. Spitz; engl. Militaryreiter, Ehemann der engl. Prinzessin Anne, M. Philipps. Engl.: Mark, franz.: Marc, ital.: Marco, poln.: Marek (bekannt durch Klavierduo M. und Vacek).

Martin (lat.), = *zum Kriegsgott Mars gehörend.* Verbreitet durch hl. M. v. Tours (4. Jh., Gd.: 11. 11., „Martinstag“, Schutzheiliger der Franken, der nach der Legende seinen Mantel mit einem Bettler geteilt haben soll). Im MA schon populär, weiter angeregt durch Reformator M. Luther (1483–1546). Häufig auch als Papstname (M. V. 1368–1431). Heute im ganzen dt. Sprachraum sehr verbreitet. Seit den 60er Jahren ständig zunehmend.

Namensträger: dt. Dichter M. Opitz (1597–1639); Religionsphilosoph M. Buber (1878–1965); Philosoph M. Heidegger (1889–1976); ev. Pastor der „Bekennenden Kirche" M. Niemöller; dt. Schauspieler M. Benrath, M. Held (1908–1992); dt. Leichtathlet M. Lauer; dt. Erzähler M. Walser; amer. Negerrechtler M. Luther King (1929–1968; seit 1984 jeder 3. Sonntag im Januar nationaler Feiertag in den USA, ihm zu Ehren). Ital.: Martino, nord.: Marten, Morten.

Maxim (lat.), eingedeutschte KF zum lat. Beinamen Maximus = *der Größte*. Im MA verbreitet durch den hl. Maximus Confessor (580–662), einem herausragenden Theologen. Im Dt. gelegentlich seit dem 19. Jh., wieder häufiger ab Ende des 20. Jh. Im engl. Sprachraum beliebter Name. Namensträger: russ. Schriftsteller M. Gorki (1868–1936); dt. Schriftsteller M. Biller (*1960, u. a. bekannt durch seinen Roman „Esra", 2003). Franz.: Maxime, ital.: Massimo, span.: Máximo. KF: Max.

Maximilian (lat.), altröm. Sippenname Maximinianus (zum lat. maximus = *der Größte*), daraus Maximilianus. Verbreitung im MA durch hl. M. (3. Jh., Patron v. Passau, Apostel in Oberösterreich, Gd.: 12. 10.); 2 Märtyrer (Gd.: 12. 3., 21. 8.; 3./4. Jh.). Weiter gefördert durch Fürstenhäuser (besonders bekannt: Kaiser M. I., 1459–1519, „der letzte Ritter", der seinen Namen als Doppelnamen aus Maximus, nach dem großen röm. Feldherrn Fabius M., und Aemilianus, nach dem bedeutenden Feldherrn Scipio A., deutete). Heute Verbreitung relativ groß, vorwiegend im süddt. Sprachraum. Bekannt: Filmschauspieler M. Schell (Bruder von Maria Schell). Beliebt vor allem in KF Max.

Nico (griech.), KF zu Nikolaus. Im Dt. gelegentlich seit dem 19. Jh. Ab Mitte der 1950er Jahre taucht der Name in den Namensstatistiken auf, doch erst seit Ende des 20. Jh. gehört er zu den beliebtesten dt. Vornamen. Namensträger: österr. Komponist N. Dostal (1885–1981); dt. Sängerin und Schauspielerin N. (bürgerlich Christa Päffgen, 1938–1988, u. a. bekannt als Leadsängerin von „The Velvet Underground"); dt. Mittelstreckenläufer und Leichtathlet N. Motchebon (*1969); Dt. NF: Niko.

Nikolaus (griech.), zum Namen der griech. *Siegesgöttin Nike* + laos = *Volk*. Seit dem MA (ca. 1000 n. Chr.) weit verbreitet durch Verehrung des hl. N. v. Myra (Bischof N. rettete die Kinder der Stadt Myra vor der Kaperung durch feindliche Seeräuber, indem er die Kirchenschätze auslieferte und so auch die Stadt vor einer Hungersnot bewahrte; denn die Seeräuber versperrten den Versorgungsschiffen die Zufahrt zum Hafen. N. gilt daher als Patron der Kinder, die am 6. 12. den „Nikolaustag" feiern, sowie der Schiffer, Kaufleute und Bäcker). Häufig auch als Name von Fürsten, Päpsten. Namensträger: rhein. Philosoph N. v. Kues (15. Jh., in Rom begraben); Forscher N. Kopernikus (1473–1543; er erkannte die zentrale Stellung der Sonne im Weltall); dt. Lyriker N. Lenau (19. Jh.). Beliebtheit des Namens zeigt sich auch an den vielen KF, die sich schon im MA ausbildeten (wie Klaus, Niklas, Niko, Nicki). Klaus verdrängte inzwischen die Vollform, die seit dem 18. Jh. an Beliebtheit verlor, wenngleich sie noch immer verbreitet ist. Engl.: Nicholas, franz.: Nicol(as), dt.: Niklas, Nikiaus, ital.: Niccolò, Nicola (KF: Cola), span.: Nicolás, russ.: Nikolai (KF: Kolja), ungar.: Miklós.

Octavius, Oktavian(us) (lat.), altröm. Sippenname zum lat. octavus = *der Achte*. Bekannt durch O. Piccolomini (in Schillers Wallensteintrilogie in ital. Form). Heute selten. Ital.: Octavio.

Pankratius, Pankraz (griech.), = *der Allesbeherrscher*. Verbreitung durch hl. P., einen der 14 Nothelfer (zählt zu den Eisheiligen, Gd.: 12. 5.). Vor allem im süddt. Raum geläufig.

Paul (lat.), röm. Beiname = *der Kleine*. Weite Verbreitung durch Apostel Paulus (Paulusbriefe im NT; Gd.: 25. 1., 30. 6.), viele Heilige, einige Päpste. Seit dem MA im dt. Sprachraum beliebt; um 1900 zu den beliebtesten Namen gehörend. Heute nimmt die Verbreitung wieder sehr stark zu. Namensträger: Papst P. VI. (bis 1979); 2. Name des letzten und des gegenwärtigen Papstes (Johannes Paul I. u. II.); dt. Komponist P. Gerhardt (17. Jh., zahlreiche Kirchenlieder); franz. Maler P. Gauguin, P. Cezanne (beide 19. Jh.); Komponisten P. Abraham (1892–1960; „Blume von Hawaii"); P. Lincke (1866–1946; „Frau Luna"); dt. Heerführer u. Reichspräs. P. Hindenburg (1847–1934); dt. Komponist P. Hindemith (1895–1963); Schauspieler P. Hörbiger, P. Hubschmid, P. Newman, P. Hogan („Crocodile Dundee"); dt. Springreiter P. Schockemöhle; Fußballspieler P. Breitner. Engl., franz.: Paul, ital.: Paolo, span.: Pablo, finn.: Paavo, russ.: Pawel, ungar.: Pál.

Peregrinus (lat), = *der Fremdling*. Bei uns gelegentlich, im engl. Sprachraum häufig gewählt.

Peter (griech.); aus dem griech. Wort petros = *Felsen* wurde im Lat. der Name Petrus, eingedeutscht zu Peter. Weite Verbreitung des Namens durch Apostel Petras: Beiname des Simon, Jünger Jesu, 1. Bischof v. Rom, Märtyrer, Gd.: 22. 2., 19. 6. P. bewacht die Himmelstür und gilt als Wetterregent. Name sehr beliebt seit dem 14. Jh.; das zeigt sich an Fülle von Kurzformen in ganz Europa. Im 20. Jh. neuer Aufschwung durch Heiligsprechung des Jesuiten P. Canisius (16. Jh.). Im osteurop.

Raum häufig als Fürstenname (so Zar Peter d. Große im 18. Jh.). Nach Höhepunkt der Verbreitung um 1950 nimmt Name ab, wird aber auch heute noch gern gewählt im ganzen dt. Sprachraum (in Österreich nach Daniel über 25 Jahre an 2. Stelle). Namensträger: dt. Baumeister P. Parier (1330–1399, aus berühmter Baumeisterfamilie, Dom von Prag, Karlsbrücke); dt. Baumeister P. Fischer (15./16. Jh.); dt. Erzähler Johann P. Hebel (18./19. Jh.; „Aus dem Schatzkästchen des rheinischen Hausfreundes"); russ. Komponist P. Tschaikowskij (1840–93; u. a. „Nussknackersuite"); dt. Erzähler P. Rosegger („Als ich noch der Waldbauernbub war"); dt. Komponist u. Dirigent P. Kreuder; Komponist P. Igelhoff; Showmaster P. Frankenfeld; Schauspieler, Sänger P. Alexander; dt. Sänger P. Maffay („Tabaluga"); Schriftsteller P. Härtling u. v. a. Lit.: Figur des „Struwwelpeter" von H. Hoffmann (1847); Oper „Peter und der Wolf" von S. Prokofieff. Franz.: Pierre, ital.: Pietro, Piero, span.: Pedro, Perez, niederländ.: Piet, nord.: Pär, Pe(e)r, russ.: Pjotr.

Philipp (griech.), = *der Pferdefreund.* In hellenistischer Zeit gelangte der Name (verbreitet auch durch den Vater Alexander des Gr., Ph. v. Makedonien) nach Palästina. Weitere Verbreitung durch Apostel Ph. (Gd.: 3. 5.). Ab MA daher in ganz Europa beliebt, häufig auch als Fürstenname (span. Könige wie Ph. II., Gegenspieler der engl. Königin Elizabeth I. im 16. Jh.); franz. Könige wie „Bürgerkönig" Louis Ph. im 19. Jh.; im hess. Fürstenhaus). Neubelebung durch Luthers Freund Ph. Melanchthon (Humanist, 1497–1560), dadurch auch häufig in ev. Kreisen. Heute gilt der Name wieder als modern, vor allem im süddt., Schweizer Raum. Namensträger: engl. Prinzgemahl Ph., Herzog v. Edinburgh; Physiker Ph. Reis (erfand 1861 das Telefon); dt. Politiker Ph. Scheidemann, der 1918 in Berlin die Republik ausrief. Lit.: „Zappelph." im „Struwwelpeter" (H. Hoffmann, 1847). Engl.: Philip, franz.: Philippe (Name des Ex-Ehemannes der Prinzessin Caroline v. Monaco, Ph. Junot), ital.: Filippo, span.: Felipe (Name des span. Thronfolgers).

Pius (lat.), = *der Fromme.* Häufig als Papstname (letzter Namensträger: Pius XII., 20. Jh.).

Quirin(us) (lat.), Beiname d. Kriegsgottes Mars = *der Lanzenschwinger,* auf dessen Sohn Romulus übergegangen, später auch für Augustus. Im dt. Sprachraum verbreitet als Name d. hl. Qu. v. Neuß (2. Jh., Gd.: 30. 3.), Tegernsee (3. Jh., Gd.: 25. 3.). Heute noch vereinzelt im süddt. Raum. Namensträger: Barockbildhauer Egid Qu. Asam (1692–1750; studierte mit Bruder Cosmas Damian in Rom, zählt zu den bedeutendsten Vertretern des Spätbarock, bayer. Rokoko; Kloster Weltenburg, Johann-Nepomuk-Kirche in München u. a.).

Roman (lat.), = *der Römer* (zum lat. „Romanus". Verbreitung vor allem im süddt. Sprachraum, durch Märtyrer R. (3. Jh., Gd.: 9. 8.). In Norddeutschland nur vereinzelt. R. Herzog, dt. Bundespräsident. Franz.: Romain.

Sebastian (griech.), = *der Erhabene.* Bekannt durch hl. S., (führte unter Kaiser Diokletian die Prätorianergarde, wurde auf Befehl des Kaisers gemartert; Motiv zahlreicher bildlicher Darstellungen; gilt als Patron der Schützen; Gd.: 20. 1.). Seit dem 15. Jh. in ganz Europa verbreitet, heute Modename. KF: Bastian („Der Bastian" von Barbara Noack; auch in der KF heute modern). Franz. KF: Bastien (Mozart-Oper „B. und Bastienne").

Severin (lat.), eigentlich lat. Adjektiv der Bedeutung *streng.* Verbreitung als Name durch hl. S., Bischof von Köln im 4./5. Jh., Patron von Nordwestdeutschland, und hl. S. v. Norica, Patron von Bayern und Österreich, 5. Jh.; Gd.: 19. 1., 23. 10. Dadurch Verbreitung im ganzen dt. Sprachraum. Nord.: Sören.

Silvester (lat.), zum lat. silva = *Wald* (also etwa *Waldmensch*). Name zahlreicher Heiliger. Nach hl. S., Papst im 4. Jh. (Gd.: 31. 12.), wurde der „Silvestertag" benannt. Heute nur vereinzelt in kath. Gegenden.

Sixtus (lat.), Beiname = *der Glatte*, in der Volksetymologie meist mit Sextus = *der Sechste* gleichgesetzt. Name frühchristl. Päpste u. Heiliger (Gd.: 6. 4., 6. 8., 28. 3.). Dadurch Verbreitung des Namens, der heute sehr selten auftritt. Namensträger: Papst S. IV. (14. Jh., ließ Sixtinische Kapelle im Vatikan errichten). Ital.: Sisto.

Stefan, Stephan (griech.), eigentlich Beiname = *der Kranz*. Als Vorname verbreitet durch hl. St. (1. Märtyrer, wurde gesteinigt, Gd.: 26. 12.) und Ungarnkönig St. (1. apostolischer König, Gd.: 20. 8., für ihn Stephanskirchen in Budapest und Wien errichtet). Name im ungar. Adel stark verbreitet, im Laufe des MA in ganz Europa. Heute noch sehr beliebt mit z. Zt. zunehmender Tendenz. Namensträger: dt. Dichter St. George (1868–1933); poln. Pianist St. Askenase (Chopin); dt. Schriftsteller St. Zweig (1881–1942; „Schachnovelle"). Auch Fam.name (u. a. preußischer Generalpostmeister Heinrich v. St. aus Pommern im 19. Jh., der den Weltpostverein begründete). Dt.: Steffen, engl.: Stephen, Steven, franz.: Stéphan, Etienne, ital.: Stefano, ungar.: Istvan.

Theodor (griech.), = *Gottesgeschenk*. Im MA weit verbreitet als Name von Heiligen (u. a. hl. Th. des 3./4. Jhs., Gd.: 9. 11.), Theologen, Fürsten. Im Humanismus (15./16. Jh.) mit Verehrung der Antike ebenfalls sehr beliebt. Im 19. Jh. neu belebt durch Th. Körner (1791–1813, Befreiungsdichter, im Kampf gegen Napoleon gefallen); Th. Storm (1817–88; Dichter u. a. des „Schimmelreiter") und Th. Fontane (1819–1898; Dichter, u. a. „Effie Briest", „Wanderungen durch die Mark Brandenburg"); auch durch den Zionisten Th. Herzl (1860–1904). Heute Bedeutung des Namens stark zurückgegangen. Namensträger im 20. Jh.: 1. dt. Bundespräsident Th. Heuss (1884–1963). Engl.: Theodore (KF: Teddy), franz.: Théodore, ital.: Teodoro, russ.: Jedor, Fjodor.

Theophil (griech.), = *Gottesfreund*. Name zahlreicher Heiliger (u. a. Th. v. Antiochia, 1. Jh., Gd.: 13. 10.). Durch die Sage im MA (lit. durch Roswitha v. Gandersheim) nahm die Verbreitung zu; heute nur noch gelegentlich. Bekannt auch durch einen Schlager aus P. Linckes Operette „Frau Luna" (1899).

Timotheus (griech.), = *Gott ehrend*. Verbreitet durch die Bibel (Timotheusbriefe im NT; T. war Paulus-Schüler). Im Pietismus eingedeutscht zu Ehregott oder Fürchtegott. Heute nur ganz vereinzelt. Lit. in Schillers Ballade „Die Kraniche des Ibikus". Engl.: Timothy (KF: Tim), franz.: Timothée, russ.: Timofei.

Titus (lat.), Name unklarer Bedeutung (vom antiken Schriftsteller Aulus Persius als Name einer *Wildtaubenart* erklärt). Verbreitung durch röm. Kaiser Titus (eroberte und zerstörte 70 n. Chr. Jerusalem, dargestellt auf Titusbogen in Rom). Heute auch im dt. Sprachraum gelegentlich gewählt.

Urban (lat.), zum lat. Adjektiv urbanus = *aus der Stadt kommend* (gemeint war damit immer Rom, die „urbs" schlechthin in der röm. Antike). Verbreitung im MA durch Päpste (U. I. im 3. Jh., Gd.: 25. 5., als Märtyrer heiliggesprochen, gilt auch als Patron der Winzer, da sein Gedenktag in die Zeit der Rebenblüte fällt; U. II. im 11. Jh., Gd.: 29. 7.). Heute noch gelegentlich im süddt. Sprachraum anzutreffen. Franz.: Urbain.

Urs (lat.), zum lat. ursus = *Bär*. Da der hl. U. in Solothurn den Märtyrertod erlitt, fand der Name vor allem in der Schweiz Verbreitung. Andere Deutung: zum ahd. hros = *Pferd* (w. Form: Roswitha).

Ursinus (lat.), EF zu Urs. Vor allem in der Schweiz verbreitet.

Valentin (lat.), zum lat. Verb valere = *stark sein*. Name würde verbreitet durch Verehrung des Märtyrers V. (3. Jh., Gd.: 14. 2., bekannt durch angloamer. Einfluss als „Valentinstag", an dem man Menschen, die man liebt oder denen man dankbar ist, Blumen schenkt); auch durch Bischof V. (5. Jh., Gd.: 7. 1.), den man als Schirmherr gegen die Fallsucht (Name wird dabei fälschlich mit „fallen" in Verbindung gebracht) verehrt. Auch in nichtkath. Kreisen geläufig. Fam.name: bekannt durch bayer. Volksschauspieler, Kabarettisten Karl V. (1882–1948); ital. Stummfilmstar Rudolfo Valentino.

Valerian, Valerius (lat.), altröm. Gentilname zum lat. Verb valere = *stark sein*. Bekannt durch hl. Valerius, Bischof von Trier im 3. Jh., Gd.: 3. 2.). Im 16. Jh. sehr beliebter Name, heute nur wenig verbreitet.

Victor, Viktor (lat.), = *der Sieger*. Name mehrerer Heiliger, auch als Papst- und Fürstenname häufig. Heute ist der Name zurückgegangen. Namensträger: dt. Dichter V. v. Scheffel (1826–86; Roman „Ekkehard", Lied „Wohlauf, die Luft geht frisch und rein"); dt. Schauspieler V. de Kowa (1904–73); dt. Karikaturist V. v. Bülow (alias „Loriot", „Vater" von „Wum und Wendelin"); franz. Schriftsteller V. Hugo (1802–85; „Notre Dame de Paris"). Engl., franz.: Victor, ital.: Vittorio (Name des Regisseurs V. de Sica), Vito (dt. Verleger V. von Eichborn); russ.: Vitja. EF: Victorinus.

Vinzenz, Vincentius (lat.), zum lat. Verb vincere = *siegen*. Verbreitung des Namens durch Verehrung des hl. V. v. Saragossa (3. Jh.) und weiterer Heiliger (wie V. v. Paul im 16./17. Jh., Begründer der Caritas). Heute nicht mehr sehr verbreitet. Engl., franz., niederländ.: Vincent (bekannt durch einen der bedeutendsten Maler des Impressionismus, V. van Gogh, 1853–90; „Brücke v. Arles", „Sonnenblumen", „Fischerboote von Ste. Marie"). Ital.: Vicente.

Virgil(ius) (lat.), altröm. Sippenname unklarer Bedeutung. Bekannt vor allem durch großen röm. Epiker Publius Vergilius Maro (70–19 v. Chr., Epos „Aeneis", Dichtungen „Georgika", „Bukolika"). Dadurch im Humanismus verbreiteter Vorname. In Österreich heute noch gebräuchlich aus Verehrung für den hl. Virgil, Bischof v. Salzburg im 8. Jh., Missionar in Kärnten (Gd.: 27. 11.), der aus Irland stammte. Allgemein ist der Name im engl. Sprachraum stärker verbreitet als bei uns.

Männliche Vornamen des romanischen Kulturkreises

Alain (franz.), Stammesbezeichnung: Name eines *kaukasischen Bergvolkes*, das mit Germanen nach W zog und Namen im westl. Europa verbreitete. Bekannt durch Bischof Alanus v. Auxerre (12. Jh.), Zisterzienser A. de Lille (12. Jh.). Bei uns um 1900 im Adel verbreitet, heute selten gewählt. Namensträger: franz. Filmschauspieler A. Delon. Engl.: Alan, Allan.

Alois (ital.), wahrscheinl. altdt. Ursprungs: alwis = *vollkommen weise*. Verbreitung durch Jesuiten Aloysius v. Gonzaga, der 1726 heiliggesprochen wurde (Patron der Studenten, Gd.: 21. 6., lebte 1568–91). Im süddt. Sprachraum gebräuchlich. Franz.: Aloyse. KF: Loisl.

André (franz.), = Andreas. Zählt heute zu den beliebtesten Namen. Namensträger: franz. Schriftsteller A. Gide (1869–1951, Nobelpreis 1957); österr. Künstler A. Heller („Wunderland").

Antonio (ital.), NF zu Anton, Antonius (lat.), die Antonier waren eine römische Sippe.

Aribert (franz.), = Herbert. Bekannt durch dt. Schauspieler A. Wäscher, daher im 20. Jhd. vereinzelt bei uns belegt.

Aristide (franz.), aus d. Griech. (Name eines athenischen Staatsmannes, 6./5. Jh. v. Chr.). Verbreitung bei uns angeregt durch franz. Politiker A. Briand (1862–1932; Friedensnobelpreis 1926).

Armand (franz.), = Hermann; Verbreitung im westdt. Sprachraum.

Bastien (franz.), KF zu Sebastian. Bekannt durch Singspiel von Mozart „B. und Bastienne" (1768).

Benito (span./ital.) = Benedikt. Bei uns gelegentlich gewählt. Bekannt: ital. Diktator B. Mussolini (1883–1945).

Bénôit (franz.), = Benedikt. Vor allem in der Schweiz üblich.

Beppo (ital.), Lallform zu Giuseppe. Bayerischer Volksschauspieler B. Brehm (1906–1990).

Bertrand (franz.), 2 Erklärungsmöglichkeiten: franz. Form des altdt. Bertram (beraht = *glänzend* + hraban = *Rabe*) oder Bertrand (beraht + rand = *Schild*).

Camillo (ital.), zum lat. Camillus (wohl etruskisch = *adliger Altardiener*). Name eines Heiligen (17. Jh., Gd.: 18. 7., Patron der Krankenhäuser). In ital. Form bei uns verbreitet durch Geschichten Guareschis von „Don Carmllo und Peppone" (um 1950).

César (franz.), = Cäsar; Name nach dem röm. Staatsmann Gaius Julius C. (100–44 v. Chr.), populär durch Shakespeare-Drama. Namensträger: franz. Dirigent, Komponist C. Franck (19. Jh.); dt. Musiker C. Bresgen. Ital.: Cesare.

Charles (franz.), = Karl. In dieser Form in der Schweiz verbreitet. Namensträger: franz. Komponist C. Gounod (19. Jh.); franz. Politiker C. de Gaulle (1890–1970); franz. Chansonnier C. Aznavour.

Che (span.), eigentl. Spitzname = *Hallo*, im span.sprachigen Südamerika Spitzname für *alle Argentinier*, daher auch für den gebürtigen Argentinier Ernesto Guevara, später kubanischer Revolutionär (1928–67). Seit 1969 bei uns als Vorname belegt.

Claude (franz.), zum lat. Claudius. In der Schweiz verbreitet. Namensträger: franz. Komponist C. Debussy (1862–1918; „L'apres-midi d'un faun"); Landschaftsmaler C. Lorrain (1600–1682); dt. Flugzeugkonstrukteur C. Dornier (1884–1969), Begründer des Konzerns in Friedrichshafen.

Claudio (ital.), = Claudius. In dieser Form in der Schweiz. Namensträger: ital. Komponist C. Monteverdi (1567–1643); chilen. Pianist C. Arrau. Lit. in „Der Tor und der Tod" (H. v. Hofmannsthal, 1893).

Cosimo (ital.), = Cosmas (zum griech. kosmos = *Schmuck, Ordnung*; Name von Heiligen im 3. Jh. n. Chr.). Bekannt durch

Humanistenförderer C. v. Medici (1389–1464); gegenwärtig bei uns zunehmend gewählt.

Cristobal (span.), = Christoph. Name des Entdeckers C. Colombo = Christoph Columbus, der 1492 Amerika entdeckte (1446–1506).

Denis (franz.), = Dionysius (griech. Name, bekannt durch Schillers Ballade „Die Bürgschaft" als Name d. Tyrannen v. Syrakus). St. Denis gilt als franz. Märtyrer u. Nationalheld. Engl.: Dennis; in der Form häufiger bei uns.

Diego (span.), = Jakob.

Dino (ital.), KF zu Bernardino, Rinaldo.

Domingo (span.), = Dominikus. Verbreitung durch D. Guzman (12./13. Jh., Gd.: 4. 8.), den Gründer des Dominikanerordens. Namensträger: span. Tenor Placido Domingo.

Edouard (franz.), = Eduard. Durch den Roman „La nouvelle Héloïse" von Rousseau (1761) gelangte der ursprünglich engl. Name ins Deutsche.

Elmo (ital.), KF zu Erasmus. Im Altdt.: KF zu Elmar.

Enrico (ital.), = Heinrich. In der Schweiz sehr verbreitet. Name auch bekannt durch berühmten Operntenor E. Caruso (1873–1921).

Etienne (franz.), = Stephan. Im süddt. Sprachraum in dieser Form anzutreffen.

Fabio (ital.), = Fabius (altröm. Sippenname).

Ferdinand (span.), ursprüngl. altdt. Name (fridu = *Schutz* + nantha = *kühn*). Verbreitung aber durch die Westgoten nach Spanien, durch hl. F. v. Kastilien (König 1199–1252, Gd.: 30. 5.)

über span. Besitzungen der Habsburger in den dt.sprachigen Raum. Im 19. Jh. weiter angeregt durch „Kabale und Liebe" (Schiller, 1784). Name mehrerer Habsburger Kaiser. Von Österreich über Bayern in ganz Deutschland verbreitet. Gilt heute wieder als modern, wenn auch noch nicht sehr häufig gewählt. Namensträger: F. Lassalle, Begründer der Sozialdemokratie im 19. Jh.; F. Graf Zeppelin (1838–1917); österr. Thronfolger Franz F., dessen Ermordung in Sarajewo 1914 den 1. Weltkrieg auslöste; dt. Chirurg F. Sauerbruch (1875–1962). Franz.: Ferrand, ital.: Fernando.

Francesco (ital.), = Franziskus. Name verbreitet durch hl. F. v. Assisi (12./13. Jh.), dessen Name nach seiner franz. Mutter *der kleine Franzose* bedeutete. (Er hieß eigentlich Giovanni Berdone, gründete den Franziskaner- und Klarissinnenorden; Gd.: 4. 10. Gilt als Patron der Tiere.) Latinisiert: Franziskus. Name im süddt. Sprachraum verbreitet.

Gabriele (ital.), im Ital. Männername, daher in der Schweiz nur mit eindeutigem Zweitnamen zulässig. Bekannt: ital. Dichter, Flieger im 1. Weltkrieg G. d'Annunzio (1863–1938).

Gaston (franz.), KF zum Heiligennamen Vedastus (Volksheiliger aus Perigord im 5./6. Jh.). Bei uns im westdt. Sprachraum vertreten. Namensträger: Europapolitiker G. Thorn (Luxemburger, geb. 1928). Engl.: Foster (bekannt: amer. Außenminister John F. Dulles, 1888–1958).

Giacomo (ital.), = Jakob. Namensträger: ital. Komponist G. Puccini (1858–1924; „Madame Butterfly").

Gianni (ital.), KF zu Giovanni.

Giordano (ital.), Herkunftsbezeichnung zum israel. *Fluss Jordan*. Bekannt durch Philosophen u. Ketzer G. Bruno (1548–1600). In der Schweiz gebräuchlich.

Giovanni (ital.), = Johannes.

Giuseppe (ital.), = Joseph.

Guido (ital.), = Veit. Name im 19. Jh. durch romantische Literatur verbreitet (u. a. in Eichendorffs „Taugenichts"). Heute beliebt. Namensträger: ital. Maler G. Reni (1575–1642); Schweiz. „Ratefuchs" G. Baumann („Was bin ich"). Engl./franz.: Guy (franz. Erzähler G. de Maupassant, 1850–1893; „Bel Ami").

Henri (franz.), = Heinrich. Verbreitet als franz. Königsname (u. a. Henri IV., über den H. Mann schrieb).

Hernando (span.), NF zu Ferdinand. Bekannt durch span. Entdecker H. Cortez (1485–1547).

Jacques (franz.), = Jakob. Um 1900 bei uns im Adel und in jüd. Kreisen häufig. Verbreitet durch Philosophen Jean-J. Rousseau (18. Jh.); franz. Komponisten J. Offenbach (1819–1880; „Orpheus in der Unterwelt"). Franz. Staatspräsident J. Chirac.

Jaime (span.), = Jakob. Bekannt durch Bruder d. belg. Königin Fabiola, Don J. de Mora y Aragon.

Jean (franz.), = Johannes. Verbreitet durch Philosophen J. J. Rousseau (18. Jh., gilt fälschlich als Urheber des Slogans „Zurück zur Natur"); dt. Dichter J. Paul (eigentl. Friedrich Richter, 1763–1825); franz. Dramatiker J. Giraudoux (1882–1944; „Undine", „Amphitryon"); J. Anouilh (1910–1987; „Antigone"); Philosoph, Existenzialist J. Paul Sartre („Die Fliegen"); franz. Filmschauspieler J. Marais, J. Gabin (1904–1970). Heute vor allem im Schweizer Raum geläufig. Beliebt auch für Doppelnamen: *Jean-Baptiste* (Name des Schwedenkönigs, früheren napoleonischen Marschalls Bernadotte), *J.-Claude, J.-Luc, J.-Jacques, J.-Michel, J.-Pierre.*

Jobst (kelt. + hebr.). Zusammenziehung des kelt. Namens Jodokus (= *der Krieger*; Name eines Heiligen, Gd.: 13. 12., Patron der Kranken und Pilger, in der Eifel verehrt) und des hebr. Hiob. Heute wieder verbreitet.

Juan (span.), = Johannes. Lit.: Don Juan, der berühmte Frauenheld (u. a. Moliere, Mozart). Name des span. Königs J. Carlos.

Jules (franz.), = Julius. Auch im dt. Sprachraum belegt. Namensträger: franz. Schriftsteller J. Verne (1828–1905; „In 80 Tagen um die Welt").

Julien (franz.), NF zu Julian. Anfang der 1970er Jahre aus dem Franz. entlehnter Vorname, seit Ende des 20. Jh. immer häufiger. Namensträger: franz. Philosoph und Schriftsteller J. Benda (1867–1956); engl. Filmregisseur J. Temple (*1953).

Korbinian (kelt.), unklare Bedeutung (evtl. im Zusammenhang mit lat. corvus = *Rabe*). Verbreitet durch hl. K., franz. Missionar in Bayern, Patron v. Freising, daher Verbreitung im süddt. Sprachraum (7./8. Jh., Gd.: 9. 9., 20. 11.).

Leandro (ital./span.), NF zu Leander. Namensträger: ehemaliger brasilianischer Fußballspieler L. de Déus Santos (*1977).

Leon, Leonce (franz./span.), = Leo; Leonce bekannt durch Büchners Drama „L. und Lena".

Louis (franz.), = Ludwig. Name zahlreicher franz. Könige (u. a. des Sonnenkönigs L. XIV, 1638–1715; Erbauer von Versailles; L. XVI., 1792 im Zuge der Revolution hingerichtet). Weitere Namensträger: L. Pasteur, Schöpfer der Bakteriologie (1773–1851); amer. Jazzpianist L. Armstrong (1900–71). Im 19. Jh. auch bei uns verbreitet, vor allem im Adel, so bei den Hohenzollern (L. Ferdinand, gefallen in der Schlacht v. Saalfeld 1806, als Komponist bekannt; heutiger Hohenzollernchef L. Ferdinand). KF: Lou (bekannt durch niederländ. Showmaster L. van Burg).

Luc (franz.), NF zu Lukas. Im Dt. gelegentlich ab Mitte des 20. Jh. Namensträger: franz. Filmregisseur Jean-L. Godard (*1930); schweiz. Theaterregisseur L. Bondy (*1948). Eingedeutschte NF: Luk.

Luca (ital.), NF zu Lukas. Im Dt. erst seit Mitte der 1980er Jahre vergeben, seit Anfang des 21. Jh. einer der beliebtesten Vornamen. Im Dt. selten auch w. Vorname, inzwischen aber ohne die Vergabe eines Zweitnamens als m. Vorname zugelassen. Namensträger: ital. Bildhauer der Frührenaissance L. Della Robbia (1400–1481); ital. Indrustrieller L. Cordero Lanza di Montezemolo (*1947), Geschäftsführer von Ferrari und Maserati; ital. Fußballspieler L. Toni Varchetta (*1977). Eingedeutschte NF: Luka.

Luka (ital.), eingedeutschte NF zu Luca.

Luigi (ital.), = Ludwig. Im süddt. Sprachraum verbreitet.

Luis, Luiz (span.), = Ludwig. Auch eingedeutschte Form des franz. Louis. Bekannt durch Südtiroler Bergsteiger, Schriftsteller L. Trenker (1892–1990); span. Regisseur L. Buñuel.

Manolito (span.), EF zu Manuel. Vereinzelt bei uns.

Manuel (span.), KF zu Emmanuel. Deutlich zunehmend gewählt.

Marc (franz.), = Markus. Häufig bei uns. Namensträger: russ. Maler M. Chagall (1889–1985).

Marcel (franz.), zum lat. Marcellus. Beliebter Name auch im dt. Sprachraum. Namensträger: franz. Schriftsteller M. Pagnol (Dramen, Erzählungen, die in der Provence spielen).

Marco (ital.), = Markus. Zunehmende Beliebtheit bei uns seit Mitte der 60er Jahre. Bekannt durch ital. Handelsreisenden, Schriftsteller M. Polo (1254–1324).

Mario (ital.), = Marius. Zunehmend bei uns verbreitet. Lit.: „Mario und der Zauberer" (Th. Mann, 1930). Namensträger: ital. Sänger M. del Monaco; dt. Filmschauspieler M. Adorf. In Ostdeutschland und Österreich sehr beliebt.

Massimo (ital.), = Maximilianus (zum lat. maximus = *groß*). In der Schweiz verbreitet.

Mathieu (franz.), = Matthias. Auch bei uns geläufig. Namensträger: Leiter d. Berliner Singakademie, M. Lange; dt. Schauspieler M. Carrière. Fam.name: franz. Sängerin Mireille M.

Matteo (ital.), NF zu Matthias. Seit Ende des 20. Jh. auch im Dt. häufiger. Beliebter Name in Italien. Namensträger: M. Ricci (1552–1610), ital. Jesuitenpriester und Begründer der neuzeitlichen China-Mission; M. Alberti (1647–1735), Architekt des Schwetzinger Schlosses; M. Thun (*1952), ital. Star-Architekt und Designer.

Maurice (franz.), = Moritz. Bekannt durch franz. Komponisten M. Ravel (1875–1937; „Der Bolero"); franz. Chansonnier M. Chevalier (1888–1972).

Michel (franz.), KF zu Michael, die auf dem „e" betont wird. Zugleich auch dt. Form, hier aber mit der Betonung auf dem „i". Seit Anfang des 19. Jh. galt der dt. M. als Inbegriff für den treu-doofen, einfachen dt. Bürger. Heute im dt. Sprachraum gelegentlich als Vorname gewählt. Lit. bekannt durch den Waldgeist in Wilhelm Hauffs Märchen „Das kalte Herz" (1827), europaweit berühmt jedoch als Kinderbuch-Figur M. von Lönneberga aus den gleichnamigen Geschichten von Astrid Lindgren (ab 1963). Namensträger: ehemaliger franz. Fußballspieler und -funktionär M. Platini (*1955); dt. Rechtsanwalt und Fernsehmoderator M. Friedman (*1956).

Miguel (span.), = Michael. In Süddeutschland und der Schweiz gebräuchlich.

Nevio (ital.), = *Weber*. Erstmals in dt. Vornamen-Statistik 2006 und seitdem relativ häufig. Vermutlich populär durch den Musiker N. Passaro (*1980, „Amore Per Sempre"), der bei der TV-Show „Deutschland sucht den Superstar" 2006 den vierten Platz belegte.

Niccolo, Nicola (ital.), = Nikolaus. Namensträger: N. Paganini, ital. Komponist (1782–1840; der Teufelsgeiger). KF: Niko, Nico (bekannt durch Operettenkomponisten N. Dostal; „Clivia"), Niklo (in der Schweiz gebräuchlich, rätoromanisch); Cola (bekannt durch C. di Rienzo, röm. Volkstribun, der im MA Staat altröm. Prägung errichten wollte).

Noël (franz.), zum Lat. „dies natalis" = *Geburtstag*; Name für Jungen, die an Jesus Geburtstag zur Welt kamen. „Bon papa Noël" entspricht unserem Weihnachtsmann.

Pablo (span.), = Paul. Namensträger: span. Maler P. Picasso (1881–1973; Gemälde wie „Guernica“; beeinflusste maßgebend die moderne Malerei); span. Cellist von Weltrang P. Casals (1876–1973).

Pascal (franz.), zum lat. Paschalis = *der am Ostertag Geborene*. Namensträger: P. Jordan, Physiker des 20. Jhs. (Theorie vom Ursprung des Weltalls). Fam.name: franz. Religionsphilosoph Blaise P. (17. Jh.).

Pepe, Pepito (span.), KF zu Joseph.

Perez (span.), = Peter. Bekannt durch UNO-Generalsekretär P. de Cueillar.

Pierre (franz.), = Peter. Namensträger: franz. Modeschöpfer P. Cardin; franz. Filmschauspieler P. Richard („Der große Blonde …“); Kanadas Ex-Premierminister P. Trudeau.

Raoul (franz.), = Randolf. Vereinzelt bei uns belegt.

Remo (ital.), vom Lat. Remus. Name des sagenhaften Gründers von Rom (zusammen mit Zwillingsbruder Romulus).

René (franz.), = Renatus. Beliebter Name auch bei uns, häufig in der Schweiz. Namensträger: Schriftsteller R. Schickele (1883–1940); franz. Regisseur R. Clair („Unter den Dächern von Paris“).

Reno (ital.), KF zu Renatus. Vereinzelt im norddt. Raum.

Rienzo (ital.), KF zu Lorenzo.

Rinaldo (ital.), = Reinhold. Lit.: Räuberroman v. Chr. Vulpius „R. Rinaldini“ (um 1800).

Rocco (ital.), = Rochus (einer der 14 Nothelfer, Gd.: 16. 8.). Verbreitet durch Beethoven-Oper „Fidelio“ (1805), durch Sänger R. Granata („Marina") und Italo-Western. Vor allem in der Schweiz vertreten.

Rodrigo (span.), = Roderich. Durch Herders Übersetzung des „Cid" im 19. Jh. bei uns geläufig.

Roger (franz.), = Rüdiger. Im MA durch Normannenherrscher verbreitet, um 1900 häufig in Romanliteratur. Heute im süddt. Sprachraum gebräuchlich (Schweiz, Österreich). Auch Name eines Franziskaners (R. Bacon, Wunderheiler im 13. Jh.).

Salvatore (ital.), zum lat. Wort für *Retter*. Im süddt. Raum, vor allem der Schweiz gebräuchlich. Namensträger: Schlagersänger S. Adamo („Dolce Paola"). Span.: Salvador (Name des surrealistischen Malers S. Dali, † 1989).

Sandro (ital.), KF zu Alessandro. Gelegentlich bei uns. Ungar.: Sándor.

Silvio (ital.), zum lat. Silvius (lat. silva = *Wald*). Vereinzelt bei uns (bekannt durch S. Francesco, Schlagersänger, Bruder von C. Valente).

Tankred (normannisch), zum altdt. Namen Dankrad (dank = *Gedanke* + rat = *Ratgeber*). Durch Normannenfürsten T. verbreitet (1199 bei Erstürmung Jerusalems anwesend; dazu Epos Torquato Tassos „Das befreite Jerusalem", 1581). Gelegentlich gewählt. Namensträger: Schriftsteller T. Dorst (geb. 1925; „Auf dem Chimborazo", „Schmährede an der Stadtmauer", Antikriegsstück von 1962).

Tonio (ital.), KF zu Antonio. Lit.: Novelle Th. Manns „T. Kröger" (1914).

Tristan (kelt.), zum kelt. Drystan = *Wächter über Waffengeklirr*, auch gallischer Druidenname. Bekannt durch franz. Sage von Tristan und Isolde (dazu Oper R. Wagners im 19. Jh.).

Umberto (ital.), = Humbert. Bekannt: ital. Exkönig Umberto, † 1983, ital. Schriftsteller U. Eco („Im Namen d. Rose").

Vasco (span.-port.), Herkunftsbezeichnung = *der Baske*. Bekannt durch port. Seefahrer V. da Gama (entdeckte im 16. Jh. den Seeweg nach Ostindien).

Vico (ital.), KF zu Ludwig (Ludovico). Verbreitet durch Schweizer Schauspieler, Sänger V. Torriani („Hotel Viktoria").

Vittorio (ital.), = Viktor. Vorwiegend in der Schweiz. Namensträger: ital. Regisseur V. de Sica (1902–1974), „Das Wunder von Mailand", „Hochzeit auf Italienisch"). Auch im ital. Königshaus (Vittorio Emanuele).

Xaver(ius) (span.), Beiname d. hl. Franz X. nach seinem *Geburtsort Xavier/Javier* nahe Pamplona (plante im 16. Jh. mit Ignatius v. Loyola den Jesuitenorden; 1506–1552; 1622 heiliggesprochen, Gd.: 3. 12., Patron der kath. Missionen, da er mehrere Missionsreisen durchführte). Häufig im süddt. Sprachraum, vor allem im Doppelnamen Franz-Xaver. Namensträger: dt. Eishockey-Trainer X. Unsinn.

Yannick, Yannik (vermutlich franz.), andere Schreibweise zu Jannick, die auf das bretonische Yann, einer KF zu Johannes zurückgeht.

Yves (franz.), altfranz. Rittername = Ivo. Namensträger: franz. Modeschöpfer Y. Saint Laurent (geb. 1936; 1957–60 Nachfolger von Christian Dior).

Yvon (franz.), NF zu Yves. Auch Ivon. In der Schweiz gebräuchlich. Dt.: Ivo.

Männliche Vornamen des anglo-amerikanischen Kulturkreises

Al (engl), KF zu Albert.

Alaster (engl.), gälische Form von Alexander. NF: Allister.

Albion (engl.), abgeleitet vom lat. Wort für *weiß*. Alter Name für Britische Inseln.

Aldous (engl.), Herkunftsbezeichnung = *der vom alten Hause*. Namensträger: A. Huxley, amer. Schriftsteller (1894–1963; „Schöne neue Welt“). NF: Aldis.

Alec (engl.), KF zu Alexander. Namensträger: engl. Schauspieler A. Guiness (geb. 1914; „Lawrence v. Arabien“, „Dschingis Khan“, „Lady-Killers“).

Algernon (engl.), übernommen aus dem Altfranz. (*Der Bärtige*). Lit.: in O. Wildes Schauspiel „Bunbury“.

Allan (engl.), = Alain. Bei uns nur selten gewählt. Namensträger: Edgar A. Poe (amer. Schriftsteller, 1809–49; „Der Doppelmord in der Rue Morgue“). NF: Alan.

Andrew (engl.), = Andreas. Name des Heiligen der Schotten (Patron von Schottland). Namensträger: Sohn der engl. Königin (geb. 1960).

Andy (engl.), auch bei uns gebräuchlich KF von Andreas (Andrew).

Angus (engl.), aus dem Kelt. = *von außergewöhnlicher Strenge.*

Anthony (engl.), = Antonius. Namensträger: amer. Filmschauspieler A. Quinn („Alexis Sorbas"); A. Perkins („Psycho I u. II"); A. Hopkins („Das Schweigen d. Lämmer").

Archie (engl.), KF zu Archibald.

Arthur (engl.), unklare Deutung: zum kelt. Wort für *Bär* oder aus einem altröm. Sippennamen entstanden. Verbreitung durch Artussage (nach dem kelt. Britenkönig Artus, der um 500 die Sachsen bekämpfte; bekannt durch seine Tafelrunde). Im dt. Sprachraum seit Ende des 18. Jhs. eingebürgert. Verbreitung bei uns angeregt durch A. Duke of Wellington, der mit Blücher zu Napoleons Niederlage bei Waterloo 1815 beitrug. Heute nicht mehr häufig gewählt. Namensträger: engl. Kriminalschriftsteller Sir A. Conan Doyle (1859–1939; „Sherlock Holmes"); poln. Pianist A. Rubinstein; dt. Komponist A. Honegger (1892–1955; Zwölftonmusik); österr. Dichter A. Schnitzler (1862–1931; „Der Reigen", „Liebelei"); dt. Philosoph A. Schopenhauer (1788–1860). Ital.: Arturo (Name des ital. Dirigenten A. Toscanim, 1867–1957).

Austen (engl.), KF zu Augustin.

Barnard (engl.), = Bernhard. Bekannt als Fam.namen durch südafrikan. Herzchirurgen Christian B., dem 1967 die 1. Herzverpflanzung gelang.

Barnet (engl.), = Bernhard. KF: Barney (bekannt durch Trickfilm „Familie Feuerstein").

Bennet (engl.), KF zu Benedict (= Benedikt).

Ben(ny) (engl.), KF zu Benjamin. Bei uns nur selten gewählt. Namensträger: engl. Filmschauspieler ind. Herkunft B. Kingsley

(Oscarpreisträger 1982 für Gandhi-Film); amer. Jazzmusiker Benny Goodman.

Bill(y) (engl.), KF William. Verbreitet (auch bei uns) durch Western „B. the Kid"; US-Präsident B. Clinton; Musiker B. Wyman (Rolling Stones).

Bob(by) (engl.), KF zu Robert. Bekannt: Figur d. Bobby in der TV-Serie „Dallas" (Patrik Duffy)

Brett (engl.), Herkunftsbezeichnung im Kelt. = *in Britannien geboren.*

Brian (engl.), Name des Königs der Iren in der Artussage. Bedeutung = *der Hügel.* Gelegentlich auch bei uns.

Bruce (engl.), Ortsbezeichnung zur normannischen *Stadt Bruys.* Bedeutung = *dichtes Unterholz.* Namensträger: Sänger B. Springsteen; Schauspieler B. Lee, Star-Model Bruce Darnell.

Burt (engl.), KF zu Burkhard. Namensträger: amer. Filmschauspieler B. Lancaster.

Cain (engl.), zu bilbl. Kain. Nicht zu empfehlen als Vorname, zu stark belastet.

Cary (engl.), KF zum kelt. Namen Carew = *Festung.* Bekannt durch amer. Filmschauspieler C. Grant (engl. Herkunft; „Arsen und Spitzenhäubchen", „Hausboot").

Cecil (engl.), zum lat. Wort für *blind.* Bekannt durch engl. Politiker und Koloniebegründer C. Rhodes (1852–1902; nach ihm Ex-Name des Staates Rhodesien).

Cedric (engl.), aus dem Kelt. = *Häuptling.* Bekannt durch Sage (Gründer des westsächs. Königreiches; danach Roman „Ivanhoe" von W. Scott) und Kinderbuch „Der kleine Lord" (F. Burnett).

Charles (engl.), = Karl. Beliebter engl. Vorname. Namensträger: engl. Kronprinz; Atlantikflieger C. Lindbergh (1902–74; überquert 1927 als erster allein den Atlantik); engl. Schriftsteller C. Dickens (1812–70; „Oliver Twist").

Charlton (engl.), Herkunftsbezeichnung = *von Charles' Farm herkommend*. Namensträger: amer. Filmschauspieler C. Heston (historische Filme wie „Ben Hur", „El Cid").

Chris (engl.), KF zu Christian, Christopher.

Christopher (engl.), EF zu Christoph. Im MA im dt. Sprachraum weit verbreitet und zwischen Mitte der 1980er und 1990er Jahre bei uns sehr modern. Namensträger: engl. Dramatiker C. Marlowe (1564–1593); C. Wren (1632–1723), engl. Architekt und Astronom; amer. Schauspieler C. Reeve (1952–2004), berühmt durch Figur des „Superman", ab 1995 durch Reitunfall querschnittsgelähmt. KF: Chris

Clark (engl.), zum lat. clericus = *Geistlicher*. Bekannt durch amer. Filmschauspieler C. Gable („Vom Winde verweht").

Clayton (engl.), Herkunftsbezeichnung (*Haus auf Tongrund*).

Cliff(ord) (engl.), Herkunftsbezeichnung (*Der nahe den Klippen wohnt*), seit Ende des 19. Jhs. als Vorname bekannt. Namensträger: engl. Rocksänger C. Richard; Figur d. C. Barnes in TV-Serie „Dallas" (Gegenspieler v. J. R. Ewing). KF Cliff.

Connor, Conner (kelt.), = *Hundeliebhaber*, anglisierte Form vom kelt. Chonchobar. Vor allem im engl.-sprachigen Raum, aber seit Anfang des 21. Jh. auch gelegentlich bei uns. Als C. McLeod (1986, alias Christopher Lambert) im Film „Highlander" bekannt.

Colin (engl.), KF zu Nicholas (= Nikolaus).

Dan (engl.), KF zu Daniel.

Danny (engl.), KF zu Daniel. Vor allem im engl. und franz. Sprachraum häufig, im Dt. seit Mitte des 20. Jh. bekannt, seit Anfang des 21. Jh. im Kommen. Namensträger: amer. Schauspieler, Komiker und Sänger D. Kaye (1913–1987, „Danny Kaye Show"); amer. Schauspieler D. DeVito (*1944, „Twins", „Der Mondmann").

Dave (engl.), KF zu David. Bekannt durch amer. Countrysänger D. Dudley.

Davis (engl.), im Schott. = *Davids Sohn*. Bekannt durch amer. Politiker d. 19. Jh., Jefferson D. Gilt bei uns als modern.

Dean (engl.), altengl. Ortsbezeichnung (*der aus dem Tal*). Vor allem in der Schweiz geläufig. Namensträger: amer. Schauspieler D. Martin.

Dennis (engl.), = Denis. Engl. Form des Namens bei uns seit Ende der 70er Jahre stark zunehmend. NF: Denys.

Derrick (engl.), KF zum altdt. Theoderich. Bekannt durch dt. Krimiserie.

Devin (kelt.), = *der Poet*. Im engl. Sprachraum häufiger. Bei uns seit Anfang des 21. Jh. bekannt. Namensträger: amer. Rapper D. the Dude (mit bürgerlichem Namen D. Copeland).

Dick(y) (engl.), KF zu Richard.

Don (engl.), als Einzelname aus dem Kelt. *Dunkelbraun*; sonst als KF zu Donald zu deuten.

Donald (engl.), aus dem Kelt. (*dunkelhaarig* oder *der Mächtige, der Herr*). Schott. Königsname. Figur der Ente D. Duck von Walt

Disney machte den Namen auch bei uns bekannt (aber nicht häufig).

Douglas (engl.), aus dem Kelt. = *am dunklen Strom wohnend*. Schott. Sippenname (lit. u. historisch: Archibald D., von König Jakob IV. verbannt, bekannt durch Fontanes Ballade, die von Loewe vertont wurde). Namensträger: amer. Filmschauspieler D. Fairbanks.

Doyle (engl.), aus dem Kelt. = *dunkelhaariger Fremder*. Als Fam. name bekannt durch engl. Schriftsteller Sir Arthur Conan D. (1859–1939; „Sherlock Holmes"), auch Name in engl. TV-Serie „Die Profis".

Dustin (engl.), Bedeutung unklar, evtl. = *tapfer*. Namensträger: amer. Filmschauspieler D. Hoffman („Kramer gegen Kramer", „Tootsie", Oskarpreisträger 1982); Figur des D. Farlowe in amer. TV-Serie „Dallas".

Dwight (engl.), aus dem Germ. = *der Weiße*. Bekannt durch US-Präsidenten D. D. Eisenhower (1890–1969; Präsident 1953–61).

Earl (engl.), aus dem Altengl. = *Edelmann*, auch engl. Titel (= Graf). Bei uns vereinzelt belegt.

Ed(dy), KF zu Edward. Namensträger: Filmschauspieler E. Constantine; belg. Radrennprofi E. Merckx.

Edgar (engl.), zum altengl. ead = *Besitz, Glück* + gar = *Speer*. Name eines Heiligen, König v. England im 10. Jh. (Gd.: 8. 7.). Häufig in Shakespeares Dramen (u. a. „König Lear"). Dadurch Verbreitung d. Namens auch bei uns. Um 1900 Modename im dt. Sprachraum, heute nicht mehr häufig gewählt. Namensträger: amer. Schriftsteller E. Allan Poe (1809–49; „Doppelmord in der Rue Morgue"); engl. Kriminalschriftsteller E. Wallace (1875–1932; zahlreiche Verfilmungen seiner Romane); franz. Maler E. Degas (1834–1917, Impressionist).

Edmund (engl.), zum altengl. ead = *Besitz, Glück* + mund = *Schutz*. Name des Schutzpatrons der engl. Könige (hl. E., 9. Jh., Gd.: 20. 11.); eines Erzbischofs v. Canterbury (hl. E., 12./13. Jh., Gd.: 16. 11.). Im 19. Jh. Verbreitung bei uns, zunächst in kath. Kreisen, angeregt durch Shakespeare-Übersetzungen. Gilt auch heute als modern. Franz.: Edmont.

Edward (engl.), zum altengl. ead = *Besitz, Glück* + ward = *Schutz*. Name eines heiligen engl. Königs des 11. Jhs. (Gd.: 13. 10.). Häufig im engl. Königshaus (Name des jüngsten Sohnes der engl. Königin, geb. 1964; prominent: Herzog v. Windsor, E. VIII., der 1936 auf den Thron verzichtete aus Liebe zu Wallis Simpson). Gelangte zunächst nach Frankreich, von da in den dt. Sprachraum. Namensträger: norw. Komponist E. Grieg (1843–1907; „Peer Gynt"); norweg. Maler E. Munch (1863–1944). Franz.: Edouard, dt.: Eduard, nord.: Edvard.

Edwin (engl.), zum altengl. ead = *Besitz, Glück* + wini = *Freund*. Name engl. Könige. Bei uns im 19. Jh. bekannt geworden. Um 1900 häufig gewählt, heute zwar verbreitet, aber selten gewählt.

Elliot (engl.), = Elias. NF: Ellis.

Elton (engl.), altengl. Herkunftsbezeichnung (*von dem alten Bauernhof*). Bekannt bei uns durch Rockmusiker E. John (auch von der engl. Königin sehr geschätzt).

Elvis (amer.), NF zu Elwin = Alwin. Bekannt durch amer. Rockidol der 50er bis 70er Jahre, E. Presley (1935–77).

Errol (engl.), NF zu Earl. Bekannt durch amer. Filmschauspieler E. Flynn (1909–59; „Robin Hood").

Ethelbert (engl.), = Adalbert.

Evelyn (engl.), aus dem Altfranz, übernommen, ursprüngl. germ. Name = *Ahne*. Kein Zusammenhang mit w Namen Evelyn!

Finley, Finnley (ir.), = *kleiner blonder Krieger*. Anglisierte Form des gälischen Fionnlagh (= blonder Krieger). Seit Anfang des 21. Jh. im Dt. zunehmend beliebt. Namensträger: Samuel F. Breese Morse (1791–1872), Erfinder des Morsealphabets. NF: Findley, Findlay, Finlay.

Finn (ir.), Form zu Fionn = *blond, weiß, hell*. Bis 1990 im Dt. nahezu unbekannt, seit Anfang des 21. Jh. sehr populär. Vor allem in Norddt. sehr beliebt. Namensträger: amer. Schauspieler F. Carter (*1960, „Tremors – Im Land der Raketen-Würmer"). NF: Fynn. Fam.name der amer. Romanfigur Huckleberry F.

Foster (engl.), = Gaston; bei uns bekannt durch amer. Außenminister John F. Dulles (1888–1958), daher vereinzelt auch bei uns.

Franklin (engl.), aus dem Germ. (*freier Mann*). Fam.name des amer. Staatsmannes Benjamin F. (Unabhängigkeitserklärung 1776); US-Präsident F. Delano Roosevelt (1882–1945; Präsident des New Deal der 30er Jahre). Vereinzelt bei uns.

Fred(dy) (engl.), KF zu Alfred, Frederick. Bei uns verbreitet.

Gary (amer.), 1904 als Name für eine *Indianerstadt* am Michigansee entstanden (= *wild*). Bei uns bekannt durch amer. Filmschauspieler G. Cooper (u. a. mit Grace Kelly in „12 Uhr mittags"), dadurch auch im dt. Sprachraum verbreitet.

Giles (engl.), KF zum griech. Namen Ägidius (= *Schildhalter*, Ägis in der griech. Sage Schild d. Zeus). Name eines Heiligen, eines der 14 Nothelfer, Gd.: 1. 9.). Franz.: Gilles, span.: Gil.

Glenn (engl.), Name kelt. Ursprungs, KF des Namens Glendon = *vom dunklen Tal*. Vor allem in Amerika verbreitet. Namensträger: amer. Musiker G. Miller (1904–44, durch seinen Sound bekannt gewordener Bandleader); Western-Schauspieler G. Ford („Mann von Alamo"). Als Fam.name bekannt durch amer. Raumfahrer John G.

Gordon (engl.), altengl. Herkunftsbezeichnung = *vom Hügel mit den 3 Spitzen*. Name eines schott. Adelsgeschlechtes. Namensträger: amer. Zeitungsverleger G. Bennet (1841–1918).

Graham (engl.), altengl. Herkunftsbezeichnung – *vom grauen Haus*. Namensträger: engl. Schriftsteller G. Greene (1904–1991; „Der Dritte Mann").

Grant (engl.), KF zum lat. Namen Gratian (Name eines Mönches aus Bologna im 11./12. Jh., der Bedeutung im Kirchenrecht erlangte).

Gregory (engl.), = Gregor. Namensträger: amer. Filmschauspieler G. Peck („Ein Herz und eine Krone", „Wer die Nachtigall stört").

Guy (engl.), = Veit. Bekannt durch engl. Verschwörer G. Fawkes (1570–1606; G.-F.-Day am 5. 11. zum Andenken an die Pulververschwörung, die das engl. Parlament sprengen sollte).

Harold (engl.), aus dem Germ. (= *großer Kämpfer*). Namensträger: ehem. engl. Premierminister H. Wilson (Labour-Partei); amer. Schriftsteller H. Robbins (geb. 1912, „Die Bosse"). KF: Hat.

Harry (engl.), NF zu Henry oder KF zu Harold. Ab Ende des 18. Jhs. Verbreitung im dt. Sprachraum. Im 19. Jh. vor allem in jüd. Kreisen (so hieß der dt. Schriftsteller u. Dichter Heinrich Heine eigentlich Harry; 1797–1856; u. a. „Harzreise"). Heute noch sehr verbreitet. Namensträger: dt. Filmschauspieler H. Piehl (Abenteuerfilme im Zirkusmilieu); TV-Reporter H. Valerien; dt. Schauspieler H. Wüstenhagen; Sänger H. Belafonte (Calypso-Melodien; „Island in the sun", „Coconut woman").

Harvey (engl.), unklare Bedeutung, evtl. aus dem Altengl. = *scharf.* Bekannt durch (meist unsichtbaren, großen) Hasen im Kinofilm.

Henry (engl.), = Heinrich. Häufig im engl. Königshaus (u. a. H. VIII., 1491–1547 Vater v. Elizabeth I., zahlreiche Ehen, die mehrfach mit der Hinrichtung der Ehefrau endeten). Namensträger: amer. Autohersteller H. Ford (1863–1935); amer. Schauspieler H. Fonda, KF: Hal.

Howard (engl.), zum germ. Wort für *Wächter.* Namensträger: südafrikan. Schlagersänger H. Carpendale („Ti amo").

Humphrey, Humfrey (engl.), = altdt. Humfried (hum = *junger Bursche* + fried = *Frieden*). Bei uns vereinzelt, angeregt durch amer. Filmschauspieler H. Bogart (1899–1957; „Casablanca").

Ian (engl.), schott. Form von John. Name des ehem. südrhodes. Premierministers I. Smith.

Ira (engl.), zum hebr. Wort für *Wächter.* Gebräuchlich vor allem in Nordamerika. Bei uns nicht empfehlenswert, da Verwechslung möglich mit gleichlautendem w Namen.

Irvin(g) (engl.), schott. Ortsbezeichnung zum *Fluss Irvine,* andere Deutung: aus dem Kelt. = *der Weiße.* Namensträger: Schriftsteller I. Stone (Biographien, u. a. über US-Präsidenten J. Adams, „Das Leben gehört den Liebenden", sowie über die Schliemanns, „Der griechische Schatz").

Jack (engl.), KF zu Johannes oder Jakob. Beliebter engl. Vorname. Amer. Schauspieler J. Nicholson.

James (engl.), = Jakob.

Jasper (engl.), = Kaspar. Andere Deutung: *Edelstein Jaspis*. Gelegentlich auch im dt. Sprachraum gewählt.

Jay Ron (engl.), Kunstname eines Schweizer House DJs, Jayron-Cain Vorname Sohn dt. Fußballer Mike Hanke.

Jeff (engl.), KF zu Jeffrey. Häufig im engl. Sprachraum.

Jeffrey (engl.), NF zu Geoffrey (bei uns: Gottfried). Im engl. Sprachraum beliebt, auch bei uns gelegentlich.

Jeremy (engl.), = Jeremias. Beliebter engl. Name. KF: Jerry (bekannt durch amer. Filmkomiker J. Lewis, Trickfilmfiguren Tom und Jerry).

Jerome (engl.), engl. NF zu Hieronymus. Gelegentlich seit Anfang des 21. Jh. im dt., sehr populär im engl. und franz. Sprachraum. Namensträger: amer. Schriftsteller J. David Salinger (*1919, „Der Fänger im Roggen"); amer. Weltklasse-Läufer J. Young (*1976). Franz.: Jérôme.

Jim(my) (engl.), KF zu James. Auch bei uns vereinzelt gewählt. Namensträger: amer. Filmschauspieler J. Davis (Jock Ewing in TV-Serie Dallas); amer. Tennisstar J. Connors.

Joe (engl.), KF zu Joseph. Verbreitet durch TV-Serie „Bonanza" („Little Joe").

John (engl.), = Johannes. Sehr häufiger engl. Name. Auch bei uns volkstümlich (da dieselbe Form auch dem Niederdeutschen entstammt). Namensträger: engl. Dichter J. Milton (17. Jh., „Das verlorene Paradies"); J. Keats (19. Jh.; romantischer Dichter);

engl. Philosoph des 17. Jhs. J. Locke (Staatstheorien); engl. Schriftsteller J. Galsworthy („Forsythe Saga“); amer. Industrieller J. Rockefeller, Vater u. Sohn (19. u. 20. Jh., Standard Oil Company); amer. Schriftsteller J. Steinbeck (20. Jh., „Die Perle“); US-Präsident J. F. Kennedy (1963 in Dallas ermordet), durch den der Name neuen Aufschwung nahm; amer. Schauspieler J. Travolta („Saturday Night Fever“); Sänger J. Lennon (Beatles, „Yesterday“); Schriftsteller J. Grisham („D. Firma“). KF: Jonny.

Justin (engl.), Form zu lat. Justinus, einer Abwandlung von lat. Justus, = der Gerechte. Beliebter Name im angloamer. Sprachraum. Seit Anfang der 1990er Jahre auch in Deutschland sehr beliebt. Namensträger: amer. Popmusiker J. Timberlake (*1981); südamer. Golfprofi J. Rose (*1980). J. Vogts (Sohn des ehem. dt. Fußball-Bundestrainers).

Keith (engl.), Name unklarer Bedeutung, wohl aus dem Walisischen stammend. Bekannt durch Popmusiker K. Richard.

Kenneth (engl.), aus dem Keltischen (*anständig*), häufig im engl. Sprachraum. KF: Ken (bekannt durch amer. Filmschauspieler K. Kercheval, in TV-Serie „Dallas“ als Cliff Barnes Gegenspieler von J. R. Ewing).

Kermit (kelt.), = *freier Mann*. Verbreitet im angloamer. Sprachraum. Uns bekannt durch Frosch K. aus der TV-Serie „Die Muppets“.

Kester (engl.), KF zu Christopher.

Kevin (engl.), aus dem Kelt. = *höflich*. K. Costner, amer. Filmschauspieler („Der mit dem Wolf tanzt“). Ende 20. Jhd. sehr beliebt. Tendenz rückläufig.

Kilian (kelt.), Name eines irischen Missionars, der im 7. Jh. in Franken missionierte, Bischof von Würzburg wurde (Schutzheiliger dieser Stadt, Gd.: 8. 6.). Daher starke Verbreitung in Franken. Er gilt auch als Patron der Winzer (so im bekannten Frankenlied von V. v. Scheffel: „Der Winzer Schutzherr K. beschert uns etwas Feines"). Herkunft d. Namens: vermutlich vom lat. ecclesiasticus = *Kirchenmann*.

Kim (engl.), vom walisischen Wort für *Anführer*. Bekannt bei uns durch „Kim" von R. Kipling (1901). Auch als Name einer Zigarettenmarke verbreitet.

Kirk (engl.), aus dem Germ, als Ortsname = *der bei der Kirche wohnt*. Bekannt durch amer. Filmstar K. Douglas.

Kit (engl.), KF zu Christopher.

Koloman (kelt.), = *der Einsiedler*. Name gelangte mit irischen Mönchen nach Deutschland. Hl. K., ir. Palästinapilger, wurde 1012 ermordet; Grab im Kloster Melk, daher gilt er als Schutzpatron Österreichs. Gelegentlich auch bei uns belegt. Engl.: Coleman; amer. Jazzmusiker C. Hawkins. Ungar.: Kálmán (Fam.-name des Operettenkomponisten Emmerich K., † 1953).

Lancelot (engl.), Name unklarer Bedeutung aus dem Franz. Häufig im engl. Sprachraum, bei uns vereinzelt. Bekannt als Name eines Ritters der Artussage.

Larry (engl.), KF zu Lawrence (Laurentius). Bei uns nur selten gewählt, aber bekannt durch amer. Filmschauspieler L. Hagman („Bezaubernde Jeanie", TV-Serie wie „Dallas", wodurch er weltweit als J. R. Ewing bekannt wurde).

Lee (engl.), häufiger engl. Name unklarer Bedeutung (zum lat. Wort für *Löwe* oder zum kelt. Wort für *grau*). Bekannt durch amer. Filmschauspieler L. Marvin; Leiter der amer. Schauspielschule L. Strasberg. Als Fam.name beim amer. Schriftsteller Harper L. („Wer die Nachtigall stört"). Im engl. Sprachraum weit verbreitet.

Len, Lenn (engl.), KF zu Leonhard oder Lennart. Seit Mitte des 20. Jh. gelegentlich im dt. Sprachraum. Namensträger: Musiker und Schauspieler Lenn Kudrawizki (*1975, „Lenn-PopArt", „Die Fälscher"); amer. Regisseur Len Wiseman (*1973, „Underworld").

Lennox (kelt.), ursprünglich vom gälischen Nachnamen des schott. Clans Lennox, der wiederum vom Ort L. abgeleitet ist. Schloss „L. Castle" liegt nördlich von Glasgow. Name im engl. Sprachraum verbreitet, im Dt. eher selten. Gelegentlich seit Anfang des 21. Jh. Namensträger: ehemaliger brit. Boxer L. Lewis (*1965).

Lenny (engl.), KF zu Leonhard. Namensträger: amer. Popsänger L. Kravitz (*1964).

Leonard (engl.) NF zu Leonhard(t). Seit Ende des 20. Jh. auch im Dt. in dieser Schreibweise beliebter Vorname. Namensträger: kanad. Sänger und Schriftsteller L. Cohen (*1934).

Leslie (kelt.), Herkunftsname = *der aus dem grauen Fort*. Im Engl. auch w Name. Bei uns selten gewählt.

Lewis (engl.), = Ludwig. Namensträger: L. Collins (in TV-Serie „Die Profis").

Liam (engl.), irisch-gälische KF zu William, woher auch die Aussprache stammt. Im Dt. kommt der Name erst seit Mitte der 1990er Jahre auf, im engl. Sprachraum hingegen ist er schon lange sehr beliebt. Namensträger: amer. Schauspieler

L. Aiken (*1990); L. Gallagher (*1972), Leadsänger der brit. Rockband Oasis; irischer Schriftsteller L. O'Flaherty (1896–1984); irischer Schauspieler L. Neeson (*1952, u. a. als Oskar Schindler in Steven Spielbergs „Schindlers Liste").

Luke (engl.), NF zu Lukas. Seit Mitte des 20. Jh. gelegentlich im dt. Sprachraum, populärer seit Anfang des 21. Jh. Namensträger: L. Skywalker, einer der Protagonisten aus „Star Wars"; amer. Schauspieler L. Perry (*1965, u. a. bekannt als Dylan McKay in der TV-Serie „Beverly Hills, 90210");amer. Schauspieler L. Cunningham Wilson (*1971, u. a. als Emmett Richmond in „Natürlich blond"); Comic-Figur Lucky L.

Lion (engl.), = Leo. Vereinzelt auch bei uns. Namensträger: Erzähler L. Feuchtwanger (1884–1958; „Jud Süß", 1925). KF: Lionel (Name des modernen Malers L. Feininger, 1871–1956; Kubismus).

Malcolm (kelt.), = *Diener der heiligen Columba*. Ein schott. Missionar des 6. Jhs. machte den Namen bekannt.

Marlon (amer.?), Name unklarer Bedeutung, evtl. sogar erfunden. Verbreitet durch amer. Filmschauspieler M. Brando.

Marvin (engl.), aus dem Germ, (mari = *berühmt* + wini = *Freund*). Vereinzelt auch bei uns. Namensträger: M. H. Albert, Verfasser humoristischer Romane („Bettgeflüster", „Happy-End im September").

Maxwell (engl.), altengl. Herkunftsbezeichnung = *von der Quelle des Maccus* (Maccus kelt. Name für Markus).

Melvin (engl.), aus dem Engl. entlehnter Vorname mit unklarer Herkunft: entweder Rückbildung zum w Vornamen Melvina, was auf ahd. Malwina (mahal = Gerichtsplatz + wini = Freund,

= *gerechter Freund*) zurückgeht, oder NF zum schott. Familiennamen Melville, der von einem franz. Ortsnamen abgeleitet ist. Seit Anfang der 1980er Jahre gelegentlich im Dt. Im engl. Sprachraum beliebter Vorname. Namensträger: amer. Chemiker und Biochemiker M. Calvin (1911–1997), der die Dunkelreaktionen der Photosynthese aufklären konnte; amer. Leichtathlet und Olympiasieger M. Emery Patton (*1924).

Merlin (kelt.), von Myrddin = *Seehügel oder Düne*. Name stammt aus der Artussage. Hier ist Merlin der große Druide, der noch die alte Zauberkunst beherrscht und die Zukunft vorhersagen kann, obwohl er schon lange Christ ist. Name stammt aus dem engl. Sprachraum und ist vorwiegend m, bisweilen aber auch w Vorname. Gelegentlich bei uns seit Anfang des 21. Jh.

Mike (engl.), KF zu Michael. Bei uns häufig, vor allem in Ostdeutschland. Bekannt: Figur des Mike Stone in der TV Serie „Die Straßen von San Francisco“ (Schauspieler Karl Malden).

Miles (engl.), Herkunft nicht ganz klar: zum lat. Wort für *Soldat* oder zum griech. Wort für *Mühle*. Bekannt: Jazz-Musiker M. Davies († 1991).

Milton (engl.), Herkunftsbezeichnung = *von der Farm bei der Mühle*. Im dt. Sprachraum vor 1914 relativ häufig gewählt. Als Fam.name bekannt durch engl. Dichter John M. („Lost Paradise“, 1667).

Mitchell (engl.), NF zu Michael. KF: Mitch. Rollenname in TV-Serie „Baywatch“.

Montague (engl.), Herkunftsbezeichnung = *vom spitzen Gebirge*. KF: Monty. In jüngerer Zeit vereinzelt auch bei uns. Bekannt: Amer. Pferde-Flüsterer M. Roberts (*1935).

Morgan (kelt.), = *am Meer geboren*. Bei uns nur selten.

Morris (engl.), = Moritz. Gelegentlich im dt. Sprachraum, vor allem in jüd. Kreisen. Namensträger: australischer Schriftsteller M. L. West (geb. 1916).

Mortimer (engl.), aus dem Altfranz, als Ortsbezeichnung = *am stillen Wasser wohnend* (Ortsname aus der Normandie), bekannt durch Schillers Drama „Maria Stuart" (1801). Um 1900 im dt. Sprachraum im Adel verbreitet, heute nur selten gewählt.

Nat (engl.), KF zu Nathanael oder Jonathan. Bekannt durch amer. Jazzpianisten Nat King Cole (1917–65).

Neal, Neil (kelt.), = *Kämpfer, Anführer*. Namensträger: amer. Astronaut Neil Armstrong (geb. 1930, betrat als 1. Mensch am 20. 7. 69 den Mond und sprach die bekannten Worte: „Ein kleiner Schritt für einen Menschen – ein großer für die Menschheit."

Ned (engl.), KF zu Edward. Vereinzelt auch bei uns.

Nelson (engl.), = *Sohn des Neil*. Historisch bekannt geworden durch den Sieger der Schlacht von Trafalgar, Horatio Viscount Nelson (fiel 1805). Namensträger: Turnierreiter N. Pessoa.

Nicholas, Nicolas (engl.), = Nikolaus. KF: Nick(y), auch bei uns bekannt.

Nick (engl.), KF zu Nikolaus. Im engl. Sprachraum beliebter Vorname, der im Dt. seit Mitte der 1980er Jahre häufiger vorkommt. Besonders beliebt Anfang des 21. Jh., danach wieder seltener. Lit. bekannt durch dt. Comic-Meisterdedektiv N. Knatterton (ab 1959 in Zeitschrift „Quick"), als Figur in der Kinderbuch-Serie „Der kleine Nick" (1956–1964) von René Goscinny (illustriert von Jean-Jacques Sempé) und als beinahe kopflose Figur in Joanne K. Rowlings weltberühmter Romanserie „Harry Potter". Namensträger: amer. Schauspieler N. Nolte (*1941, u. a. in „Herr der Gezeiten", „Der Gejagte"); brit. Schriftsteller N. Hornby (*1957, u. a. „About a Boy"); dt. Formel-1-Rennfahrer N. Heidfeld (*1977).

Nigel (engl.), abgeleitet vom lat. Wort für *schwarz*. Bekannt: Eng. Violinist N. Kenndey (*1956).

Norman (engl.), aus dem Germ. = *Mann aus dem Norden*, aber nach angloamer. Vorbild auch im dt. Sprachraum mit engl. Aussprache geläufig.

Oliver (engl.), altröm. Sippenname zum lat. oliva = *Ölbaum*. (In der Bibel brachte die von Noah nach der Sintflut ausgeschickte Taube einen Ölzweig mit; in der griech. Sage war die Olive der Göttin Athene heilig; später Symbol für Frieden; Sieger in Wettkämpfen wurden mit Olivenzweig geschmückt.) Name auch im dt. Sprachraum von großer Bedeutung, heute Modename. Namensträger: O. Cromwell, engl. Politiker des 17. Jhs., der die engl. Seemacht schuf); amer. Komiker O. Hardy (zusammen mit Stan Laurel das weltberühmte Paar „Dick und Doof"). Lit.: „O. Twist", Roman von Ch. Dickens (1838). KF: Ollie.

Osborn (engl.), aus dem Altnord. *Gott* + *Bär*; bekannt als Fam. name durch Schriftsteller John O. („Blick zurück im Zorn").

Oscar (kelt.), Ursprung des Namens: altisländ. Asgeirr (germ. ans = *Gott* + ahd ger = *Speer*; daraus im Dt.: Ansgar). Im dt. Sprachraum bekannt durch Übersetzung der Ossiandichtung des Schotten Macpherson (18. Jh.). Volkstümlich durch schwed. Einfluss (der Sohn Bernadottes, der spätere König

Oskar I. v. Schweden, war Patenkind Napoleons, der für die Ossiandichtung schwärmte). Popularität des Namens zeigt sich auch in der Redensart „frech wie Oskar" und der amer. Filmauszeichnung „Oscar". Heute stark zurückgegangen. Namensträger: engl. Erzähler O. Wilde (19. Jh., „Das Bildnis des Dorian Gray", „Das Gespenst von Canterville"); Komponist O. Strauß (1870–1954, „Ein Walzertraum"); O. Kokoschka, bedeutender Maler des 20. Jhs.(Landschaften, Porträts, Städteansichten); O. v. Miller, Gründer des Deutschen Museums in München (1855–1934); Karikaturist „Oskar"; O. Lafontaine (*1943), dt. Politiker. Dt.: Oskar.

Osgood, Osmond, Osric (engl.), alles Namen, die auf das altnord. Wort für Gott zurückgehen: Osmond = *unter göttlichem Schutz*; Osgood = *göttlicher Schöpfer*; Osric = *göttlicher Herrscher.*

Oswald (engl.), zum nord. Wort für *Gott* + wald = *Gebieter.* Verbreitung durch Hl. O. v. Northumbria. Bei uns bekannt durch O. Kolle (Erfolgsschriftsteller populärer Aufklärungswerke: „Deine Frau, das unbekannte Wesen", „Dein Mann, das unbekannte Wesen" u. a.).

Oswin (engl.), zum altnord. Wort für *Gott* und ahd wini = *Freund.* Vermutlich durch angelsächsische Missionare in den dt. Sprachraum gelangt. Nicht häufig gewählt.

Owen (kelt.), = *junger Krieger.* Verbreitet im engl. Sprachraum.

Paddy, Pat (engl.), beliebte KF zu Patrick.

Patrick (engl.), zum lat. patrizius = *aus dem Adel stammend.* Weite Verbreitung des Namens im MA durch ir. Apostel u. Schutzheiligen P. (5. Jh., Gd.: 17. 3.). Ausbreitung im engl. Sprachraum ab 12. Jh., später im dt. Sprachraum. Heute Name zunehmender Beliebtheit. Namensträger: dt. Jungschauspieler P. Bach; amer. Filmschauspieler P. Duffy („Bobby“ in der TV-Serie „Dallas“); engl. Schauspieler P. Mac Nee („Mit Schirm, Charme und Melone“). Franz.: Patrice.

Percival (engl.), = Parcifal (= *der Taldurchstreifer*, bekannt aus der franz. Sage, Ritter der Artusrunde auf der Suche nach dem Gral; musikal.: bei Wagner).

Percy (engl.), KF zu Percival. Beliebter Name im engl. Sprachraum. Bei uns bekannt durch TV-Serie „P. Stuart“ (Claus Wilcke in der Rolle des Percy). Name des engl. Dichters Shelley (1792–1822).

Peregrine (engl.), zum lat. peregrinus = *der Pilger*. Um 1900 bei uns im Adel verbreitet. KF: Perry. Dt. Romanfigur P. Rhodan und amer. TV-Serien-Anwalt P. Mason.

Phil (engl.), beliebte KF zu Philip. Sänger Phil Collins (Genesis).

Quentin (engl.), zur lat. Zahl quintus = *der Fünfte*. Im Lat. häufig als Name für den 5. Sohn. Regisseur Q. Tarantino.

Quinn (kelt.), NF zu Conn = *der Weise*. Als Fam.name bekannt durch amer. Filmschauspieler Anthony Q. („Alexis Sorbas“) und Künstlername Freddy Q.

Ray (engl.), KF zu Raimund. Namensträger: amer. Sänger R. Charles; Rolle des „Ray Krebbs“ in TV-Serie „Dallas“.

Reginald (engl.), entspricht dem dt. Reinhold.

Rex (engl.), zum lat. Wort für *König*. Im dt. Sprachraum zunehmend verbreitet. Namensträger: amer. Filmschauspieler R. Harrison; Krimiautor R. Stout („Nero Wolfe“, im TV mit William Conrad in der Rolle); dt. Schlagersänger R. Gildo.

Rick (engl.), verbreitete KF zu Richard.

Rob(by) (engl.), KF zu Robert.

Robin (engl.), NF zu Robert. Bekannt durch engl. Volkshelden R. Hood (14./15. Jh., nahm den Reichen, um den Armen zu geben; Geschichten um ihn spiegeln den Groll der Engländer gegen normannische Herrschaft wider). Im dt. Sprachraum seit ca. 1960 verbreitet. Auch Comic-Figur Batman und R.

Roddy (engl.), KF zu Rod(e)rick.

Ron(ny) (engl.), KF zu Ronald. Auch bei uns verbreitet; sehr beliebt zeitweise in Ostdeutschland (an Spitzenpositionen).

Ronald (engl.), schott. Form zu Reinhold. Namensträger: amer. Präsident R. Reagan.

Rowland (engl.), = Roland. Vereinzelt im dt. Sprachraum. NF: Orland. Schauspieler Orlando Bloom (Ortsname oder Erfindung).

Roy (engl.), zum altfranz. Wort für *König*. Andere Deutung: kelt. = *rothaarig*. Gelegentlich auch bei uns. Bekannt: Bandleader R. Etzel; Schlagersänger R. Black („Ganz in Weiß"), gest. 1991.

Russel (engl.), mehrere Erklärungsmöglichkeiten: aus dem Lat. (= *rothaarig*), aus dem Altengl. (*fuchsartig* oder *Fuchs*).

Sam (engl.), weitverbreitete KF zu Samuel.

Sean (ir.), NF zu Johannes, die auf engl. Form zum franz. Jean zurückgeht. Im angloamer. Sprachraum weit verbreitet und beliebt. Im Dt. vermutlich durch den berühmten schott. Schauspieler S. Connery (u. a. als James Bond in den gleichnamigen Filmen) Anfang der 1970er Jahre übernommen. Seitdem gelegentlich vergeben. Weitere Namensträger: amer. Schauspieler und Regisseur S. Penn (*1960, u. a. in „Ich bin Sam"); brit. Schauspieler S. Bean (*1959, u. a. in „Der Herr der Ringe"); S. Kelly (*1989), ehemaliger irischer Radrennfahrer.

Sidney (engl.), aus dem Lat.: Sidonius. Andere Deutung: engl. Form d. franz. *Ortsnamens St. Denis*. Namensträger: amer. Filmschauspieler S. Poitier („Porgy and Bess").

Stanley (engl.), 2 Deutungen: KF zum slaw. Stanislaus oder aus dem Altengl. = *Bewohner der steinigen Flur*. KF: Stan.

Stephen, Steven (engl.), = Stefan. Bekannt durch amer. Regisseur Steven Spielberg („Jurrasic Parc", „Schindlers Liste", „E.T."). KF: Steve (bekannt durch amer. Filmschauspieler S. McQueen; Schriftsteller S. King („Friedhof d. Kuscheltiere").

Stewart, Stuart (engl.), im Angelsächsischen = *der Verwalter*. Häufig auch als Fam.name (amer. Filmschauspieler James S.).

Ted(dy) (engl.), KF zu Theodore, Lallform zu Namen mit -Ed- (wie Edward). Verbreitung der KF durch US-Präsidenten Th. Roosevelt (1858–1919), dessen Spitzname bald populär wurde. Nach ihm wurde der von M. Steiff geschaffene Plüschbär benannt. Seither tragen alle Stoffbären die Bezeichnung „Teddy".

Terence (ir.), = *wie ein schlanker Turm*. Bekannt durch ital. Filmschauspieler T. Hill (Westernparodien mit Bud Spencer). KF: Terry.

Thornton (engl.), altengl. Herkunftsname = *Farm mit den Dornensträuchern*. Namensträger: Schriftsteller Th. Wilder (1897–1975; Friedenspreis des Deutschen Buchhandels 1957; „Unsere kleine Stadt", „Die Brücke von San Luis Rey").

Tim(my) (engl.), sehr beliebte KF zu Timothy (Timotheus).

Tobin, Toby (engl.), NF und KF zu Tobias.

Tom(my) (engl.), auch bei uns weitverbreitete KF zu Thomas. Bekannt: Tommy als englische Rockoper der Band The Who.

Tony (engl.), KF zu Anthony (Antonius). Namensträger: T. Armstrong-Jones (Lord Snowdon, Ex-Ehemann der engl. Prinzessin Margaret), amer. Filmschauspieler T. Curtis.

Tracy (engl.), aus dem angelsächsischen Wort für *mutig*. Auch als w Name verbreitet.

Tyler (engl.), ursprünglich ein Familienname = *der Ziegler*. Ende des 20./Anfang des 21. Jh. sehr beliebt in Amerika, seit Anfang der 1990er Jahre gelegentlich auch bei uns. Namensträger: amer. Schauspieler T. Hoechlin (*1987, Kinderstar in „Road to Perdition" als Filmsohn von Tom Hanks); kanad. 400-m-Läufer T. Christopher (*1983).

Wallace (engl.), Name schott. Herkunft = *der Ausländer*. Auch im dt. Sprachraum vereinzelt als Vorname. Als Fam.name bekannt durch 2 Schriftsteller: Lewis W. („Ben Hur", 19. Jh.); Edgar W. (1875–1932; Autor zahlreicher Detektivromane, die z. T. erfolgreich verfilmt wurden, u. a. „Die toten Augen von London"). NF: Wallis.

Walt (engl.), KF zu Walter. Uns bekannt durch W. Disney (1901–1966), den Schöpfer erfolgreicher Trickfilmfiguren (Mickymaus 1926, Donald Duck u. a.), Autor vieler Filme („Mary Poppins", „Aristocats", auch Sachfilme wie „Die Wüste lebt"), Initiator der Vergnügungsparks Disneyland, Disneyworld in den USA, Eurodisney bei Paris.

Warrick, Warwick (engl.), häufig im engl. Sprachraum, aber Bedeutung ungeklärt (evtl. altengl. = *Bollwerk*). Namensträger: engl. Schriftsteller W. Deeping (1877–1950; „Außenseiter der Gesellschaft", „Hauptmann Sorell und sein Sohn").

Will (engl.) KF zu William. Im angloamer. Sprachraum beliebter Name. Im Dt. seit Anfang des 21. Jh. gelegentlich. Namensträger: amer. Comic-Zeichner W. Eisner (1917–2005), der den Begriff des Comic-Romans „Graphic Novel" maßgeblich prägte; amer. Schauspieler und Rapper W. Smith (*1968), berühmt u. a. als Agent J. in „Men in Black" oder als Muhammad Ali in „Ali", eine Rolle, für die er für den Oscar nominiert wurde.

William (engl.), = Wilhelm. Sehr beliebter Name im engl. Sprachraum (wie in anderen europ. Ländern in der jeweiligen Landessprache auch). Häufig im engl. Königshaus (W. the Conqueror = der Eroberer, der im 11. Jh. aus Frankreich kam; Prinz W., geb. 1982, erster Sohn des engl. Thronfolgerpaares). Namensträger auch: der bedeutendste engl. Dichter und Dramatiker W. Shakespeare (1564–1616; Werke wie „Hamlet", „Ein Sommernachtstraum" u. a.); W. Penn (1644–1718), Gründer des US-Staates Pennsylvania.

Willy (engl.), KF zu William. Bei uns hat sich engl. Schreibweise gegenüber dem dt. „Willi" eingebürgert, z. B. Willy Brandt (dt. Politiker 1913–1992).

Wilson (engl.), = *Sohn von William*. Häufig im engl. Sprachraum, auch als Fam.name (z. B. US-Präsident Woodrow W., 1856–1924), Ex-Premierminister in England, Harold W.

York (engl.), Name eines engl. Königsgeschlechts („House of Y."), das im 15. Jh. unter König Richard die Rosenkriege gegen das „House of Lancaster“ führte. Evtl. zum kelt. Wort für *Eibe*. Möglich auch dän. Form für Georg (unter slaw. Einfluss).

Männliche Vornamen des deutschen Kulturkreises

Achim (dt.), KF zu Joachim. Name wurde bekannt durch dt. Dichter der Romantik, A. v. Arnim (1781–1831; „Des Knaben Wunderhorn“), dessen Name eigentlich Ludwig Joachim lautete. Heute noch stark verbreitet, aber nicht mehr so häufig gewählt. Bekannt: J. Król (dt. Schauspieler *1957), J. Fuchsberger (dt. Schauspieler *1927).

Adalbert, Adalbrecht (altdt.), zum Ahd. adal = *edle Gesinnung* + beraht = *glänzend*. Zur Verbreitung des Namens trugen bei: hl. A. v. Prag (955–997, Gd.: 25. 8.), hl. A., Erzbischof von Magdeburg im 10. Jh. (Gd.: 20. 6.) und hl. A., Erzbischof von Hamburg-Bremen im 11. Jh. Heute ist die Vollform stark verdrängt von den KF Albert und Albrecht. Namensträger: dt. Dichter A. Stifter (1805–1868; Novellen wie „Bergkristall“, „Brigitta“). NF: Adelbert, Adelbrecht.

Adolf, Adolph (altdt.), zum Ahd. adal = *edle Gesinnung* + *Wolf*. Im MA beliebter Fürstenname (u. a. Schwedenkönig Gustav A., 1594–1632). Im 19. Jh. neubelebt durch Romanliteratur. Heute nur selten gewählt, vor allem nach 1945 zeitweise gemieden im Zusammenhang mit Hitlers Vornamen (1889–1945). Namensträger: dt. Maler A. v. Menzel (1815–1905; „Flötenkonzert v. Sanssouci“); Hofprediger A. Stoecker (1835–1909); A. Kolping, Begründer der „Kolpingfamilie“ (kath. Gesellenverein), 1813–1865.

Alarich (altdt.), zum Ahd. alah = *Tempel* + richi = *mächtig*. Bekannt durch Westgotenkönig, der 410 n. Chr. Rom besetzte. Heute sehr selten.

Albert (altdt.), KF zu Adalbert. Häufiger Name im MA, u.a. bekannt durch Gelehrten, Scholastiker Albertus Magnus (1193–1280), Lehrer des Thomas v. Aquin in Köln, Wegbereiter der aristotelischen Philosophie (Gd.: 15. 11.). Im 19. Jh. wieder stark verbreitet, heute seltener gewählt. Namensträger: Prinzgemahl A. v. England (1819–1861); belg. König A. I. (1875–1934); dt. Komponist A. Lortzing (1801–1851; Opern „Zar und Zimmermann", „Undine"); Elsässer Theologe und Urwaldarzt von Lambarene, A. Schweitzer (1875–1965); dt. Physiker A, Einstein (1879–1955; „Relativitätstheorie"); franz. Dichter A. Camus (1913–1960; „Die Pest").

Albin, Alboin, Albuin (altdt.), NF zu Albwin zum Ahd. alb = *Naturgeist* + wini = *Freund*. Albin vereinzelt noch heute gewählt.

Albrecht (altdt.), KF zu Adalbrecht. Im MA als Fürstenname weit verbreitet (u.a. A. d. Bär, 1100–1170, dem die Nordmark verliehen wurde; A. Achilles, Kurfürst v. Brandenburg, 1414–1486; A. v. Brandenburg-Ansbach, letzter Hochmeister des Deutschordens, der die Universität Königsberg gründete, 1490–1568). Häufig auch in Romanen. Heute stark zurückgegangen. Weitere Namensträger: großer dt. Maler A. Dürer (1471–1528; „Betende Hände", Dürer-Hase); Regensburger Stadtbaumeister A. Altdorfer (1480–1538); dt. Kriegsminister A. v. Roon (1803–1879).

Alex (dt.), KF zu Alexander oder Alexis.

Alf (altdt.), KF zu Adolf, Alfred. Beliebte gleichnamige TV-Serie.

Alfons (altdt.), zum Ahd. adal = *edle Gesinnung* + funs = *eifrig*. Mit der Völkerwanderung gelangte der german. Name nach Spanien als Alfonso, verbreitete sich als Fürstenname auch nach Frankreich (Alphonse) und kam im 19. Jh. zurück in den dt. Sprachraum durch Verehrung des hl. A. v. Liguori (18. Jh., Gd.: 1. 8.). In kath. Kreisen noch geläufig, aber nicht mehr häufig gewählt. Namensträger: franz. Schriftsteller A. Daudet (1840–1897; „Tartarin von Tarascon").

Alfred (altdt.), zum Ahd. alb = *Naturgeist* + rad = *Ratgeber*. Ursprünglich also Alfrad, war der Name im engl. Sprachraum beliebt (A. d. Gr., zeitweilig als Heiliger verehrt, 848–899, Gd.: 26./28. 10.) und gelangte in der engl. Form Alfred zurück in den dt. Sprachraum. Im 19. Jh. war er weit verbreitet; heute hat er deutlich abgenommen. Namensträger: dt. Industrieller A. Krupp (1812–1887); Dynamiterfinder A. Nobel (1833–1896; „Nobelpreis"); dt. Schriftsteller A. Döblin (1878–1957; „Berlin Alexanderplatz"); dt. Zoologe A. Brehm (1829–1884; „Brehms Tierleben"); TV-Moderator A. Biolek („Bios Bahnhof"); franz. Dichter A. de Musset (1810–1857).

Alwin (altdt.), KF zu Adalwin aus ahd. adal = *edle Gesinnung* + wini = *Freund*. Im 19. Jh. sehr beliebter Name, auch in Romanen häufig. Heute nicht mehr oft gewählt. Namensträger: dt. Springreiter A. Schockemöhle.

Andi, Andy (dt.), beliebte KF zu Andreas (Andy durch engl. Einfluss).

Anno (altdt.), KF zu Arnold.

Anselm (altdt.), zum Ahd. ans = *Gott* + helm = *Schutz*. Name eines Heiligen von Canterbury (1033–1109; Scholastiker, Gd.:

21. 4.). Im dt. Sprachraum vor allem bekannt durch dt. Maler A. Feuerbach (1829–1888; „Das Gastmahl des Plato"), A. Kiefer (dt. Maler, *1945).

Ansgar (altdt.), zu ahd. ans = *Gott* + ger = *Speer*. Verbreitung durch hl. A., Erzbischof von Hamburg-Bremen (801–865; Gd.: 4. 2.), der als Apostel des Nordens gilt. Heute nur selten gewählt; engl.: Oscar.

Archibald (altdt.), NF zum altdt. Namen Erkenbald (zu ahd. erkan = *echt* + bald = *kühn*), der in der engl. Form im dt. Sprachraum bekannt wurde durch den hl. A. (Gd.: 27. 3.) und vor allem durch Fontanes Ballade „A. Douglas" (1851). Der früher vorwiegend im Adel verbreitete Name wird heute wieder recht gerne gewählt.

Armin (altdt.), zum Ahd. ermin = *gewaltig*; latinisiert Arminius (bekannt durch Cheruskerfürsten, der 9 n. Chr. im Teutoburger Wald die Römer unter Varus schlug). Oft erfolgt (fälschlich) die Gleichsetzung mit Hermann. 2. Hälfte 20. Jhd. wieder häufiger, angeregt durch dt. Olympiasieger von 1960, A. Hary.

Arnd(t) (altdt.), KF zu Arnold. Vor allem im norddt. Sprachraum verbreitet. Namensträger: A. v. Bohlen u. Halbach, der „letzte Krupp" († 1987), A. Zeigler (dt. Fußball-Satiriker *1965).

Arno (altdt.), KF zu Arnold. Name des 1. Erzbischofs v. Salzburg (746–821). Um 1900 Modename, heute wieder zunehmend gewählt. Namensträger: dt. Dichter A. Holz (1863–1929; Gedichtsammlung „Das Buch der Zeit").

Arnold (altdt.), zum Ahd. am = *Adler* + waltan = *herrschen*. Im MA verbreitet durch hl. A. (Lautenspieler bei Karl d. Gr.,

Gd.: 18. 7.). Im 19. Jh. wiederbelebt durch Ritterromane, heute abnehmend. Namensträger: dt. Maler A. Böcklin (1827–1901; „Die Toteninsel"); dt. Komponist A. Schönberg (1874–1951); A. Schwarzenegger, Filmschauspieler („Terminator"); dt. Schriftsteller A. Zweig (1887–1968). Franz.: Arnaud.

Arnulf (altdt.), zum Ahd. am = *Adler* + wulf = *Wolf*. Verbreitung durch hl. A., Bischof von Metz, Stammvater der Karolinger (7. Jh., Gd.: 19. 8.); A., Bischof von Soissons (11. Jh., Gd.: 16. 8.). Im dt. Sprachraum wurde Verbreitung aber vor allem gefördert durch König A. v. Kärnten (850–899), dessen Grab in Regensburg ist. Heute vereinzelt gewählt.

Balduin (altdt.), zum Ahd. balt = *kühn* + wini = *Freund*. Name im MA weit verbreitet, z. B. in Fürstenhäusern in Flandern und Frankreich. Lit.: „B. Bählamm" v. W. Busch. Bekannt auch durch gleichnamige franz. Filme mit Luis de Funes. Franz.: Baudouin. Belg. König, 11993.

Bastian (dt.), heute sehr beliebte KF zu Sebastian. Name in M. Endes „Unendliche Geschichte".

Benno (altdt.), KF zu Bernhard; auch KF zu Benedikt, Benjamin. Name eines Heiligen, Bischof v. Meißen im 11./12. Jh., Patron von Altbayern und München (Gd.: 16. 6.). Im 19. Jh. Verbreitung durch Ritterromane. Heute nur noch gelegentlich gewählt. Namensträger: dt. Schauspieler B. Hoffmann.

Bernd, Bernt (altdt.), KF zu Bernhard. Vor allem in diesem Jh. verbreitet. Am stärksten in den 50er Jahren, heute aber auch noch Sehr beliebt. Schreibweise Bernt eigentlich falsch, aber doch gebräuchlich. Namensträger: dt. Regisseur B. Eichinger („D. Geisterhaus"); dt. Fußballstar B. Schuster.

Bernhard (altdt.), zum Ahd. bero = *Bär* + harti = *stark*. Ab ca. 800 sehr beliebter Name, auch durch Verehrung des hl. B. v. Clairvaux (1091–1153; Begründer des Zisterzienserordens, Gd.: 20. 8.). Häufig in Fürstenhäusern anzutreffen (so Prinz B. d. Niederlande, Vater der gegenwärtigen Königin). Im 19. Jh. durch Ritterromane neu belebt. Heute noch an Spitzenpositionen (d. h. unter den ersten 50 Namen im ganzen dt. Sprachraum). Namensträger: engl. Dichter George B. Shaw (1856–1950; „Pygmalion", „Candida"); dt. Zoologe B. Grzimek († 1987; Tierfilme im TV); dt. Regisseur B. Wicki („Die Brücke"). Auch als Fam.-name verbreitet (z. B. franz. Schauspielerin Sarah B., 1844–1923). Engl.: Barnet, franz.: Bernard, ital.: Bernardi.

Bernward (altdt.), zum Ahd. bero = *Bär* + wart = *Schützer*. Bekannt durch hl. B. v. Hildesheim (993–1022, Erzieher Kaiser Ottos III., Gd.: 26. 10., Erbauer der Michaeliskirche zu Hildesheim). Heute noch gebräuchlich, vor allem in kath. Kreisen.

Bert (altdt.), KF zu Albert, Berthold, Herbert. Beliebter Name im dt. Sprachraum. Namensträger: dän. Bildhauer B. Thorwaldsen (1786–1844); dt. Dichter B. Brecht (1898–1966; „Mutter Courage und ihre Kinder", „Dreigroschenoper"), dessen voller Name Bertolt lautet.

Berthold, Bertold (altdt.), zum Ahd. berath = *glänzend* + waltan = *herrschen*. Im MA verbreitet, auch Name von Heiligen (hl. B., 12. Jh., Gründer des Karmeliterordens, Gd.: 3. 11.; Franziskanermönch B. v. Regensburg, bedeutender Volksprediger des 13. Jhs.). Zur Verbreitung des Namens trug auch B. v. Henneberg, Erzbischof v. Mainz und Politiker (1442–1504) bei, ebenso B. Schwarz, der im 14. Jh. das Schießpulver erfunden haben soll. Ritterromane im 19. Jh. belebten den Namen neu, der allerdings heute seltener ist.

Berti(lo) (altdt.), KF zu Namen mit bert (wie Berthold, Lambert). Ehemaliger dt. Fußball-Bundestrainer B. Vogts.

Bertram (altdt.), zum Ahd. berath = *glänzend* + hraban = *Rabe*. Im MA verbreitet durch hl. B., Bischof von Mans (7. Jh., Gd.: 6. 6.), und Meister B., Maler im 14. Jh. (vor allem Altartafeln in Norddeutschland). Heute gilt der Name wieder als modern. Engl., franz.: Bertrand (Name des engl. Philosophen B. Russell, 1872–1970).

Bodo, Botho (altdt.), KF zu Namen mit bodo ahd. *Gebieter*, wie Bodomar, Marbod, Bodwin, die heute aber ungebräuchlich sind. Im MA weit verbreiteter Name; im 19. Jh. neu belebt, zunächst mehr auf Adelskreise beschränkt, vorwiegend im norddt. Sprachraum. Heute überall beliebt.

Bruno (altdt.), KF zu Brunold (zum Ahd. brun = *braun*, d. h. *Bär* + waltan = *herrschen*). Beliebter Name, verbreitet durch Heilige (z. B. B. I., Erzbischof von Köln im 10. Jh., Gd.: 11. 10.; B. von Querfurt, 10./11. Jh., Gd.: 14. 2.; B. II. von Köln, der im 11. Jh. den Karthäuserorden begründete, Gd.: 6. 10.). Im sächsischen Herrscherhaus häufig. Im 19. Jh. durch Ritterromane neu belebt, auch in der Literatur anzutreffen (u. a. in „Die Ratten" von G. Hauptmann, 1911). Heute noch verbreitet, aber nicht mehr häufig gewählt. Namensträger: Dirigent B. Walter (1876–1962); österr. Politiker B. Kreisky, 1971–1983 österr. Bundeskanzler und Chef der SPÖ.

Burkhard (altdt.), zum Ahd. burg = *Schutz* + harti = *stark*. Volkstümlich durch B. v. Halberstadt im 11. Jh. (bekannt durch

Kinderlied als Buko v. H.). Heute relativ häufig. NF: Burchard (Name des hl. B. v. Würzburg, Gd.: 14. 10.).

Carl (altdt.), lateinisierte NF zu Karl. Schon im MA in dieser Schreibweise bei uns bekannt, auch in engl.-sprachigen Ländern gebraucht und dort recht häufig. Bei uns seit Ende des 20. Jh./Anfang des 21. Jh. in dieser Schreibweise im Kommen.

Chlodwig (altdt.), fränkische Form von Ludwig. Bekannt als Name des ersten kath. Königs der Franken.

Christfried, Christlieb (dt.), selten gewählte Neubildungen des Pietismus (17./18. Jh.).

Conni, Conny (dt.), moderne KF zu Konrad (mit -y aus dem Engl.).

Curd, Curt (altdt.), NF zu Kurt. Namensträger: dt. Schauspieler und Schriftsteller C. Goetz (1888–1960, „Das Haus in Montevideo"); Curd Jürgens (1915–1982, „Der normannische Kleiderschrank", u. a. in „Des Teufels General"); Curt Bois (begann 1914 als Kinderstar in „Der fidele Bauer").

Dagobert (altdt.), aus 2 Sprachen gemischt: zum Kelt. dago = *gut* + Ahd. beraht = *glänzend*. Bekannt durch letzten Merowingerkönig (hl. D., 7. Jh., Gd.: 19. 1.). Früher vor allem im Adel und in jüd. Kreisen. Heute vereinzelt gewählt. Bekannt auch durch D. Duck (Trickfigur von Walt Disney).

Dankwart (altdt.), zum Ahd. danc = *Gedanke* + wart = *Hüter*. Im Nibelungenlied Bruder Hagens. Beliebt im 13., später im 19. Jh. Heute selten geworden.

Dietbert (altdt.), zu ahd. diot = *Volk* + beraht = *glänzend*.

Dieter, Diether (altdt.), zu ahd. diot = *Volk* + heri = *Heer*, oft auch als KF zu Dietrich betrachtet. Verbreitung erfolgte durch

Sage um Dietrich v. Bern als Name von dessen Bruder, der im Kampf gegen Wittich fiel. Höhepunkt der Beliebtheit war nach 1945, heute ist der Name noch häufig, aber abnehmend. Namensträger: dt. Schauspieler D. Borsche; Kabarettisten D. Hildebrandt, D. Hallervorden („Didi"); Filmschauspieler D. Krebs („Ich bin der Martin"); dt. Musiker D. Bohlen.

Diethard (altdt.), zum Ahd. diot = *Volk* + harti = *kühn*. Früher (vor allem im norddt. Raum) sehr beliebt; auch heute verbreitet.

Diethelm (altdt.), zum Ahd. diot = *Volk* + *Helm*. Gelegentlich gewählt.

Dietmar (altdt.), zum Ahd. diot = *Volk* + mari = *berühmt*. Seit dem 12. Jh. stark verbreitet, heute wieder zunehmend beliebt. Namensträger: Showmaster D. Schönherr.

Dietram (altdt.), zum Ahd. diot = *Volk* + hraban = *Rabe*. Nur selten.

Dietrich (altdt.), zum Ahd. diot = *Volk* + richi = *mächtig*. Alte Form des Namens: Theoderich (bekannt durch Ostgotenkönig, 454–526, Grab in Ravenna). Populär durch Sage des D. v. Bern (= Verona). Heute wieder sehr beliebt (nach starker Verbreitung im MA Anfang des 20. Jhs. neu belebt). Namensträger: Theologe und Widerstandskämpfer D. Bonhoeffer (1906–1945); dt. Sänger D. Fischer-Dieskau. Häufig auch als Fam.name (so beim dt. Filmstar Marlene D.).

Dolf (altdt.), vereinzelt gewählte KF zu Adolf, Rudolf.

Eberhard (altdt.), zum Ahd. ebur = *Eber* + harti = *hart*. Name eines Heiligen von Salzburg (12. Jh., Gd.: 22. 6.), aber verbreitet vor allem durch den Grafen E. v. Württemberg (15. Jh.,

Gründer der Tübinger Universität; lit. bei Kerner „Der reichste Fürst“, 1818). Mit romantischer Literatur im 19. Jh. erneuert, vor 1914 ausgesprochener Modename, zeitweise rückläufig, heute wieder im Kommen. E. ist der häufigste Name mit dem gerngewählten Bestandteil „Eber“. Namensträger: Berliner Reg. Bürgermeister E. Diepgen; dt. Turner E. Gienger. Engl.: Everard.

Eckart, Eckehard, Eckhard (altdt.), zum Ahd. ecka = *Schwertspitze* + harti = *hart*. Bekannt durch Sage vom getreuen Eckart; bedeutender Mystiker des MA, 1260–1327, der unter der NF „Ekkehard“ durch Scheffels gleichnamigen Roman (1855) im 19. Jh. zur neuerlichen Verbreitung des Namens beitrug, zunächst vor allem im Adel. Heute immer noch verbreitet. Bekannt auch: E. v. St. Gallen (durch das „Waltharilied“).

Eckbert (altdt.), zum Ahd. ecka = *Schwertspitze* + beraht = *glänzend*. Bekannt als Name eines Erzbischofs von Trier (10. Jh., Förderer der Goldschmiedekunst). In der NF: Egbert.

Eduard (dt.), eingedeutschte Form des engl. Edward. Über Frankreich (Edouard) aus dem Engl. eingeführt in den dt. Sprachraum. Verbreitung im 19. Jh. groß, heute seltener geworden. Namensträger: dt. Dichter E. v. Mörike (1804–1875; u. a. „Mozart auf der Reise nach Prag“); dt. Romancier E. Graf v. Kayserling (1855–1918); Operettenkomponist E. Künnecke (1885–1953; „Der Vetter aus Dingsda“); TV-Moderator E. Zimmermann („Aktenzeichen XY …“). KF: Ede.

Eginhard (altdt.), EF zu Eckehard. Nur selten gewählt.

Egmund (altdt.), zum Ahd. ecka = *Schwertspitze* + mund = *Schutz*. Niederländ.: Egmont.

Egon (altdt.), NF zu dem heute ungebräuchlichen Egino, einer KF zu Namen mit egin = ecka (wie Eckehard). Um 1900 vor allem im Adel häufig vertreten, auch in der Romanliteratur; zeitweise Modename. Heute nicht mehr sehr häufig gewählt. Namensträger: Reporter und Schriftsteller E. Erwin Kisch (1885–1948).

Ehregott, Ehrenfried, Ehrenreich, Ehrfried (dt.), Neubildungen des Pietismus, im 17. Jh. aufgekommen, heute nur vereinzelt gewählt. Ehrenfried kann auch gedeutet werden als Umbildung des altdt. Erinfried (ahd. arn = *Adler* + fridu = *Schutz*).

Einhard (altdt.), alte Form zu Eginhard. Heute selten geworden. Namensträger: Biograph Karls d. Gr. (770–840).

Eitel (altdt.), ursprünglich Beiname = *rein*, d. h. er diente der Kennzeichnung der Einnamigkeit des Besitzers (Eitel Friedrich = nur Friedrich). Später wurde daraus der Teil eines Doppelnamens (vor allem im Hohenzollernhaus verbreitet: Eitelfriedrich, Eitelfritz, Eiteljörg, Eitelwolf. Heute als selbständiger Name zulässig, aber selten gewählt.

Elmar (altdt.), KF zu Namen mit mari = *berühmt* (Adelmar, zum Ahd. adal = *edle Gesinnung*; Egilmar, zum Ahd. ecka = *Schwertspitze*). Name zunehmender Beliebtheit, wohl angeregt durch TV-„Wetterfrosch" und Moderator E. Gunsch; dt. Filmschauspieler E. Wepper (in TV-Serie „Derrick", „2 Münchner in Hamburg").

Emil (dt.), eingedeutschte Form des lat. Sippennamens Aemilius. Über franz. Form Emile gelangte der Name im 18. Jh. in den dt. Sprachraum, war Anfang des 19. Jhs. Modename, noch um

1900 sehr beliebt, wird heute aber seltener gewählt. Namensträger: franz. Schriftsteller E. Zola (1840–1902; „Nana"); dt. Maler E. Nolde (1867–1956; „Sonnenblumen"); dt. Schauspieler E. Jannings (1884–1950; u. a. als Professor Unrat in „Der blaue Engel"). Lit.: E. Kästners Kinderbuch „E. und die Detektive" (1929). Franz.: Émile (lit.: Entwicklungsroman „Émile" von Rousseau, 1762, der die Verbreitung des Namens im dt. Sprachraum anregte), ital. Emilio.

Em(m)eran (altdt.), NF zu Heimeran (zum Ahd. heim = *Hof* + hraban = *Rabe*). Verbreitung durch hl. E. von Regensburg, Märtyrer des 8. Jhs. (Gd.: 22. 9.), dadurch vor allem in Bayern, in kath. Kreisen, anzutreffen, aber in jüngerer Zeit allgemein zunehmend.

Em(m)erich (altdt.), NF zum Altdt. Amalrich (zu ahd. amal = *Arbeit* + richi = *mächtig*) oder altdt. Heimrich (heim = Hof + richi). Im MA auch mit Heinrich gleichgesetzt. Name eines Heiligen von Ungarn (11. Jh., Gd.: 4. 12.). Verbreitung sicherlich gefördert durch Operettenkomponisten E. Kálmán (1882–1953; „Czardasfürstin" u. a.). Namensträger auch: dt. Eiskunstläufer E. Danzer. Ungar.: Imre.

Emmo (altdt.), KF zu Emmerich. Im norddt. Sprachraum geläufig.

Engelbert, Engelbrecht (altdt.), zum Ahd.: Stammesnamen (*Angeln*, daher auch Angelsachsen) + beraht = *glänzend*. Später in der Volksetymologie mit „Engel" gleichgesetzt. Verbreitung des Namens gefördert durch hl. E. von Köln (1185–1225, Gd.: 7. 11.). Im 19. Jh. durch Romanliteratur neu angeregt. Namensträger: dt. Opernkomponist E. Humperdinck (1854–1921, „Hänsel und Gretel"), nach dem sich auch ein dt. Schlagersänger nennt.

Engelhard (altdt.), heute fast nur noch als Fam.name gebräuchlicher Name aus dem ahd. Stammesnamen + harti = *hart*.

Erdmann (dt.), Übersetzung zu Adam in pietistischer Zeit (17./18. Jh.), früher oft fälschlich als NF zu Hartmann gedeutet. Vereinzelt im norddt. Sprachraum anzutreffen.

Erhard, Erhart (altdt.), zum Ahd. era = *Ansehen, Ehre* + harti = *hart*. Durch hl. E. von Regensburg (Stadtpatron, um 700, Gd.: 8. 1.) wurde der Name vor allem im süddt. Raum verbreitet; schon im MA häufig, heute wieder relativ weit verbreitet. Bekannt auch als Fam.name (so dt. Politiker Ludwig E., 1897–1977, Altbundeskanzler). NF: Ehrhard.

Ernst (altdt.), einer der wenigen einstämmigen altdt. Namen = „*Entschlossenheit*" (gemeint: im Kampf). Im MA verbreitet als schwäbischer Herzogsname (sagenhafter Herzog E. v. Schwaben im 12. Jh.), dadurch häufig geworden in europ. Fürstenhäusern: Traditionsname E. August im hannoverschen Fürstenhaus. Auch Name eines Heiligen E. v. Zwiefalten, der 1148 auf dem 2. Kreuzzug starb (Gd.: 7. 11.). Vor 1914 sehr beliebter Name, der auch heute noch verbreitet ist, aber nicht mehr so oft gewählt wird. Namensträger: dt. Bildhauer E. Barlach (1870–1938); dt. SPD-Politiker E. Reuter (1889–1953; Berliner Regierender Bürgermeister nach 1945); dt. Verleger E. Rowohlt (1887–1960; Verbreiter der Taschenbücher); dt. Schriftsteller: E. Wiechert, E. v. Wildenbruch, E. Jünger; TV-Moderator E. Huberty. Latinisierte Form: Ernestinus. Engl.: Ernest, franz.: Erneste, ital.: Ernesto, Erno. Zum Engl. Ernest: E. Hemingway (1896–1961; „Der alte Mann und das Meer").

Erwin (altdt.), zum Ahd. heri = *Heer* + wini = *Freund*. Um 1900 Modename (durch Romanliteratur verbreitet), heute wesentlich seltener gewählt. Namensträger: E. v. Steinbach (Baumeister am Straßburger Münster im 13./14. Jh.); dt. Feldherr im 2. Weltkrieg E. Rommel (1891–1944, ab 1942 Generalfeldmarschall im Afrikafeldzug); dt. Regisseur E. Piscator (1893–1966).

Ewald (altdt.), zum Ahd. ewa = *Recht* + waltan = *herrschen*. Verbreitung im MA durch 2 Heilige (beide im 7. Jh., Gd.: 3. 10., 22. 10.), die aus England ins Rheinland kamen und nach ihrer Haarfarbe als „Schwarzer“ und „Weißer“ unterschieden wurden. Heute noch verbreitet, aber nicht mehr häufig gewählt. Namensträger: dt. Schauspieler E. Baiser (1898–1978), E. Wenck.

Falk(o) (altdt.), alter Beiname = *der Falkner*. Beide Formen erfreuen sich ab ca. 1960 steigender Beliebtheit. Weitere Deutung: zum Stammesnamen *der Westfale*. Bekannt durch österr. Schlagersänger Falco (Hit: u. a. „Amadeus“, „Der Kommissar“).

Ferfried (altdt.), zum Ahd. faran = *reisen* + fridu = *Schutz*, daher alte Form: Farfried. Nach anderer Deutung Neubildung aus Ferdinand und Friedrich.

Frank (altdt.), altdt. Beiname = *der Franke*. Früher auch in der Form Franko üblich. Name eines Heiligen, Eremit im 13. Jh. (Gd.: 5. 6.). Verbreitung vor allem seit dem 19. Jh. Beliebter Name (in Ostdeutschland aber seit ca. 1970 abnehmend). Namensträger: dt. Dichter F. Wedekind (1864–1918, „Lulu“); dt. Schriftsteller F. Thieß (1890–1978; „Tsushima“); dt. TV-Moderator F. Elstner („Aber Hallo“); Schlagersänger F. Zander (alias Fred Sonnenschein, u. a. im „Ententanz“); amer. Sänger, Filmschauspieler F. Sinatra („Verdammt in alle Ewigkeit“; Oscarpreisträger).

Franz (dt.), eingedeutschte Form von Franziskus. Verbreitung durch Heilige (vor allem F. von Assisi, Gd.: 4. 10.); des weiteren F. von Sales, 1567–1622, der Gründer des Ordens der Salesianerinnen, Gd.: 29. 1.; F. von Paula, der im 15. Jh. den Paulanerorden gründete, Gd.: 2. 4.; F. Xaver, Apostel der Inder im 16. Jh., Gd.: 3. 12., und zahlreiche Könige (franz. Könige, dt. u. österr. Kaiser, u. a. der letzte österr. Kaiser F. Josef). Um 1900 weit verbreitet, beschränkt sich der Name heute vorwiegend auf den süddt. Sprachraum und ist beliebt in Doppelnamen wie Franz Joseph (u. a. Name des bayer. Ministerpräsidenten Strauß, 1915–1988) oder *Franz Xaver*. Namensträger: dt. Dramatiker F. Grillparzer (1791–1872; „Weh dem, der lügt"); Komponisten F. Schubert (1797–1828; „Forellenquintett"), F. Gruber (1818 „Stille Nacht, heilige Nacht"); F. Liszt (1811–1886); F. v. Suppe (19. Jh., Operetten); F. Lehár (1870–1948; „Die lustige Witwe"); Maler F. Lenbach (1836–1904); F. Marc (1880–1916); Dichter F. Werfel, F. Kafka (19. Jh., 20. Jh.). In heutiger Zeit bekannt durch Fußballstar F. Beckenbauer („Kaiser F.").

Fridolin (altdt.), KF zu Friedrich. Name bekannt durch hl. F. v. Säckingen, den Schirmherrn von St. Gallen (Gd.: 6. 3.), dadurch vor allem im süddt. Sprachraum (aber auch dort selten).

Fried (altdt.), KF zu Friedrich. Gebräuchlich im SW des dt. Sprachraums.

Friedbert (altdt.), zum Ahd. fridi = *Schutz* (vor Waffen) + beraht = *glänzend*. Heute vereinzelt gewählt.

Friedel (altdt.), KF zu Fridolin, Friedrich, Gottfried. Im süddt. Sprachraum noch heute gelegentlich.

Friedemann (altdt.), zum Ahd. fridu = *Schutz* (vor Waffen) + man = *Mann*. Zur Verbreitung des heute zunehmend beliebten Namens trug F. Bach, Sohn des Komponisten Joh. Seb. Bach und selber begabter Komponist, bei (über ihn bekannter Roman von Brachvogel, 1858).

Frieder (altdt.), KF zu Friedrich. Verbreiteter Name, angeregt durch Grimms Märchen vom „F. und Katerlieschen", evtl. auch durch das Kinderbuch „Familie Pfäffling" von Agnes Sapper.

Friedhelm (altdt.), zum Ahd. fridu = *Schutz* (vor Waffen) + helm = *Helm*. Im ganzen dt. Sprachraum verbreitet.

Friedrich (altdt.), zum Ahd. fridu = *Schutz* (vor Waffen) + richi = *mächtig, reich*. Zählt zu den am meisten verbreiteten dt. Vornamen, was sich auch ablesen lässt an zahlreichen KF (Fritz usw.). Zur Verbreitung trugen Herrscher dieses Namens bei wie F. Barbarossa (1122–1190), Kaiser F. II. (1194–1250) im MA, preuß. Könige wie F. Wilhelm, der „Große Kurfürst" (1620–1688), der „Soldatenkönig" F. Wilhelm (1688–1740), F. der Große (1712–1786), Kaiser F. – der „Hunderttagekaiser" im Dreikaiserjahr 1888. Entsprechend zahlreich auch die Prominenten, die den Namen tragen, von denen einige aufgeführt werden sollen: dt. Dichter F. v. Schiller (1759–1805, „Die Glocke"); F. Hölderlin (1770–1843); F. Rückert (1788–1866); F. Hebbel (1813–1863); Komponisten F. v. Flotow (19. Jh., Oper „Martha"); F. Silcher (1789–1860; „Ännchen von Tharau"); Pädagoge F. Fröbel (1782–1852); Kommunist F. Engels (1820–1895); Philosophen F. Hegel (1770–1831); F. Nietzsche (1844–1900); dt. Politiker, erster Präsident der Weimarer Republik F. Ebert (1871–1925). Engl.: Frederic, franz.: Frédéric (Name des poln. Komponisten Chopin, 1816–1849, bekannt durch zahlreiche Klavierwerke), ital.: Federico, span.: Federigo, nord.: Fred(e)rik, tschech.: Bedrich.

Fritz (altdt.), beliebteste KF zu Friedrich. Im späten MA aufgekommen, wurde die KF durch Friedrich den Großen, den „Alten Fritz", volkstümlich und war um 1900 Modename. Heute nicht mehr sehr häufig (abwertende Bezeichnung „Fritze"). Namensträger: plattdt. Dichter F. Reuter (1810–1874; „Ut mine Stromtid"); Schauspieler F. Kortner (1892–1970); F. Wepper (in TV-Serie „Der Kommissar"); Springreiter D. Tiedemann; TV-Moderator F. Egner („Dingsda"); Fußballer F. Walter (Mannschaftskapitän der dt. Elf 1954).

Fürchtegott (dt.), Neubildung im Pietismus (17./18. Jh.). Heute selten. Namensträger: dt. Dichter Christian F. Geliert (1715–1769).

Gangolf (altdt.), Kombination in umgekehrter Reihenfolge im Gegensatz zu Wolfgang, zum Ahd. ganc = *Waffengang* + *Wolf*. Beliebt im süddt. Sprachraum durch hl. G. (Märtyrer des 8. Jhs., dessen Reliquien sich in Eichstätt und Bamberg befinden; Gd.: 11. 5.).

Gebhard (altdt.), zum Ahd. geba = *Gabe* + harti = *hart*. Name eines Heiligen des 10. Jhs. in Konstanz (Gd.: 27. 8.), daher im süddt. Sprachraum verbreitet (auch heute noch). Namensträger: preuß. Marschall „Vorwärts", G. Leberecht Blücher (1742–1818), bekannt durch Freiheitskriege gegen Napoleon (Schlacht von Waterloo).

Gerald (altdt.), zum Ahd. ger = *Speer* + waltan = *herrschen*. Name eines Heiligen (Gd.: 13. 3.). Heute nicht oft gewählt. Engl.: Gerald (bekannt durch amer. ExPräsidenten G. Ford), franz.: Géraud, ital.: Giraldo.

Gerd, Gert (altdt.), KF zu Gerhard. Häufiger Name. Namensträger: dt. Schauspieler G. Fröbe („Otto Normalverbraucher"), Fußballer G. Müller, Springreiter G. Wiltfang.

Gerhard, Gerhart (altdt.), zum Ahd. ger = *Speer* + harti = *hart*. Schon im MA beliebt, häufig in Fürstenhäusern. Name eines Heiligen des 10. Jhs. in Köln (Gd.: 23. 4.). Im 19. Jh. durch Ritterromane neu belebt, um 1900 vorwiegend im Adel. Im Laufe des 20. Jhs. zunehmend beliebt (früher mehr im norddt. Raum, heute allgemein verbreitet). Namensträger: dt. Dichter G. Hauptmann (1862–1946; „Die Weber"); dt. Bildhauer G. Marcks (20. Jh.). Franz.: Gérard (bekannt durch Schauspieler G. Philippe), G. Depardieu („Cyrano de Bergerac"), ital.: Gherardo.

Gernot (altdt.), zum Ahd. ger = *Speer* + not = *Bedrängnis*. Die Nibelungensage verbreitete den Namen (Bruder von Günther und Kriemhild), der heute an Beliebtheit wieder zunimmt. Namensträger: Filmschauspieler G. Endeman (TV-Serie „Die Unverbesserlichen"). Umkehrung des Namens: Notker (häufiger Mönchsname in St. Gallen).

Gerold (altdt.), NF zu Gerald. Hl. G. (Gd.: 19. 4.), verbreitete den Namen im MA. Heute wieder zunehmend beliebt.

Gilbert, Gilbrecht (altdt.), KF zu Giselbert. Im engl. u. franz. Sprachraum in gleicher Form; dort sehr verbreitet. Bei uns zunehmend gewählt. Lit.: G. Freytags Ballade „Mit 2 Worten".

Gion (oberdt.), beliebte Schweizer KF zu Johannes.

Gisbert (altdt.), KF zu Giselbert.

Giselbert, Giselbrecht (altdt.), zum Ahd. gisal = (vermutlich) *Kind adliger Herkunft, Geisel* + beraht = *glänzend*. Name eines Lothringer Herzogs des 9./10. Jhs.

Giselher (altdt.), zum Ahd. gisal = (vermutlich) *Kind adliger Herkunft, Geisel* + heri = *Heer*. Verbreitung durch Nibelungensage (Bruder von Gunther und Kriemhild), durch hl. G. (Gd.: 24. 9.). Heute noch vereinzelt im süddt. Raum gewählt.

Gismar (altdt.), KF zu Giselmar (zu ahd. gisal = (vermutlich) *Kind adliger Herkunft, Geisel* + mari = *berühmt*). Heute selten gewählt. NF: Gilmar.

Golo (altdt.), KF zu Gottfried, Gotthard. Bekannt durch Sohn von Thomas Mann, dt. Historiker G. Mann (1909–1994), dessen Name aber eine Zusammenziehung von Gottlieb Angelus darstellt. Gilt heute als modern.

Gottfried (altdt.), zum Ahd. Gott + fridu = *Schutz* (vor Waffen). Name des hl. G. von Amiens, Gd.: 8. 11.), aber Verbreitung erst durch den Kreuzritter des 1. Kreuzzuges, G. v. Bouillon (1060–1100), und durch G. v. Straßburg (um 1200, Geschichte von Tristan). Pietismus belebte den Namen wieder im 17./18. Jh.; im 19. Jh. etwas weniger häufig. Wurde zwischen den beiden Weltkriegen gerne gewählt, heute wieder seltener geworden. Namensträger: Schweizer Dichter G. Keller (1819–1890, „Kleider machen Leute"); Komponist G. v. Einem (Oper „Dantons Tod"); dt. Tennisspieler G. v. Cramm; dt. Lyriker G. Benn (1886–1956). Häufig auch als Doppelname Johann Gottfried (Name des dt. Dichters Herder, 1744–1803; des dt. Bildhauers Schadow, 1764–1850). Engl.: Geoffrey, Jeffrey, franz.: Godefroy, ital.: Goffredo.

Gotthard (altdt.), zum Ahd. *Gott* + harti = *hart*. Name des Heiligen von Hildesheim (11. Jh., Gd.: 5. 5.), nach dem das Alpenmassiv seinen Namen hat. Im MA beliebt, neubelebt im Pietismus (17./18. Jh.).

Gotthelf, Gotthilf (dt.), Neubildungen im Pietismus (17./18. Jh.). Nicht häufig. Namensträger: Chorleiter G. Fischer

(„Fischer-Chöre"). Auch als Fam.name bekannt (u. a. durch dt. Schriftsteller Jeremias G.; „Uli der Knecht").

Gotthold (dt.), Neubildung des Pietismus (17./18. Jh.), nach anderer Deutung Umbildung des altdt. Gottwald (zum Ahd. *Gott* + waltan = *herrschen*). Bekannt durch dt. Dichter G. Ephraim Lessing (1729–1781; „Nathan der Weise").

Gottlieb (dt.), Neubildung im Pietismus (17./18. Jh.) oder Umbildung des altdt. Gottleib (zum Ahd. *Gott* + Leib = *Erbe, Sohn*). Bekannt als Künstlername des Schlagersängers Werner Böhm („G. Wendehals", „Polonaise Blankenese"). Namensträger: dt. Dichter Friedrich G. Klopstock (1724–1803); dt. Philosoph Johann G. Fichte (1762–1814); dt. Ingenieur G. Daimler (1834–1900).

Götz (altdt.), KF zu Namen mit Gott- (Gottfried). Volkstümlich durch Bauernführer G. v. Berlichingen (dazu gleichnamiges Drama von Goethe, 1773), 1480–1562, den „Ritter mit der eisernen Hand". Um 1900 vor allem im Adel verbreitet, heute allgemein beliebt. Namensträger: dt. Schauspieler G. George (Sohn von Heinrich G., u. a. als Tatortkommissar Schimanski im TV); G. Friedrich, Intendant der Deutschen Oper Berlin.

Gundolf (altdt.), zum Ahd. gund = *Kampf* + *Wolf*. Verbreitung vor allem im süddt. Sprachraum. Auch als Fam.name bekannt.

Gunt(h)er (altdt.), zum Ahd. gund = *Kampf* + heri = *Heer*. Verbreitet durch Nibelungensage (König G., Bruder von Kriemhild), daher im 19. Jh. wiederentdeckt. Um 1900 beim Adel beliebt, heute allgemein häufig gewählt. Namensträger: dt. Schauspieler G. Philipp; dt. Industrieller G. Sachs.

Günt(h)er (altdt.), jüngere Form des Namens Gunter. Um 1900 ausgesprochener Modename, der auch heute weit verbreitet ist. Namensträger: dt. Schriftsteller G. Grass (geb. 1927; „Die Blechtrommel“); Kabarettist G. Neumann; Schauspieler G. Pfitzmann (bekannt als Berliner Boulevardschauspieler); G. Schramm (auch Moderator im TV); G. Lamprecht (in Fassbinder-Verfilmung fürs TV „Berlin Alexanderplatz“); G. Strack (in TV-Serie „Ein Fall für zwei“–1988). Auch verbreiteter Fam. name, u. a. dt. Schriftstellerin A. Günther (1863–1911; „Die Heilige und ihr Narr“).

Guntram (altdt.), zum Ahd. gund = *Kampf* + hraban = *Rabe*. Nach Verbreitung im MA im 19. Jh. wiederentdeckt (Romanliteratur). Heute mehr im norddt. Sprachraum.

Gust(e)l, Gusti (dt.), KF zu August, Gustav. Namensträger: dt. Schauspieler G. Bayrhammer (gest. 1993).

Hadamar/Hademar, Hadebrand, Hadubrand (altdt.), heute ungebräuchliche Namen zum Ahd. hadu = *Kampf* bekannt durch Sagen.

Hagen (altdt.), KF von heute ungebräuchlichen Namen mit Ahd. hagan = *eingehegter Hof* (neuere Form u. a.: Heinrich), auch als selbständiger Name zu deuten. Verbreitet durch Nibelungenlied als Name des Gegenspielers von Siegfried, H. von Tronje. Heute zunehmend.

Hannes (dt.), verbreitete KF zu Johannes.

Hanno (dt.), beliebte KF zu Johannes. Verbreitung gefördert durch Roman „Buddenbrooks“ von Th. Mann.

Han(n)s (dt.), häufigste KF zu Johannes. Seit dem 14. Jh. weit verbreitet, mit zahlreichen weiteren KF (Hansi, Hänsel, Hänschen). Heute langsam abnehmende Tendenz. Namensträger: dt. Maler H. Holbein (Vater und Sohn im 15./16. Jh.); dt. Dichter

H. Sachs (1494–1576; bekannt durch Wagneroper „Die Meistersinger"); dän. Märchendichter H. Christian Andersen (1805–1875; „Die kleine Seejungfrau"); dt. Filmschauspieler H. Moser (1880–1964); H. Albers (1892–1960; „Große Freiheit Nr. 7"); H. Clarin (Stimme des „Pumuckl"); dt. Schriftsteller H. Carossa (1878–1956); H. Fallada (Pseudonym für Rudolf Ditzen; 1893–1947; „Kleiner Mann – was nun?"); TV-Moderator H. Meiser („Notruf"), Showmaster H. Rosenthal († 1987; „Dalli-Dalli"). Lit.: Märchen wie „Hänsel und Gretel"; „Hans im Glück"; im Struwwelpeter der „Hans-guck-in-die-Luft"; bei Wilhelm Busch „Hans Huckebein, der Unglücksrabe". Zahlreiche Doppelnamen mit Hans: Hans Bernd, Hans Christian, Hans Dieter, Hans Dietrich (bekannt durch Außenminister der Bundesrepublik, Genscher), Hans Hermann („der schöne Konsul" Weyer), Hans Georg, Hans Gerd, Hans Günther (dt. Springreiter Winkler), Hans Heinz, Hans Joachim (häufiger Doppelname, u. a.: Kulenkampff, „EWG" im TV, Schauspieler Hansen), Hans Jürgen (Eiskunstläufer Bäumler), Hans Jochen (SPD-Politiker Vogel), Hans Peter (österr. TV-Moderator Heinzl), Hans Ruedi (in der Schweiz beliebt), Hans Werner (dt. Komponist Henze, „Der junge Lord").

Hardi, Hardy (dt.), KF von Namen mit harti = *kühn, hart* (wie Richard); Hardy durch engl. Einfluss übernommen. Namensträger: dt. Filmschauspieler, Schriftsteller H. Krüger.

Harro (altdt.), KF zu Herbert, Hermann. Vereinzelt gewählt.

Hartmut (altdt.), zum Ahd. harti = *hart, kühn* + muot = *Gesinnung*. Aus dem Gudrunlied bekannt, heute beliebt. Namensträger: dt. Schauspieler H. Reck.

Hartwig (altdt.), zum Ahd. harti = *hart, kühn* + wig = *Kampf*. Verbreitung durch hl. H. (im Salzburger Land verehrt, Gd.:

14. 6.; 10./11. Jh.). Namensträger des heute nicht häufigen Namens: dt. Springreiter H. Steenken.

Hasso (altdt.), eigentlich Beiname = *der Hesse*, nach anderer Deutung KF von Namen mit *hart* (Hartmann). Um 1900 im Adel verbreitet, heute als Vorname selten, dafür beliebt als Hundename. NF: Hesso.

Hatto (altdt.), KF von Namen mit had (wie Hademar). Namensträger: H. L, Erzbischof v. Mainz (891–913).

Heimito, Heimo (altdt.), KF zu heute meist ungebräuchl. Namen mit heim (zum Ahd. heim = *Haus*) wie Heimeran, Heimfried. Namensträger: dt. Schriftsteller Heimito v. Doderer (1896–1968). Gelegentlich gewählt.

Heiner (altdt.), vereinzelt gewählte KF von Heinrich.

Heini, Heino (altdt.), KF zu Heinrich. Heini selten (abwertend gebraucht), Heino bekannt durch den Volksliedsänger.

Heinrich (altdt.), zum Ahd. hagan = *Hof* + richi = *mächtig, reich*. Zunächst im sächsischen Raum verbreitet, ab 10. Jh. allgemein gebräuchlich. Lange Zeit überaus beliebt, heute abnehmend. Zahlreiche Kaiser, Könige, Herzöge trugen zur früheren Verbreitung des Namens bei: Kaiser H. I. (der „Vogler", vertonte Ballade von Karl Loewe; 9710. Jh.); H. H. (1002–1021; heiliggesprochen, Gd.: 15. 7.); H. IV. (Gang nach Canossa); Herzog H. der Löwe v. Bayern u. Braunschweig (1129–1195); König H. VIII. von England. Namensträger sind auch (unter vielen anderen): dt. Musiker H. Schütz (1585–1672, bekannte Motetten); Dramatiker H. v. Kleist (1777–1811; „Der zerbrochene Krug"); H. Hoffmann, Arzt und Verfasser von Kinderbüchern wie „Struwwelpeter" (1809–1894); Archäologe

H. Schliemann (1822–1890; Ausgrabungen u. a. in Troja); Ingenieur und Schriftsteller H. Seidel (1842–1906; Roman „Leberecht Hühnchen", Bau des Anhalter Bahnhofs in Berlin); Generalpostmeister H. v. Stephan (1831–1897; Begründer des Weltpostvereins); Berliner Milieuzeichner H. Zille (1858–1929); Schriftsteller H. Mann (1871–1950; Vorlage zum berühmten Film „Der blaue Engel"); H. Spoerl (1887–1955, „Die Feuerzangenbowle"); Schauspieler H. George (1893–1946; „Der Postmeister"); Politiker H. Brüning (1885–1970); Schriftsteller H. Böll (1917–1985; Nobelpreis 1972). Lit.: „Der getreue H."; im Märchen vom „Froschkönig"; in Goethes „Faust"; G. Kellers Roman „Der grüne H.". Engl.: Henry, franz.: Henri, ital.: Enrico, nord.: Hendrik.

Heinz (dt.), heute abnehmende, früher sehr beliebte KF zu Heinrich. Namensträger: Schauspieler H. Drache; H. Schenk, ehem. TV-Moderator; H. Rühmann († 1994); Sportreporter H. Maegerlein. Häufig auch in Doppelnamen: Karl Heinz, Heinz Dieter, Heinz Peter (u. a. Karl-Heinz Köpcke, ehem. Tagesschausprecher).

Helmfried (altdt.), zum Ahd. *Helm* + fridu = *Schutz* (vor Waffen). Gilt heute als moderner Name.

Hel(l)mut(h) (altdt.); 2 Deutungsmöglichkeiten des 1. Bestandteils: heil = *gesund* (also ursprünglich Heilmut) oder hiltja = *Kampf* (also Hildemut) + muot = *Gesinnung*. Bis ins 19. Jh. vorwiegend in Mecklenburg gebräuchlich, um 1900 beliebter Name von Romanhelden, später Modename, vor allem im Berlin der 20er Jahre. Heute wieder häufig gewählt. Namensträger: H. Graf v. Moltke (1800–1891; Generalstabschef der Kriege nach 1850, durch seine Auffassungen über Strategie Vorbild in der modernen Heeresführung); H. James Graf v. Moltke (Großneffe des Erstgenannten, 1907–1945; Mitglied des Kreisauer Kreises gegen Hitler, in Plötzensee hingerichtet); Politiker H. Schmidt (Bundeskanzler 1974–1982, SPD); H. Kohl (Bundeskanzler ab 1982, CDU), Filmregisseur H. Käutner („In jenen Tagen"); Soziologe H. Schelsky.

Henner (altdt.), selten gewählte KF zu Heinrich.

Hennes (rheinisch), KF zu Johannes, bekannt durch Fußballtrainer H. Weisweiler (1918–1983).

Herbert (altdt.), zum Ahd. heri = *Heer* + beraht = *glänzend*. Ab MA in der älteren Form Heribert populär (die heute wieder als modern gilt, Namensträger: Schauspieler H. Sasse). Nach 1900 zunehmend verbreitet; auch heute beliebt. Namensträger: Dirigent H. v. Karajan (1908–1989); SPD-Politiker H. Wehner (1906–1990); TV-Krimiautor H. Reinecker.

Hermann (altdt.), zum Ahd. heri = *Heer* + *Mann*. Im MA beliebt als Fürstenname (u. a. H. v. Salza, Gründer des dt. Ordensstaates im 13. Jh.), auch Name mehrerer Heiliger. Im 19. Jh. durch falsche Gleichsetzung mit Arminius (Name des berühmten Cheruskerfürsten) neu belebt. Heute zurückgegangen. Namensträger: dt. Dichter u. Schriftsteller H. Sudermann (Romane im 19. Jh. vielgelesen); H. Löns (1866–1914, Heideschriftsteller); H. Hesse (1877–1962; „Das Glasperlenspiel"); NS-Politiker H. Göring (1893–1946). Lit.: in Goethes Erzählung „H. und Dorothea". Franz.: Armand (im westdt. Sprachraum in dieser Form verbreitet), ital.: Armando, engl.: Herman.

Herwig (altdt.), zum Ahd. heri = *Heer* + wig = *Kampf*. Bekannt aus Gudrunsage. Heute in Österreich geläufig. Musiker H. Mitteregger.

Hildebert, Hildebrand (altdt.), heute meist ungebräuchliche altdt. Namen zum Ahd. hiltja = *Kampf* + beraht = *glänzend* bzw. brant = *Schmerz durch Waffe* (Sagengestalt im Hildebrandlied, Waffenmeister des Dietrich v. Bern).

Hilmar (altdt.), KF zu Hildemar (zum Ahd. hiltja = *Kampf* + mari = *berühmt*). Gilt als moderner Name. Namensträger: Schauspieler H. Thate.

Hinz (altdt.), KF zu Heinrich. Als Vorname selten (mehr als Fam.name verbreitet); früher aber außerordentlich häufig, was die Redensart „Hinz und Kunz" dokumentiert.

Horst (altdt.), Herkunftsbezeichnung = *der aus dem Dickicht kommt*. Bis ins 18. Jh. nur im niederdt. Sprachraum verbreitet, erst durch Klopstocks „Hermanns Schlacht" (1769) größerer Bekanntheitsgrad. Um 1900 beliebt im Adel. Heute weit gestreut, aber nicht mehr so häufig gewählt. Namensträger: dt. Schriftsteller H. Wolfram Geißler (1893–1983; „Der liebe Augustin"); H. Biernath (heitere Romane wie „Vater sein dagegen sehr"); Lyriker H. Bienek; Schauspieler H. Buchholz, H. Tappert („Derrick"), H. Janson; Bandleader H. Jankowski.

Horstmar (dt.), in neuerer Zeit nach dem Vorbild von Dietmar u. ä. gebildet; wird zum Modenamen.

Hubert (altdt.), Vollform: Hugbert (zum Ahd. hugi = *Verstand* + beraht = *glänzend*). Verbreitung über den ganzen dt. Sprachraum, beeinflusst durch hl. Hubertus (Bischof von Lüttich im 8. Jh., Gd.: 3. 11., Schutzpatron der Jäger, dessen Symbol ein Hirsch mit goldenem Kreuz im Geweih ist). Heute nicht mehr oft gewählt, in der latinisierten Form Hubertus häufiger als in der altdt. Namensträger: dt. Schauspieler H. v. Meyerinck;

Alpenrocksänger H. v. Goisern; amer. Vizepräsident H. Humphrey.

Hugo (altdt.), KF zu Namen mit Hug- (wie Hubert) zum Ahd. hugi = *Verstand*. Im MA Verbreitung durch mehrere Heilige (u.a. H. v. Cluny, 11./12. Jh., Gd.: 29.4.). Um 1800 durch Ritterromane wieder in Mode gekommen, heute recht selten geworden. Namensträger: österr. Dichter H. v. Hofmannsthal (1874–1929; „Jedermann"); Schriftsteller H. Hartung („Ich denke oft an Piroschka"); österr. Springreiter H. Simon; TV-Moderator H. Egon Balder. Engl.: Hugh, franz.: Hugues (nach ihrem Anführer Hugues benannte man die Hugenotten, übertrug dann den Namen generell auf Kalvinisten), Hugo (bekannt als Fam.name durch Schriftsteller Victor H.), ital.: Ugo (KF: Ugolino).

Ingbert (altdt.), NF zu Ingobert zum Ahd. ing = *germ. Stammesgottheit* + beraht = *glänzend*. Selten gewählt.

Ingmar (altdt.), NF zu Ingomar zum Ahd. ing = *germ. Stammesgottheit* + mari = *berühmt*. Namensträger: schwed. Regisseur I. Bergmann („Das Schweigen", „Szenen einer Ehe", „Herbstsonate").

Ingo (altdt.), KF zu Namen mit Ing- (Ingbert). Im 19. Jh. wurde der Name durch G. Freytags Roman „I. und Ingraban" bekannt. Gilt auch heute als modern, wird deshalb häufig gewählt.

Ingolf (altdt.), zum Ahd. ing = *germ. Stammesgottheit* + *Wolf*.

Ingraban, Ingram (altdt.), zum Ahd. ing = *germ. Stammesgottheit* + hraban = *Rabe*. Im 19. Jh. durch G. Freytags Roman „Ingo u. Ingraban" bekannt, heute wieder gelegentlich gewählt.

Isbert, Ismar (altdt.), relativ seltene Namen zum Ahd. is = *Eisen* + beraht = *glänzend* bzw. mari = *berühmt*.

Ivo, Iwo (altdt.), vermutlich Name eines Baumes = *Eibe* (da auch iwa Bogen aus Eibenholz ist). Im Slaw. KF zu Iwan. Namensträger: Schauspieler I. Veit; Schlagersänger I. Robic („Mit 17 fängt das Leben erst an").

Jeremie (dt.), eingedeutschte Schreibweise zu engl. Jeremy oder franz. Jérémie. Seit Anfang des 21. Jh. bei uns immer beliebter.

Jörg (dt.), weit verbreitete KF zu Georg, seit 15./16. Jh. beliebt (so lebte Luther als „Junker Jörg" unerkannt auf der Wartburg). Bisher vorwiegend im norddt. Sprachraum und in Ostdeutschland, allmählich auch im süddt. Gebiet immer beliebter.

Jupp (rheinisch), KF zu Joseph. Durch Volksschauspieler J. Hussels und Fußballtrainer J. Derwall wurde der Name auch über das Rheinland hinaus bekannt; weist zunehmende Tendenz auf.

Karl (altdt.), vom ahd. karal = *freier Mann, Ehemann*; im Mittelhochdeutschen abgewertet zu kerle = *grober Mann aus dem Volk* (daher unser heutiges Wort Kerl). Im MA häufig in Herrscherfamilien (K. Martell; K. d. Gr.; 742–814, Gd.: 28. 1.; dt. Kaiser von K. III. bis zu K. VII.; von K. V. wird gesagt, dass in seinem Reich die Sonne nicht unterging. Auch Heilige trugen dazu bei, dass der Name volkstümlich wurde (vor allem hl. K. Borromäus, der Hl. der Gegenreformation, Gd.: 4. 11.). Durch romantische Dichtung auch im 18. und 19. Jh. und in der ersten Hälfte des 20. Jh. weit verbreitet. Häufig auch als erster Name eines Doppelnamens. Danach nur noch selten vergeben. Seit Anfang des 21. Jh. langsam wieder populär. Namensträger:

C. v. Linne (Begründer des Pflanzensystems im 18. Jh.); Reformer K. Freiherr vom Stein (19. Jh.); Balladenkomponist K. Loewe (1796–1869 „Prinz Eugen", „Heinrich der Vogler"); Begründer des Kommunismus K. Marx (1818–1883); Biedermeiermaler C. Spitzweg (19. Jh., „Der arme Poet"); C. Zeiß, Begründer der optischen Industrie (19. Jh.); Jugendschriftsteller K. May (19. Jh., „Winnetou"); Operettenkomponist K. Zeller (19. Jh., „Der Vogelhändler"); Komponist C. Orff (1895–1982; „Carmina Burana"); Dichter C. Zuckmayer (1896–1976; „Hauptmann von Köpenick"); Schauspieler wie C. Raddatz; K. Valentin (1882–1948). Lit.: „K. Moor" in Schillers „Räubern" (1781), was die Namenshäufigkeit beeinflusste. Engl.: Charles, Charlie, franz.: Charles, ital.: Carlo (Name des dt. Politikers C. Schmid, des ital. Regisseurs C. Ponti), span.: Carlos (lit.: „Don Carlos" von Schiller), niederdt., tschech.: Karel (bekannt: tschech. Sänger K. Gott). Sehr häufig auch in Form von Doppelnamen: Karl-Heinz (Ex-Tagesschausprecher K.-H. Köpcke (gest. 1991); Schauspieler K. H. Böhm; Fußballstar K.-H. Rummenigge; die beliebteste Doppelform mit Karl, die durch die Operette „Alt-Heidelberg" (Meyer-Förster, 1902) populär wurde und die Mode der Doppelnamen Wiederaufleben ließ; Karl Hans, Karl Heinrich, Karl Ludwig (bekannt durch dt. Filmschauspieler K. L. Diehl).

Klaus (dt.), KF zu Nikolaus. Seit dem MA selbständiger Name, im 20. Jh. weit verbreitet, zeitweise ausgesprochener Modename. Im 20. Jhd unter den ersten 20 Namen (um 1900 noch vorwiegend im Adel). Namensträger: „Bruder Klaus" (hl. Nikolaus von der Flühe, Schweizer Schutzpatron aus dem 15. Jh., Gd.: 25. 9.). Namensträger: dt. Dichter K. Groth (19. Jh.); dt. Schriftsteller K. Mann (1906–1949); Sohn von Thomas Mann).

NF: Claus, Prinz Claus v. Amsberg, Ehemann d. niederländ. Königin Beatrix. Häufig auch in Doppelnamen: Klaus Dieter, Klaus Jürgen (bekannt: dt. Schauspieler K. J. Wussow), Klaus Peter.

Konrad (altdt.), zum Ahd. kuoni = *kühn* + rat = *Ratgeber*. Einer der beliebtesten Namen im MA, im 14. Jh. der häufigste m Name (daher die Redensart: „Hinz und Kunz" = „Heinrich und Konrad", d. h. jedermann). Name mehrerer Heiliger (u. a. K. v. Konstanz im 10. Jh., Gd.: 26. 11.), von dt. Kaisern und Königen. Heute auch noch häufig, wenn auch nicht mehr so oft gewählt. Namensträger: K. Duden (19. Jh.); dt. Dichter C. Ferdinand Meyer (19. Jh., „Gustav Adolfs Page"); dt. Naturwissenschaftler, „Vater der Verhaltensforschung", K. Lorenz (1903–1989, Nobelpreis 1973; „Er redete mit dem Vieh, den Vögeln und den Fischen", „Das sogenannte Böse" über die Aggressivität); erster dt. Bundeskanzler K. Adenauer (1876–1967), auf dessen Namen heutige Verbreitung des Namens mit zurückzuführen ist; dt. Filmschauspieler K. Georg. NF: Conrad. KF: Conni, Konni (unter engl. Einfluss: Conny). Engl.: Connie, ital.: Corrado, russ.: Kondrat. Dt. NF: Konradin (bekannt durch letzten Staufferkaiser, der 1268 in Neapel hingerichtet wurde). KF: Kunz, Kuno, Kurt.

Kunibert (altdt.), zum Ahd. kunni = *Sippe* + beraht = *glänzend*. Im MA sehr verbreitet durch hl. K. (7. Jh., in Köln gewirkt, Gd.: 12. 11.). Heute noch gelegentlich im Rheinland gewählt.

Kuno (altdt.), KF zu Kunibert, auch zu Konrad. Verbreitung im 19. Jh. wieder stärker durch Ritterromane. Heute nicht allzu häufig. Namensträger: Philosoph K. Fischer (19. Jh.).

Kurt (altdt.), KF zu Konrad. Im 19. Jh. volkstümlich durch Ritterdichtung, zählt auch heute zu den beliebten Namen. Namensträger: dt. Schriftsteller K. Tucholsky (1890–1935; „Schloss Gripsholm", „Rheinsberg"); dt. SPD-Politiker K. Schumacher (1895–1952); dt. Komponist K. Weill (1900–1950); „Dreigroschenoper", Vertonung von Brecht-Songs); dritter dt. Bundeskanzler K. Georg Kiesinger (1904–1988). NF: Curt, Curd, häufig in dieser Form, vor allem in 20er und 30er Jahren des 20. Jhs.

Lambert, Lambrecht (altdt.), zum Ahd. lant = *Land* + beraht = *glänzend*. Populär durch Verehrung d. hl. L. (Bischof von Maastricht, Gd.: 17. 9.). Heute noch verbreitet, aber nicht mehr oft gewählt. Auch als Fam.name gebräuchlich.

Laurin (ahd.), Form zu lat. Laurentius = *aus der Stadt Laurentum stammend* oder *mit Lorbeer versehen*. In der Heldendichtung um Dietrich von Bern Name des Zwergenkönigs des Rosengartens. Seit dem 13. Jh. gelegentlich belegt, ab Ende des 20. Jh. häufiger. Namensträger: dt. Schauspieler Hans-L. Beyerling (*1997, u. a. in der TV-Serie „Kinder, Kinder").

Leberecht (dt.), Neubildung d. Pietismus (17./18. Jh.). Um 1900 häufig im Adel, heute selten geworden. Verbreitung im 19. Jh. ging zum großen Teil auf preuß. General L. v. Blücher zurück (1742–1819), der im Kampf gegen Napoleon hervortrat („Marschall Vorwärts"); daneben Anregung durch vielgelesenen Roman v. Heinrich Seidel „Leberecht Hühnchen", 1882).

Leo (altdt.), KF zu Leonhard, Leopold, auch lat.: Leo.

Leon (altdt.), KF zu Leonhard. Anfang 20. Jh. einer der beliebtesten Namen.

Leonhard(t) (altdt.), Mischung aus lat. Leo = *Löwe* + ahd. harti = *kühn, hart*, nach dem Muster von Bernhard, Wolfhard.

Im MA weite Verbreitung durch Verehrung d. hl. L. (6. Jh., Patron der Kranken, Bauern, Pferde, Gd.: 6. 11.; im bayer. Raum jährlich gefeiert: „Leonhardiritte" mit Segnung der Pferde). Zusätzliche Beeinflussung wohl durch ital. Maler L. da Vinci (1452–1519; „Mona Lisa"). Im 19. Jh. häufig in Ritterromanen, heute abnehmend. Engl.: Leonard (bekannt durch weltberühmten Dirigenten L. Bernstein, † 1990). KF: Len(ny), franz.: Léonard, ital.: Leonardo, Lionardo, nord.: Lennart. NF: Lienhart.

Leopold (altdt.), zum Ahd. liut = *Volk* + bald = *kühn* aus Luitpald entwickelt. Verbreitung durch hl. L., Markgrafen v. Österreich im 11./12. Jh., der ab 1663 als Schutzheiliger Österreichs gilt (Gd.: 15. 11.). Dadurch in Süddeutschland, Österreich volkstümlich. Auch heute stark verbreitet, aber nicht mehr so oft gewählt. Namensträger: neben zahlreichen Habsburger Fürsten L. v. Anhalt-Dessau (1693–1747; General Friedrichs des Großen, bekannt als „Alter Dessauer"); dt. Historiker L. v. Ranke (1795–1886). KF: Poldi (noch im süddt. Raum stark verbreitet).

Lienhard (altdt.), NF zu Leonhard. Zeitweise stark verbreitet durch Roman von Gottfried Keller „L. und Gertrud" (1781).

Lorenz (dt.), eingedeutschte Form des lat. Laurentius.

Lot(h)ar (altdt.), zum Ahd. hlut = *berühmt* + heri = *Heer*. Verbreitet im fränkischen Adel (Königsname im 8./9. Jh.), danach auch Landschaft Lothringen. Auch Name eines Heiligen von Vitry (Gd.: 7. 4.). Ab ca. 1850 wieder modern; auch heute häufig gewählt. Namensträger: dt. Fußballspieler L. Matthäus.

Ludwig (altdt.), zum Ahd. hlut = *berühmt* + wig = *Kampf*. Fränkische Form: Chlodwig. Im MA im ganzen dt. Sprachraum verbreitet, ebenso in zahlreichen europ. Ländern (vor allem Frankreich: Louis). Name dt. Kaiser und Könige (L. das Kind im 9./10. Jh.; L. d. Bayer im 13./14. Jh.; bayer. „Märchenkönig" L. II. im 19. Jh., Erbauer von Schlössern wie Herrenchiemsee, Neuschwanstein). Auch heute verbreitet, aber abnehmende Tendenz. Namensträger: dt. Dichter der Romantik L. Tieck (1773–1853); Dichter L. Uhland (1787–1864); dt. Komponist L. van Beethoven (1770–1827; „Fidelio", zahlreiche Sinfonien); dt. Zeichner L. Richter (1803–1884); dt. Schriftsteller L. Ganghofer (1855–1920; Heimatromane); L. Thoma (1867–1921; „Lausbubengeschichten"); dt. Nachkriegspolitiker, Bundeskanzler L. Erhard, „Vater d. Wirtschaftswunders" (1897–1977). Engl.: Lewis (bekannt durch Schriftsteller L. Caroll, „Alice im Wunderland"), franz.: Louis (Königsname), ital.: Luigi, Ludovico, span.: Luis, Luiz, ungar.: Lajos. KF: Luggi (im süddt. Sprachraum verbreitet). Eingedeutschte franz. Form: Luis (Name des Bergsteigers, Schauspielers L. Trenker, † 1990).

Luitpold (altdt.), alte Form von Leopold. Verbreitet im Fürstenhaus der Witteisbacher (u. a. Prinzregent von Bayern im 19./ 20. Jh.).

Lutz (dt.), KF zu Ludwig. Abnehmende Verbreitung: Namensträger: dt. Springreiter L. Merkel.

Maik (dt.), eingedeutschte (zulässige) Form von engl.: Mike. Da zugleich im Fries. KF von Meinhard, Verbreitung vorwiegend im norddt. Raum.

Manfred (altdt.), zum Ahd. man = *Mensch* + fridu = *Schutz* (vor Waffen). Alte Form: Manfried. Verbreitung durch hl. M. (Eremit, Gd.: 28. 1.), vor allem durch Staufferkönig M. v. Sizilien (gefallen in Schlacht von Benevent gegen Karl v. Anjou;

lit. durch Byron, 1817). Im 19. Jh. durch Byrons Gedicht volkstümlich bei uns. Um 1900 vor allem im Adel, in den 20er Jahren Modename; auch heute häufig, im ganzen dt. Sprachraum verbreitet. Namensträger: dt. Flieger M. v. Richthofen (1892–1918); dt. Schriftsteller M. Hausmann („Abel mit der Mundharmonika", 1932); dt. Leichtathlet M. Germar; dt. Eiskunstläufer M. Schnelldorfer.

Manu (dt.), in der Schweiz verbreitete KF zu Emanuel.

Mark(o) (altdt.), KF zu Namen mit Mark- (Markolf, Markward, die heute als Vornamen ungebräuchlich sind, meist als Fam. namen erhalten). Zugleich dt. Form von Markus, daher sehr beliebt im dt. Sprachraum (häufiger als die lat. Form Marcus).

Max (dt.), KF zu Maximilian. In dieser Form seit der Renaissance bekannt und zunehmend (bis ins 19. Jh. steigend) beliebt. Mit Beginn des 20. Jhs. rückläufig, heute wieder häufiger gewählt. Zur Verbreitung trug auch Schillers „Wallenstein" bei mit Max Piccolomini. Namensträger: dt. Komponist M. Reger (1873–1916); dt. Physiker M. Planck (1858–1947; „Quantentheorie"); dt. Maler M. Liebermann (1847–1935); dt. Reichskanzler M. v. Baden (1867–1929); Bühnenleiter und Schauspiellehrer M. Reinhardt (1873–1943); bayer. Ministerpräsident v. 1988–1993 M. Streibl; Schweizer Dichter M. Frisch (1911–1991; „Homo Faber"); dt. Boxer M. Schmeling; dt. Volksschauspieler Maxl Graf; TV-Moderator M. Schautzer, TV-Koch M. Inzinger. Lit.: W. Buschs berühmtes Werk „M. und Moritz" (1865).

Meinrad (altdt.), zum Ahd. megin = *Kraft* + rat = *Ratgeber*. Bekannt durch hl. M., der als Eremit der Schweizer Abtei Einsiedeln im 9. Jh. den Namen gab (Ged.: 21. 1.). Daher Verbreitung des Namens noch heute vor allem i. d. Schweiz u. im süddt.

Sprachraum. Auch als Fam.name bekannt (österr. Schauspieler Josef M.).

Michel (dt.), schon seit dem MA bekannte KF zu Michael, die auf dem „i“ betont wird. Zugleich auch franz. Form, hier aber mit der Betonung auf dem „e“. Seit Anfang des 19. Jh. galt der dt. M. als Inbegriff für den „treu-doofen“, einfachen dt. Bürger. Heute im dt. Sprachraum gelegentlich als Vorname gewählt. Lit. bekannt durch den Waldgeist in Wilhelm Hauffs Märchen „Das kalte Herz“ (1827), europaweit berühmt jedoch als Kinderbuch-Figur M. von Lönneberga aus den gleichnamigen Geschichten von Astrid Lindgren (ab 1963). Namensträger: ehemaliger franz. Fußballspieler und -funktionär M. Platini (*1955); dt. Rechtsanwalt und Fernsehmoderator M. Friedman (*1956).

Moritz (dt.), eingedeutschte Form zu Mauritius. Verbreitung durch Heilige, u. a. Märtyrer aus dem Wallis (3. Jh., Gd.: 22. 9.), nach dem der Schweizer Ort St. Moritz seinen Namen erhielt. Volkstümlichkeit erlangte der Name durch Feldherrn M. v. Nassau (1567–1625; Statthalter der Niederlande) und Marschall M. v. Sachsen im 18. Jh. Im 19. Jh. vor allem in jüd. Kreisen verbreitet (oft anstelle von Moses gewählt). Heute wieder häufig registriert. Namensträger: dt. romantischer Maler M. v. Schwindt (1804–1871). Lit.: W. Buschs berühmtes Werk: „Max und M.“. Engl.: Morris, franz.: Maurice (bekannt durch Chansonsänger M. Chevalier, 1888–1972).

Niklas, Niklaus (dt.), eingedeutscht für Nikolaus. Verbreitung im süddt. Sprachraum.

Norbert (altdt.), zum Ahd. nord = *Norden* + beraht = *glänzend*. Bekannt durch hl. N. v. Xanten (1080–1134, Gründer des

Prämonstratenserordens, Gd.: 6. 6.; Erzbischof in Magdeburg). Im 20. Jh. drang der Name vom (kath.) Süden im Lauf der 60er Jahre vor, ist inzwischen auch in Norddeutschland häufig anzutreffen. Namensträger: Komponist N. Schultze; dt. Politiker N. Blüm.

Norman (altdt.), zum Ahd. nord = *Norden* + man = *Mann*. Heute stärker in der engl. Aussprache verbreitet.

Notker (altdt.), zum Ahd. not = *Bedrängnis* + ger = *Speer*. Umdrehung von Gernot. Bekannt durch Mönche v. St. Gallen im 9. und 10. Jh., heute aber sehr selten.

Olf (altdt.), KF von Namen auf Wolf, -olf (wie Gerolf).

Orell (dt.), eingedeutschte Form zu Aurelius (lat. Sippenname). Im süddt. Raum, vor allem in der Schweiz gebräuchlich.

Ortfried (altdt.), zum Ahd. ort = *Waffenspitze* + fridu = *Schutz* (vor Waffen).

Ortwin (altdt.), zum Ahd. ort = *Waffenspitze* + wini = *Freund*.

Oskar (altdt.), aus dem Engl. übernommen, altdt. und altnord. Name, entspricht der altdt. Form Ansgar. Bekannt im dt. Sprachraum in der engl. Form (Oscar); Namensträger: dt. Politiker O. Lafontaine.

Ot(t)fried (altdt.), zum Ahd. od = *Erbgut* + fridu = *Schutz* (vor Waffen). Bekannt durch O. v. Weißenburg (Lebensgeschichte Jesu im 9. Jh.); dt. Schauspieler O. Fischer. Im 19. Jh. durch Beschäftigung mit altdt. Literatur wieder erneuert.

Ot(t)mar (altdt.), zum Ahd. od = *Erbgut* + mari = *berühmt*. Bekannt durch hl. O. v. St. Gallen (8. Jh., Gd.: 16. 11.). Verbreitung vorwiegend im süddt. Sprachraum.

Otto (altdt.), KF von Namen mit od = *Erbgut* (Otmar, Otbert, Otfried), eigentlich der Kindersprache entnommene Lallform. Schon im MA stark verbreitet als selbständiger Name: O. v. Bamberg (ca. 1060–1139, Gd.: 2. 7.), der „Apostel d. Pommern"; Kaiser O. d. Gr. (912–973), der die Ungarn besiegte (Schlacht auf dem Lechfeld, 955); und viele andere. Weit verbreitet auch im 19. Jh., heute nicht mehr häufig gewählt. Namensträger: dt. Kanzler O. v. Bismarck (1815–1898; „der eiserne Kanzler"; beispielhafte Bündnispolitik); Komponist O. Nicolai (19. Jh.; „Die lustigen Weiber von Windsor"); Nobelpreisträger O. Hahn (1879–1968; mit Lise Meitner Arbeit in der Atomforschung); Flugpionier O. v. Lilienthal (1849–1896); Coupletsänger O. Reutter (1870–1931; „Lied vom Überzieher"); O. Dibelius, Bischof v. Berlin-Brandenburg (1880–1967); Schauspieler wie O. Wilhelm (O. W.) Fischer; Otto Ernst (O. E.) Hasse; Blödelbarde O. Waalkes aus Ostfriesland; „grüner" Politiker, Rechtsanwalt O. Schily (Abgeordneter seit 1983). Auch in Form von Doppelnamen wie Ottheinrich (bekannt durch Pfälzer Kurfürst, Erbauer des Heidelberger Schlosses), Otthermann gebräuchlich gewesen (heute ungewöhnlich).

Ottokar (altdt.), ursprünglich: Odoaker (bekannt durch german. Heerführer, der als König in Italien 493 von Theoderich ermordet wurde) zum Ahd. od = *Erbgut* + wakar = *wachsam*. Nach Verbreitung im MA wiederaufgelebt in der Ritterdichtung des 19. Jhs. (u. a. Grillparzers „König O. Glück und Ende", das an den Gegenspieler Rudolfs v. Habsburgs, O. II. v. Böhmen, 1230–1278, erinnerte).

Otwin (altdt.), zum Ahd. od = *Erbgut* + wini = *Freund*.

Raban(us) (altdt.), KF von Namen, die mit ahd. hraban = *Rabe* zusammengesetzt sind. Namensträger: R. Maurus, Apostel von

Fulda, Erzbischof von Mainz, Verfasser zahlreicher theologischer Schriften (780–856; Gd.: 4. 2.).

Radolf (altdt.), zum Ahd. rat = *Ratgeber* + *Wolf*. Bekannt geworden durch hl. R., Erzbischof von Burges im 9. Jh. Heute nur vereinzelt. KF (wesentlich häufiger gewählt): Ralf. Franz.: Raoul, span.: Raúl.

Raimund, Reimund (altdt.), zum Ahd. ragin = *Rat, Beschluss* + munt = *Rechtsschutz*. Vor allem im roman. Sprachraum verbreitet. Namensträger: dt. Schauspieler R. Harmsdorff (in Filmen wie „Der Seewolf“). Auch als Fam.name verbreitet (u. a. Ferdinand Raimund, eigentlich: Raimann; österr. Schauspieler und Dramatiker, 1790–1836, Autor publikumswirksamer Possen wie „Alpenkönig und Menschenfeind“). Engl.:, franz.: Raymonde), span.: Ramón.

Rainer, Reiner (altdt.), zum Ahd. ragin = *Rat, Beschluss* + heri = *Heer*. Heiligenname (Gd.: 11. 4., 4. 8.), aber Verbreitung vor allem durch dt. Dichter R. Maria Rilke (1875–1926), dessen Name eigentlich René lautete. Dadurch große Beliebtheit in 20er und 30er Jahren. Auch nach 1945 im ganzen dt. Sprachraum häufig. Namensträger: CDU-Politiker R. Barzel; Regisseur R. Werner Fassbinder („Berlin Alexanderplatz“, gestorben 1982). Franz.: Rainier (bekannt durch Fürsten R. v. Monaco), Regnier (als Fam. name bekannt durch Charles R., franz. Schauspieler).

Ralf, Ralph (altdt.), KF zu Radolf. Um 1900 verbreitet durch engl. Romane. Gegenwärtig häufig, nach S vordringend. Namensträger: Operettenkomponist R. Benatzky („Im weißen Rössl“, 1887–1957); dt. Soziologe R. Dahrendorf; dt. Schlagerkomponisten R. Siegel („Caprifischer“) und R. Maria Siegel („Ein bisschen Frieden“).

Randolf, Randulf (altdt.), zum Ahd. rant = *Schild* + *Wolf*. Nur selten gewählt, aber häufig im engl. Sprachraum. Engl.: Randolph.

Rasso (altdt.), KF von heute ungebräuchlichem Namen mit rat = *Ratgeber* (Ratbod u. ä.). Selten gewählt.

Reimar, Reimer (altdt.), zum Ahd. ragin = *Rat, Beschluss* + mari = *berühmt*. Im MA verbreitet (u. a. Minnesänger Reimar der Alte um 1200). Heute nur vereinzelt gewählt.

Reinhard (altdt.), zum Ahd. ragin = *rat, Beschluss* + harti = *kühn*. Verbreiteter Name. Namensträger: dt. Chansonsänger R. Mey („Die Schlacht am kalten Büffet"); Schauspieler R. Glemnitz (TV-Serie „Über den Wolken").

Rein(h)old (altdt.), zum Ahd. ragin = *Rat, Beschluss* + waltan = *herrschen*. Name des Patrons von Dortmund (Gd.: 7. 1.). In der Romantik stark verbreitet, auch heute beliebt.

Reto (oberdt.), KF von *Rätoromane*, häufig in der Schweiz.

Richard (altdt.), zum Ahd. richi = *reich, mächtig* + harti = *kühn*. Verbreitung durch hl. R. (8. Jh., Gd.: 7. 2.), König der Angelsachsen. Im MA beliebt am engl. Königshof („R. Löwenherz" im 12. Jh.). Im 19. Jh. neu belebt durch Bekanntschaft mit Shakespeares Königsdramen („R. III.") und W. Scotts „Ivanhoe". Heute verbreitet, wird wieder häufiger gewählt. Namensträger: dt. Opernkomponist R. Wagner (1813–1883; „Ring des Nibelungen"); dt. Erzähler R. v. Volkmann-Leander (1830–1889; „Träumereien an französischen Kaminen"); dt. Lyriker R. Dehmel (1863–1920); Komponist R. Strauss (1864–1949; „Rosenkavalier"); Sänger R. Tauber (1892–1948); engl. Filmschauspieler R. Burton († 1984); R. Chamberlain

(„Dornenvögel"); R. Widmark; R. Gere („Pretty Woman"); franz. Pianist R. Claydermann („Ballade pour Adeline").

Rigo (altdt.), KF zum Ahd. Rigobert (ahd. richi = *reich, mächtig* + beraht = *glänzend*).

Robert (altdt.), NF zu Rupert. Ahd. hroth = *Ruhm* + beraht = *glänzend*. Im MA häufig als Fürstenname; beliebt auch in Frankreich: Normannenherzog R. Guiskard (im 11. Jh.), dadurch nach England gelangt, wo der Name sehr populär wurde. Im 18. Jh. als franz. Herrschername dank Vorliebe für Ritterdichtung zurück in dt. Sprachraum gekommen. Heute sehr verbreitet, aber abnehmende Tendenz. Namensträger: schott. Dichter R. Burns (18. Jh.); engl. Dichter R. Browning (19. Jh., „Und Pippa geht vorbei"); dt. Chemiker R. Bunsen (19. Jh.); dt. Komponist R. Schumann (1810–1856; „Träumerei"); dt. Bakteriologe, Entdecker des Tuberkelbazillus R. Koch (1843–1910, Nobelpreis 1905); Operettenkomponist R. Stolz (1889–1975); Politiker R. Schumann (franz. Europapolitiker), R. Kennedy (1917–1968); Schauspieler R. Mitchum; R. Taylor; dt. TV-Moderator R. Lembke († 1989; „Was bin ich?"). Ital.: Roberto. Engl. KF: Rob(by), Bob (B. Hope).

Rochus (altdt.), latinisierte Fassung des Namens Rochwald zum Ahd. rohon = *schreien* + waltan = *herrschen*. Hl. R., einer der 14 Nothelfer (Gd.: 16. 8.) förderte die Verbreitung des Namens, der vor allem im westdt. Sprachraum noch anzutreffen ist (Wallfahrten zum Binger R.). Ital.: Rocco (bekannt durch Schlagersänger R. Granata).

Roderich (altdt.), zum Ahd. hroth = *Ruhm* + richi = *reich, mächtig*. Zur Verbreitung trugen der letzte Westgotenkönig und Dramen um ihn von E. Geibel und F. Dahn bei. Nicht häufig. Engl.: Roderick, franz.: Rodrigue, span.: Rodrigo, russ.: Rudrik. KF Rod; Sänger R. Stewart.

Roger (altdt.), NF zu Rüdiger. Im MA im niederdt. Sprachraum verbreitet, nach Frankreich ausgeweitet (Name von Normannenherrschern im MA), von da nach England. In jüngerer Zeit aus dem Engl. zurück in dt. Sprachraum gelangt, heute vor allem häufig im Süden/in der Schweiz.

Roland (altdt.), zum Ahd. hroth = *Ruhm* + nantha = *kühn*. Bekannt: „Rolandslied“ (Sage im MA um R:, Markgrafen der Bretagne, 778 bei Roncevalles als Kämpfer gegen die Basken für Karl den Großen gefallen). Rolandssäulen symbolisierten im MA in den Städten die Rechtsfreiheit (z. B. in Bremen). Heute mehr im süddt. Sprachraum verbreitet. Engl.: Rowland, franz.: Rolland, ital.: Orlando.

Rolf (altdt.), KF zu Rudolf. Ab 1920 durch nord. Einfluss im dt. Sprachraum verbreitet, zählt heute zu den beliebten Namen. Namensträger: R. Hochhuth, dt. Schriftsteller („Der Stellvertreter“).

Rollo (altdt.), selten gewählte KF zu Rudolf. Namensträger: dt. Weltumsegler R. Gebhard.

Rudi (altdt.), KF zu Rudolf, im ganzen dt. Sprachraum häufig gewählt. Namensträger: dt. Schlagersänger R. Schuricke („Caprifischer“); Showmaster R. Carell. Schweizerisch: Ruedi.

Rüdiger (altdt.), zum Ahd. hroth = *Ruhm* + ger = *Speer*. Im 19. Jh. durch das Nibelungenlied neu verbreitet (Markgraf R. v. Bechelaren). Um 1900 als Adelsname, heute allgemein häufig gewählt. Namensträger: dt. Politiker R. v. Wechmar.

Rudolf, Rudolph (altdt.), zum Ahd. hroth = *Ruhm* + *Wolf*. Name von Heiligen (Gd.: 17. 4., 29. 10.), Fürsten und Kaisern im MA (R. v. Schwaben im 11. Jh., R. v. Habsburg im 13. Jh.), häufig im österr. Herrscherhaus (Kronprinz R., der in der Tragödie von Mayerling seinen Tod fand). Heute vor allem im süddt. Sprachraum noch sehr beliebt. Namensträger: dt. Arzt R. Virchow (1821–1902); dt. Erfinder R. Diesel (1858–1913; Dieselmotor); Schriftsteller und Dichter wie R. Binding; R. Alexander Schröder; R. Herzog (19./20. Jh.); Anthroposoph R. Steiner (1861–1925); dt. Politiker R. Heß († 1987), Hitlers Stellvertreter, letzter Gefangener in Berlin-Spandau; dt. Tenor R. Schock (†1987). Ital.: Rodolfo (bekannt durch Stummfilmstar R. Valentino, 1896–1926), Rudolf Schenker, dt. Popmusiker (The Scorpions).

Rupert, Ruprecht (altdt.), alte Form von Robert. Im süddt. Sprachraum häufig durch Verehrung des Bischofs R. v. Salzburg (8. Jh., Patron von Bayern, Kärnten, Salzburg, Gd.: 27. 3.). Im norddt. Raum vereinzelt. Namensträger: letzter bayer. Kronprinz (1869–1955), Ruprecht. TV-Moderator R. Eser.

Sebald (altdt.), NF zu Siegbald zum Ahd. sigu = *Sieg* + balt = *kühn*. Latinisierte Form: hl. S., Schutzpatron Nürnbergs, daher vereinzelt im süddt. Sprachraum gewählt.

Sepp (oberdt.), beliebte KF zu Josef. Nur im süddt. Sprachraum gebräuchlich. Namensträger: dt. Fußballtrainer S. Herberger (1897–1977); Torwart S. Maier.

Siegbert (altdt.), zum Ahd. sigu = *Sieg* + beraht = *glänzend*. Bekannt als Schutzpatron Lothringens, aber relativ selten gewählt.

Siegfried (altdt.), zum Ahd. sigu = *Sieg* + fridu = *Schutz* (vor Waffen). Apostel der Skandinavier, Schutzpatron Schwedens (Gd.: 15. 2.), verbreitete Namen im MA. Im 19. Jh. als Held der

Nibelungensage neu belebt, auch in jüd. Kreisen häufig. Um 1900 beliebt im Adel. Auch in der 1. Hälfte dieses Jhs. gern gewählt, heute eher zurückgehend. Namensträger: S. Wagner (1869–1930; Sohn von Richard W.); dt. Schriftsteller S. Lenz (geb. 1926; „So zärtlich war Suleyken"); Filmschauspieler S. Lowitz (TV-Serie „Der Alte"). Lit.: Oper Richard Wagners (1848).

Sieghard (altdt.), zum Ahd. sigu = *Sieg* + harti = *hart*. Namensträger: dt. Filmschauspieler S. Rupp (TV-Serie „Tatort").

Siegmar (altdt.), zum Ahd. sigu = *Sieg* + mari = *berühmt*. Kelt. Form Segimerus schon bei Tacitus erwähnt. Um 1900 im Adel, heute allgemein verbreitet. Dt. Politiker S. Gabriel.

Siegmund, Sigismund (altdt.), zum Ahd. sigu = *Sieg* + munt = *Rechtsschutz*. Bei Tacitus in Form Segimundus erwähnt. Im MA NF Sigismund stark verbreitet (heute bekannt vor allem durch Operette „Im weißen Rössl" mit dem Lied „Was kann der S. dafür, dass er so schön ist?"). Weite geografische Verbreitung durch hl. S., Burgunderkönig im 6. Jh., Neubegründer von St. Moritz (Gd.: 1. 5.), dessen Gebeine im Kloster Einsiedeln ruhen, Kopf in Prag. Im 19. Jh. populär als Name des Vaters von Siegfried im Nibelungenlied. Sigismund auch Fürstenname (poln. Könige im 14./15. Jh.). Lit. im Jugendbuch „S. Rüstig" (Marryat, 1843). Namensträger des heute nicht mehr so häufig gewählten Siegmund: Psychoanalytiker S. Freud (1856–1939).

Steffen (dt.), eingedeutschte Form von Stefan.

Tassilo, Thassilo (dt.), KF von T(h)asso. Im MA im dt. Adel beliebt. Heute nur ganz vereinzelt (vorwiegend im Adel). Namensträger: Bayernherzog T. III. (8. Jh., letzter Agilolfinger, von Karl dem Großen abgesetzt); T. Fürst v. Fürstenberg (Vater von Ira v. F.).

Tasso, Thasso (dt.), Name unklarer Herkunft, evtl. aus nord. Sprachen übernommen. Wahrscheinlich Zusammenhang mit *Tatze* (Bezug auf Raubtiere). Als Fam.name bekannt durch ital. Renaissancedichter Torquato T. (1544–1595), lit. durch Goethe.

Tell (dt.), eigentlich Fam.name, bekannt durch Schweizer Nationalhelden Wilhelm T. (danach Drama von Schiller). Dann zum Vornamen ausgebildet (Sohn der Filmschauspielerin Lilo Pulver: Marc-Tell).

Theo (altdt./griech.), beliebte KF zu Namen wie Theobald, -dor, -phil. Heute wieder häufig gewählt. Namensträger: volkstümlicher Schauspieler T. Lingen (zahlreiche Filme, u. a. „7 Jahre Pech"), eigentlich Theodor Schmitz aus Lingen/Ems.

Theobald (altdt.), NF zu Dietbald, wohl in Anlehnung zu griech. Namen mit Theo = *Gott* gebildet. Zum Ahd. thiot = *Volk* + bald = *kühn*. Verbreitung durch hl. Th. (11. Jh., Patron der Bauern, Köhler, Schuster; Kriegsdienstverweigerer, Gd.: 30. 6.). In der Ritterdichtung des 19. Jhs. neu belebt. Heute selten. Engl.: Tibald, franz.: Thibault, Thibaud, ital.: Tebaldo.

Theoderich (altdt.), NF zu Dietrich zum Ahd. thiot = *Volk* + richi = *reich, mächtig*. Bekannt durch Westgotenkönig Th. I., der 451 gegen die Hunnen fiel, Ostgotenkönig Th. d. Gr., 453–526, dessen Grabmal in Ravenna ist (daraus Sagengestalt Dietrich v. Bern).

Thiemo, Timo (altdt.), KF zu Thietmar (latinisierte Form von Dietmar). Timo auch KF zu Timotheus.

T(h)ilo (altdt.), KF zu Namen mit Diet- (Dietmar, Dietrich). Relativ häufig gewählt. Namensträger: TV-Korrespondent T. Koch.

Thies (dt.), KF zu Matthias (andere bekannte Eindeutschung: Hias, vor allem im oberdt. Sprachraum; letztere Form auch abwertend: „blödes Hiasl").

Til(l)man(n) (altdt.), EF zu Till. Verbreitung durch Bildhauer T. Riemenschneider (1460–1532, zahlreiche Werke in Franken, u. a. Altäre in Creglingen, Rothenburg, Münnerstadt). T. Eulenspiegel.

Toni (dt.), KF zu Anton. Namensträger: österr. Skiläufer T. Sailer; Torhüter T. Schuhmacher; Sänger T. Marshall. Unter engl. Einfluss: Tony.

Traugott (dt.), Neubildung des Pietismus (17./18. Jh.). Heute wieder vereinzelt anzutreffen.

Udo (altdt.), NF zu Odo (heute ungebräuchliche KF zu Namen mit Ot: Otfried, Otmar) oder KF von Namen mit ahd. uaodal = *Heimat* (Uodalrich, später: Ulrich). Erneuerung des Namens im 19. Jh. mit Ritterdichtung, Romanliteratur (u. a. Spielhagen). Heute recht häufig. Namensträger: Chansonsänger U. Jürgens (eigentlich U. Jürgen Bockelmann, 1936 in Klagenfurt geboren; u. a. „Merci Cheri", „Griechischer Wein"); Rocksänger U. Lindenberg („Sonderzug nach Pankow").

Ulfried (altdt.), zum Ahd. uodal = *Heimat* + fridu = *Schutz* (vor Waffen). Nicht sehr oft gewählt. KF: Ulfen, Ulf. Dt. Astronaut Ulf Merbold

Ulfilas (gotisch), gräzisierte Form zu Wulfila (KF zu Wulfs = *Wolf*).

Ul(l)i (altdt.), KF zu Ulrich. Verbreitung durch Uli-Romane von Jeremias Gotthelf (Mitte 19. Jh.). Heute recht häufig. Namensträger: Fußballer U. Stielike. In der Schweiz: Ueli.

Ulrich (altdt.), entstanden aus Uodalrich zum Ahd. uodal = *Heimat* + richi = *reich, mächtig.* Verbreitung durch hl. U. von Augsburg (verteidigte im 10. Jh. die Stadt gegen die Ungarn, wurde als 1. Heiliger kanonisiert; Gd.: 4. 7.). Dadurch häufig im süddt. Raum, in kath. Kreisen. In ev. Gebieten Verbreitung eher durch Reformator U. Zwingli (1484–1531). Als Vorbild diente auch der Humanist U. v. Hutten (1488–1523). Um 1900 sehr beliebt im Adel, auch häufig in Romanen (Spielhagen, Sudermann, Musil „Der Mann ohne Eigenschaften“). Heute noch beliebt. Namensträger: dt. Regisseur U. Schamoni (geb. 1939, „Alle Jahre wieder“, „Quartett im Bett“). Engl.: Ulric.

Utz (altdt.), KF zu Ulrich und anderen Namen mit uodal. Im 16. Jh. weit verbreitet, heute nur vereinzelt gewählt.

Veit (altdt.), zum Ahd. witu = *Holz, Wald,* schon früh zu Vitus latinisiert und daher fälschlich oft für lat. Vornamen angesehen. Im MA stark verbreitet durch Verehrung d. hl. V. (Märtyrer aus dem 3. Jh., der als Patron zahlreicher dt. Landschaften gilt; lit. im Frankenlied V. v. Scheffels als „Hl. V. v. Staffelstein“; Gd.: 15. 6.). In Prag: Veitsdom. Medizinisch: „Veitstanz“ (Epilepsie, gegen die man den hl. V. anrief). Engl., franz.: Guy, roman.: Guido, schwed.: Witas.

Volk(h)ard (altdt.), zum Ahd. folc = *Haufe, Volk* + harti = *hart.* Name mit steigender Tendenz in jüngerer Zeit.

Volk(h)er (altdt.), zum Ahd. folc = *Haufe, Volk* + heri = *Heer.* Unter lat. Einfluss aus Folker zu Volker umgebildet, heute in dieser Form geläufig. Verbreitung schon im MA durch Nibelungenritter V. v. Alzey. Heute beliebt. Namensträger: dt. Schauspieler V. Lechtenbrink; Regisseur V. Schlöndorff.

Volkmar (altdt.), zum Ahd. folc = *Haufe, Volk* + mari = *berühmt*. Um 1900 im Adel gebräuchlich, heute vereinzelt.

Volkwin (altdt.), zum Ahd. folc = *Haufe, Volk* + wini = *Freund*. Selten.

Waldemar (altdt.), einer der zahlreichen altdt. Namen mit waltan = *herrschen* (+ mari = *berühmt*). Im MA häufig, auch in fürstlichen Kreisen beliebt (dänisch, brandenburgisch); niederdt. Form: „Woldemar". Im 19. Jh. erneuert durch beliebten Roman von W. Alexis „Der falsche W.", in dem sich ein Betrüger für den letzten askanischen Markgrafen W. ausgibt. Heute noch verbreitet. Namensträger: dt. Schriftsteller W. Bonsels (1888–1952; „Die Biene Maja").

Walt(h)er (altdt.), zum Ahd. waltan = *herrschen* + heri = *Heer*. Im MA bereits häufig. Zur Bedeutung des Namens trugen das „Waltharilied" bei, ein Epos des Ekkehard im 10. Jh. über den westgot. Königssohn W. v. Aquitanien, vor allem aber der Minnesänger W. von der Vogelweide (um 1200, „Ich saß auf einem Steine"). Mit der Ritterdichtung des 19. Jhs. lebte der Name wieder auf. Um 1900 vor allem im Adel, heute allgemein verbreitet, aber nicht mehr so oft gewählt. Zahlreiche Namensträger: engl. Seeheld Sir W. Raleigh (16./17. Jh.); schott. Schriftsteller W. Scott („Ivanhoe", 18./19. Jh.), Operettenkomponist W. Kollo (1878–1940; „Das war in Schöneberg"; Sohn: Willi, Vater von René K.); dt. Politiker W. Rathenau (ermordet 1922); W. Hallstein („Hallsteindoktrin"); dt. Architekt W. Gropius (1883–1969; Leiter des Bauhaus, Erbauer von Siemensstadt, Gropiusstadt in Berlin); Schriftsteller und Politiker W. Jens; DDR-Politiker W. Ulbricht (1893–1973). Lit.: W. v. Stolzing in Wagners „Meistersinger".

Welf (altdt.), zum Ahd. Wort für *Tierjunges* (heute: Welpe). Name blieb lebendig durch Fürstengeschlecht der Welfen (Bayernherzöge wie Heinrich der Löwe, später Sachsenherzöge, Fürsten von Hannover; heute: einer der Söhne der Herzogin Viktoria-Luise heißt Welf-Heinrich). Auch heute noch gelegentlich gewählt.

Wendel(in) (altdt.), KF zu Wendelmar (Stammesname = *Wandale* + mari = *berühmt*). Verbreitet durch hl. W. (fränk. Eremit im 6. Jh., Schutzherr der Wanderer durch falsche Etymologie von „wendel" zu „wandeln"). Heute vor allem im süddt. Raum noch vereinzelt.

Wenzel (dt.), KF zu Wenzeslaus. Früher häufig (als Name des tschech. Nationalheiligen).

Wern(h)er (altdt.), zum Ahd. Stammesnamen *warin* +, heri = *Heer*. Im MA weit verbreitet, im 19. Jh. durch Vorliebe für Ritterdichtung erneuert. Lit.: V. v. Scheffels „Der Trompeter v. Säckingen" (1854). Im 20. Jh. durchgängig zu den beliebten Namen zählend (im ganzen dt. Sprachraum). Namensträger: dt. Erfinder und Industrieller W. v. Siemens (1816–1892); dt. Schauspieler W. Krauß (1884–1959, berühmt als „Faust"); dt. Schriftsteller W. Bergengruen (1892–1964; „Kaschubisches Weihnachtslied"); Kabarettist W. Finck; Komponist W. Egk (1901–1983); dt. Raketenforscher W. v. Braun, der nach dem Krieg in den USA lebte; dt. Schauspieler W. Stocker († 1993; „Herbstmilch"); dt. Schlagersänger W. Böhm alias Gottlieb Wendehals.

Wido (altdt.), KF zu Namen mit witu = *Wald* (u. a. Widukund, auch Wedekind, Wittekind = *Waldsohn*, bekannt durch Sachsenherzog im 8./9. Jh., Gegenspieler Karls des Großen, der sich später taufen ließ und als Sachsenapostel gilt, Gd.: 17. 1.). NF: Wito, auch: Vito; Roman.: Guido.

Wieland (altdt.), unklare Herkunft, evtl. aus dem nord. Sagenkreis. Bekannt durch germ. Held W. (Schmied aus der Edda). Im 19. Jh. mit Eddaübersetzung erneuert. Heute nicht mehr gebräuchlich als Vorname, häufiger als Fam.name. Namensträger: W. Wagner, Nachkomme Richard W, der seit 1952 in Bayreuth inszeniert.

Wilbert (altdt.), zum Ahd. willio = *Wille* + beraht = *glänzend*. NF zu Willibert.

Wilfried (altdt.), zum Ahd. willio = *Wille* + fridu = *Schutz* (vor Waffen). Früher im Adel häufig, heute mehr im norddt. Sprachraum, aber recht beliebt. Namensträger: angelsächsische Missionare, hl. W. v. York (8. Jh.).

Wilhelm (altdt.), zum Ahd. willio = *Wille* + *Helm*. Im MA in ganz Europa verbreitet. Zählte im 19. Jh. zu den beliebtesten dt. Namen. Zur Förderung der Verbreitung trug in erster Linie der hl. W. v. Aquitanien bei (8./9. Jh., lit. durch Wolfram von Eschenbach), von daher Verbreitung in europ. Fürstenhäusern (normann. W. d. Eroberer im 11. Jh. in England; W. v. Oranien im 16. Jh. in den Niederlanden; Name der dt. Kaiser W. I., 1797–1888, W. II., der letzte dt. Kaiser, 1859–1941). Verbreitung war am stärksten im norddt. Raum, später allgemein häufig. Heute seltener gewählt. Namensträger: dt. Märchensammler W. Grimm (19. Jh.); dt. Gelehrter W. v. Humboldt (1767–1835); dt. Humorist W. Busch (1832–1908, „Max und

Moritz"); dt. Erzähler W. Hauff (Hauffs Märchen wie „Zwerg Nase" im 19. Jh.); dt. Schriftsteller W. Raabe (19. Jh., „Sperlingsgasse"); dt. Maler W. Leibl (19. Jh.); dt. Dirigent W. Furtwängler (1886–1954); dt. Pianisten W. Kempff (1895–1991); W. Backhaus; dt. Tennisspieler W. Bungert. Lit.: Schiller („W. Tell"), Goethe („W. Meister"). Engl.: William (KF: Bill), franz.: Guillaume, ital.: Guglielmo, span.: Guillermo, tschech.: Vilem, ungar.: Vilmos, niederländ.: Willem.

Will (altdt.), KF zu Namen mit Wil-, meist KF zu Wilhelm, Wilfried oder Willibald. Anfang des 21. Jh. im dt. Sprachraum gelegentlich vergeben. Namensträger: dt. Schauspieler W. Quadflieg (1914–2003). Auch engl. KF zu William (amerik. Schauspieler W. Smith).

Willi, Willy (altdt.), KF zu Wilhelm (Willy unter engl. Einfluss). Um 1900 Modename (dt. Kaiser Wilhelm). Heute nicht häufig gewählt. Namensträger: dt. Schauspieler W. Fritsch, W. Forst, W. Birgel (Stars in 30er Jahren); dt. SPD-Politiker W. Brandt (1913–1991; Regierender Bürgermeister von Berlin, Bundeskanzler, Friedensnobelpreis 1971 für Ostpolitik); Präsident des NOK W. Daume; Volksschauspieler W. Millowitsch aus Köln; dt. Dressurreiter W. Schultheiß; dt. Schlagersänger W. Hagara.

Willibald (altdt.), zum Ahd. willio = *Wille* + bald = kühn. Populär durch engl. Missionar, den hl. W, der im 8. Jh. nach Deutschland kam, in Eichstätt Kloster gründete. Heute seltener Name. Namensträger: Komponist Christoph W. Gluck (18. Jh.); Schriftsteller W: Alexis (19. Jh., „Die Hosen des Herrn von Bredow").

Willibert (altdt.), zum Ahd. willio = *Wille* + beraht = *glänzend*. Nur vereinzelt gewählt.

Wilm, Wim (dt.), KF zu Wilhelm. Wim bekannt durch TV-Moderator W. Thoelke („Der große Preis“).

Wilmar (altdt.), zum Ahd. willio = *Wille* + man = *berühmt*. Vor allem im norddt. Sprachraum geläufig. NF: Vilmar.

Winfried (altdt.), zum Ahd. wini = *Freund* + fridu = *Schutz* (vor Waffen). Verbreitet als Name des Apostels der Deutschen, des hl. Bonifatius (675–754; Gd.: 5. 6.). Vor allem im süddt. Sprachraum.

Wolf (altdt.), KF von Namen mit Wolf- (Wolfgang, Wolfbert). Auch als selbständiger Name nach dem Tier *Wolf*, das als Sinnbild des Kriegers galt. Durch die gesamte Neuzeit verbreitet, um 1900 vorwiegend im Adel. Heute seltener als Tauf-, meist als Rufname zu Wolfgang oder in Doppelformen: Wolf Gerd, Wolf Günther, Wolf Heinrich, Wolf Horst, Wolf Rüdiger. Am beliebtesten in Wolf Dietrich, Wolf Dieter. Namensträger: WD v. Raitenau (Fürstbischof von Salzburg im 16./17. Jh., durch den die Stadt ihren Barockcharakter erhielt); dt. Schriftsteller WD Schnurre, „Als Vaters Bart noch rot war“).

Wolfbert (altdt.), zum Ahd. *Wolf* + beraht = *glänzend*.

Wolfgang (altdt.), zum Ahd. *Wolf* + gang = *Waffengang, Streit*. (Umkehrung: Gangolf.) Im MA vor allem im süddt. Sprachraum (hl. W. v. Regensburg im 10. Jh., der dem Wolfgangsee den Namen gab, Gd.: 31. 10.). Um 1900 vor allem im Adel beliebt, dann volkstümlich. In den 50er Jahren Modename; heute, wenn auch mit abnehmender Tendenz, im ganzen dt. Sprachraum beliebt. Namensträger: Komponist W. Amadeus

Mozart (1756–1791; „Zauberflöte"); Dichterfürst Johann W. v. Goethe (1749–1832; „Faust"); dt. Schriftsteller W. Borchert (20. Jh., „Draußen vor der Tür"); Dirigent W. Sawallisch; Tenor W. Windgassen.

Wolfhard (altdt.), zum Ahd. *Wolf* + harti = *hart, kühn*. Namensfördernd wirkte im MA der Eremit von Augsburg, hl. W. Heute wieder zunehmend.

Wolfram (altdt.), zum Ahd. *Wolf* + hraban = *Rabe*. Im MA verbreitet durch Parzivaldichter W. v. Eschenbach (um 1200). Im 19. Jh. mit seiner Vorliebe für Ritterdichtung erneuert, zunächst im Adel, später allgemein. Heute beliebt, aber nicht sehr häufig gewählt. Namensträger: dt. Schriftsteller Horst W. Geißler („Der liebe Augustin", zahlreiche Romane, die in der Bodenseegegend und Südtirol spielen; 1893–1983).

Wulf (altdt.), NF zu Wolf.

Wulfila (altdt.), KF zu Wolf. Bekannt durch westgotischen Bischof Wulfila (latinisierte KF = „Wölfchen").

Männliche Vornamen des nordischen Kulturkreises

Arne (nord.), KF zu Namen mit Arn-, auf das ahd. arn = *Adler* zurückgehend. Seit den 1930er Jahren im dt. Sprachraum bekannt, seit Mitte der 1950er Jahre recht verbreitet und besonders beliebt in den 1970er Jahren. Seit Anfang des 21. Jh. wieder häufiger. In Skand. sehr beliebter Vorname, gerne mit anderen Namen kombiniert. Namensträger: dt. Schauspieler und Synchronsprecher A. Elsholtz (*1944; dt. Stimme von Tom Hanks); A. Friedrich (*1979), dt. Fußballspieler.

Arvid, Arved (nord.), = aus (ahd.) arn = Adler + (nord.) vior = Baum, Wald; = Adler des Waldes als Umschreibung für tapferen Krieger. Seit Anfang des 21. Jh. immer beliebter. Namensträger: dt. Autor und Abenteuer A. Fuchs (*1953), der u. a. mit R. Messner zu Fuß eine Expedition zum Südpol unternahm (1989); dt. Jurist und Widerstandkämpfer A. Harnack (1901–1942). NF: Arvit, Arwit, Arwid.

Axel (skand.), nord. Form des hebr. Absalom. Im 19. Jh. mit skand. Literatur bei uns eingeführt. Zunächst im Adel; ab 1960 beliebt. Namensträger: schwed. Reichskanzler A. Oxenstierna (1583–1654); leitete die Regentschaft für Königin Christine); schwed. Arzt A. Munthe (1857–1949); „Das Buch von San Michele"); dt. Verleger A. Springer (1912–1985); dt. Schauspieler und Regisseur A. v. Ambesser (1915–1988); dt. Boxer A. Schulz.

Bengt (schwed.), = Benedikt. Bekannt durch Tierschriftsteller B. Berg (1885–1967). Im Fries, auch als KF zu Bernhard. NF: Bent.

Bertil (schwed.), KF zu Bertold.

Birger (nord.), = *Schützer*, im 20. Jh. aus dem Nord. übernommen.

Bjarne (norweg.), NF zu Björn. Seit Anfang des 21. Jh. gelegentlich im dt. Sprachraum. Namensträger: ehemaliger dän. Radrennfahrer B. Riis (*1964), der 1996 als einziger Skandinavier die Tour de France gewann; B. Mädel (*1968), dt. Schauspieler, verkörperte in TV-Sitcom „Stromberg" Figur des Berthold „Ernie" Heisterkamp.

Björn (schwed.) = *der Bär*. Gilt als moderner Name. Entspricht unserem Bruno. Dän.: Bjarne (nur im norddt. Raum).

Boj, Boje, Boy (fries.), = *der Junge* (so auch im Engl.). Bekannt durch Boy Gobert, Schauspieler, Theaterintendant (Hamburg, Berlin), gest. 1986.

Borries, Börries (niederdt.), KF zu Liborius (Heiliger des 4. Jhs., Schutzpatron v. Paderborn, Gd.: 23. 7.). Namensträger: Bö. v. Münchhausen, Balladendichter (1874–1945; „Lederhosensaga").

Cornelis (niederländ.), NF zu Cornelius.

Dag (skand.), KF zu Dagobert. Bekannt durch UN-Generalsekretär D. Hammarskjöld (1905–1961). Verbreitet durch Romane des Norwegers T. Gulbransson.

Detlef, Detlev (niederdt.), zum Ahd. diot = *Volk* + leib = *Sohn*. Nord. Form des ungebräuchlichen altdt. Namens Dietleib. Bei uns ab 1900 eingebürgert, um 1960 sehr beliebt, gilt heute nicht mehr als modern. Namensträger: dt. Dichter D. v. Liliencron (1844–1909).

Dirk (fries.), KF zu Dietrich. Heute Modename. Größte Verbreitung zwischen 1918 und 1939, aber noch immer unter den ersten 10 Namen. NF: Derk, Dierk. Komiker D. Bach.

Egmont (niederdt.), = Egmund. Verbreitet durch gleichnamiges Schauspiel von Goethe (1788), das das Leben des flämischen Freiheitskämpfers E. gegen den span. Herzog Alba schildert.

Eike, Eiko (fries.), NF von Ekkehard, Egolf. Auch als w Name zulässig (Eike). Bekannt: Schriftsteller E. v. Repkow (Rechtsbuch „Der Sachsenspiegel", 1224).

Enno (fries.), KF zu altdt. Namen mit egin- (Eginhard). Nur im norddt. Raum.

Erich, Erik (nord.), zum nord. ein = *allein* + rik = *mächtig*. Name der schwed. Landesheiligen (12. Jh., Gd.: 18. 5.), daher auch Königsname. Bei uns im 19. Jh. eingeführt mit Ritterromanen, um 1900 im Adel, um 1910 Modename, heute meist in der moderner wirkenden Form Erik. Namensträger: General des 1. Weltkrieges E. Ludendorff; dt. Schriftsteller E. Kästner (1899–1974; „Das doppelte Lottchen"); E. Maria Remarque (1898–1970; „Im Westen nichts Neues"); E. Honecker (ehem. Staatsratsvorsitzender der DDR, † 1994); dt. Schauspieler Erik Ode (Fernsehkommissar, † 1983). Engl.: Eric.

Fiet(j)e (niederdt.), KF zu Friedrich. Als w Name KF zu Friederike.

Finn (nord.), = *der Finne, Angehöriger des finnischen Volkes*. Bis 1990 im Dt. nahezu unbekannt, seit Anfang des 21. Jh. sehr populär. Vor allem in Norddt. sehr beliebt. Namensträger: norweg. Nobelpreisträger für Wirtschaftswissenschaften 2004 F. E. Kydland (*1943); dän. Diplomat F. Olav Gundelach (1925–1981); norweg. Skirennläufer F. Christian Jagge (*1966). NF: Fynn.

Fred (niederdt.), KF zu Friedrich, Alfred, Manfred. Seit ca. 1920 allgemein verbreitet, immer noch häufig. Namensträger: Schlagerkomponist F. Raymond (1900–1954; „Maske in Blau"); Schlagersänger F. Bertelmann.

Frederik, Fredrik (nord.), = Friedrich. Name im dän. Königshaus. Gilt allgemein als modern.

Fridtjof, Frithjof (nord.), zum Ahd. fridu = *Schutz* + nord. ioffor = Fürst. Im 19. Jh. durch Übersetzungen der gleichnamigen Sage bekannt sowie durch norweg. Polarforscher F. Nansen (1861–1930). Andere Erklärung für 2. Bestandteil: Ahd. Wort für *Räuber*.

Ger(r)it (niederdt.), = Gerhard. Bekannt: dt. Dichter G. Engelke (1890–1918). Verbreitung nur im norddt. Sprachraum.

Göran (schwed.), = Jürgen oder Georg. Bei uns nur selten.

Gösta (nord.), = Gustav. Bekannt durch Roman „G. Berling" von Selma Lagerlöf.

Gun(n)ar (nord.), = Günther. Zunehmend bei uns gewählt. Evtl. angeregt durch Schauspieler G. Möller („Ich denke oft an Piroschka") und Island. Dichter G. Gunnarsson (1889–1975).

Gustaf, Gustav (nord.). Mehrere Erklärungsmöglichkeiten: Ahd. gunt = *Kampf* + stafr = *Stütze;* altnord. gudh = *Gott* + stafr; Umbildung des slaw. Gostislaw = *Fremdling* + *Ruhm*. Bei uns seit dem 30-jährigen Krieg, zunächst in ev. Kreisen (Vorbild: Schwedenkönig G. Adolf, 1594–1632). Häufig bis ca. 1900, inzwischen zurückgegangen. Namensträger: dt. Dichter G. Schwab (1792–1850; „Die schönsten Sagen des klass. Altertums"); dt. Erzähler G. Freytag (1816–1895; „Soll und Haben"); österr. Komponist G. Mahler (1860–1911); dt. Schauspieler G. Gründgens (1899–1963; „Faust"); G. Knuth († 1987; „Alle meine Tiere", „Der eiserne Gustav"). NF: Gösta. Franz.: Gustave (Name des Erzählers G. Flaubert (1821–1880, „Madame Bovary"). KF: Gus (bekannt durch Schlagersänger G. Backus).

Ha(a)kon (nord.), zum altnord. Hakwin (wini = *Freund*); nord. Königsname, heute Name des norweg. Erbprinzen H. Magnus.

Hajo (fries.), KF zu Hagen, Hugo, auch zum Doppelnamen Hans-Joachim.

Harald (nord.), zum Ahd. hari = *Heer* + wantan = *herrschen*. Im Norden schon lange volkstümlicher Name, bei uns seit dem 19. Jh. Um 1900 im Adel, heute allgemein verbreitet, lange Zeit unter den ersten 10 Namen. Namensträger: dt. TV-Moderator H. Schmidt; dt. Schauspieler H. Juhnke („Ein Mann für alle Fälle").

Harm, Harms, Harmen (fries.), KF zu Hermann.

Har(r)o (fries.), KF zu Namen wie Harmen, Harbert. Im norddt. Sprachraum vertreten.

Haug, Hauke (fries.). KF zu Namen wie Hugbert, Hugo. Bekannt durch Novelle „Der Schimmelreiter" (Th. Storm, 1888), danach Namen des Hauke-Haien-Kooges in Nordfriesland. Namensträger: dt. Springreiter H. Schmidt.

Heiko (fries.), KF zu Heinrich (auch als KF des Doppelnamens Heinrich Konstantin). Im ganzen dt. Sprachraum verbreitet.

Hein (niederdt.), KF zu Heinrich. Nur selten, da auch als Beiname für den Tod bekannt („Freund Hein"). Bekannt: dt. Boxer H. ten Hoff; Schlagersänger Hein Simons (als „Heintje" bekannter ehemaliger Kinderstar).

Heio (fries.), KF zu Heinrich.

Helge, Helgi (nord.), = *der Gesunde*. Verbreitet durch dän. Tenor H. Rosvaenge (1897–1972), durch altnord. Heldendichtungen. Nicht sehr häufig. Sänger H. Schneider („Katzenklo").

Hendrik, Henrik (niederdt.), zur latinisierten Form von Heinrich, Hendricus. Verbreitet im ganzen dt. Sprachraum. Bekannt: dt. Springreiter H. Snoek; norweg. Dramatiker H. Ibsen (1828–1906; „Peer Gynt"). Poln.: Hendryk.

Henning (niederdt.), KF zu Heinrich. Gilt heute als modern.

Hinnerk (niederdt.), KF zu Heinrich. Im norddt. Sprachraum.

Hinrich (niederdt.), = Heinrich. Vorwiegend in Norddeutschland.

Hoimar (fries.), zum Ahd. hag = *Einfriedung* + mari = *berühmt*. Bekannt durch Naturwissenschaftler H. v. Ditfurth († 1991).

Holger (nord.), zum altisländ. holmi = *Insel* + ger = *Speer*. Name des dän. Nationalhelden H. Danske. Stark zunehmende Verbreitung. Namensträger: ehemaliger hessischer Ministerpräsident H. Börner.

Immo (fries.), KF von Namen mit Irm (Irmbert). Verbreitung durch Freytags Roman „Ahnen" (19. Jh.). Heute nur vereinzelt.

Ingvar, Ingwar (nord.), Name aus dem Altisländ. (*Gott Yngvi* + war = *Hüter*). Gelegentlich gewählt. Russ.: Igor.

Iwar, Ivar (nord.), KF zu Ingwar. Namensträger: schwed. „Streichholzkönig" Ivar Kreuger (1880–1932). Selten gewählt.

Jan (niederdt.), KF zu Johannes. Namensträger: niederländ. Maler J. van Eyck (15. Jh.); finn. Komponist J. Sibelius (1865–1957). Name weiter Verbreitung, zunehmende Tendenz. Namensform auch im Poln., Tschech. KF: Jannik, Jannis.

Jannes (niederdt.), KF zu Johannes. Anfang des 21. Jh. beliebter Name.

Jannick (vermutlich dän.), Form zu Johannes. Genaue Herkunft unklar, vermutlich aber dän. KF zu Jann. Der Name kommt in vielen verschiedenen Schreibweisen vor, wird aber immer gleich ausgesprochen. Die Schreibweise Yannick geht auf das bretonische Yann, einer KF zu Johannes zurück. Erst seit Mitte der 1980er Jahre bei uns gelegentlich vergeben, seither aber immer beliebter. Seit Anfang des 21. Jh. sehr populär. Namensträger: franz. Tennisprofi Y. Noah (*1960); dt. Schauspieler J. Paeth (*1990, „Großstadtrevier"). NF: Janik, Janick, Jannik, Yannick, Yannic, Yannik.

Jannis, Janis (niederdt.), Form zu Johannes. Seit Anfang der 1980er Jahre im Dt. zunehmend beliebt. Es gibt auch eine Form Jānis (mit langem „a"), die aus dem Baltikum stammt.

Jens (fries., dän.), KF zu Johannes. Auch bei uns verbreitet. Bekannt: dän. Dichten J. Peter Jacobson(19. Jh.).

Jörgen (dän.), = Jürgen. Vor allem in Norddeutschland.

Joris (niederdt.-fries.), NF zu Georg oder Gregor. Im Dt. bekannt seit dem 16. Jh., häufiger seit Anfang des 21. Jh. Namensträger: franz. Schriftsteller J.-Karl Huysmann (1884–1907, „Là-Bas" (1890): dt. „Tief unten"); Niederländer J. Ivens (1898–1989), einer der berühmtesten Dokumentarfilmmacher des 20. Jh.; belg. Fußballspieler J. van Hout (*1977).

Jörn (niederdt.), = Jürgen. Verbreitet durch Roman von G. Frenssen „Jörn Uhl" (1901).

Jürg (niederdt.), KF zu Jürgen. Verbreitung vor allem in der Schweiz.

Jürgen (niederdt.), = Georg. Gehört zu den beliebten Namen (in den 50er und 60er Jahren unter ersten 10). Namensträger: TV-Moderator J. v. der Lippe („Geld oder Liebe"); Humorist J. v. Manger („Tegtmeier"), † 1994. Beliebt auch in Form von Doppelnamen: Hans Jürgen (bekannt: Eiskunstläufer H.-J. Bäumler), Klaus Jürgen (bekannt: Schauspieler K.-J. Wussow).

Jürn (niederdt.), KF zu Jürgen. Als Doppelname Jürnjakob (bekannt durch Roman von J. Gillhoff: „J. Swehn, der Amerikafahrer", 1917), Jürnjochen.

Kai, Kaj, Kay (nord.), Name unklarer Herkunft. Wegen Verwechslungsmöglichkeit mit w Namen nur als Doppelname zulässig (Politiker Kai-Uwe v. Hassel). Verbreitung gefördert durch Märchen „Die Schneekönigin" von H. Chr. Andersen. Zunehmend.

Karsten (niederdt.), = Christian. Gilt als modern. NF: Carsten.

Keno (fries.); NF zu ahd. Kuno oder Konrad, = *kühn im Rate*. Namensträger: K. I. tom Brook (1310–1376), erster Häuptling des Brookmerlandes in Ostfriesland.

Kersten (niederdt.), = Christian.

Kimi (finn.), EF zu Kim, der KF zu Joakim, der nord. Form zu Joachim. Seit Anfang des 21. Jh. auch bei uns gelegentlich; vermutlich wegen des sehr erfolgreichen finnischen Formel-1-Rennfahrers K. Matias Räikkönen (*1979), der 2007 zum ersten Mal Weltmeister wurde.

Kla(a)s (niederdt.), KF zu Nikolaus.

Knud, Knut (nord.), zum Ahd. chnud = *waghalsig*. Im Norden verbreitet, in jüngerer Zeit im dt. Sprachraum eingebürgert. Namensträger des als sehr modern geltenden Namens: Dänenkönig K. IV. (11. Jh., Heiliger, Gd.: 19. 1.); norweg. Schriftsteller K. Hamsun (1859–1952; „Viktoria"); dän. Polarforscher K. Rasmussen (1879–1933).

Krister (nord.), KF zu Christian; gilt als modern.

Kristian, Kristof (nord.), nord. Schreibweise für Christian/Christoph.

Lars (nord.), = Laurentius. Zunehmend verbreitet durch Tendenz zu kurzen Namen. KF: Lasse.

Lasse (schwed./norweg.), KF zu Lars, einer nord. Ableitung zu Laurentius = *aus der Stadt Laurentum* oder *mit Lorbeer versehen*. Im Dt. gelegentlich seit dem 14. Jh., seit Anfang des 21. Jh. beliebter Vorname. Namensträger: schwed. Filmregisseur L. Hallström (*1946, der Film „ABBA", „Die Kinder von Bullerbü"; „Schiffsmeldungen").

Laurids, Lauritz (dän.), KF zu Laurentius. Im norddt. Raum verbreitet. Lit.: Roman „Malte L. Brigge" von Rilke (1910).

Leif (nord.), = *Sohn, Erbe*. Bekannt durch L. Erikson, Entdecker von Nordamerika um 1000 n. Chr.

Lennart (nord.), = Leonhard. Namensträger: Graf L. Bernadotte (Hausherr der Insel Mainau).

Lewin (niederdt.), Form zu ahd. Liebwin (liob = *lieb, freundlich* + wini = *Freund*), Seit dem MA belegter Vorname, der Anfang des 21. Jh. bisweilen wieder gewählt wird. Lit. bekannt durch L. von Vitzewitz in Theodor Fontanes Roman „Der Sturm". Namensträger: dt. Schriftsteller und Journalist L. Schücking (1814–1883). NF: Levin.

Lovis, Lowis (niederdt.), = Ludwig. Verbreitet durch dt. Maler L. Korinth, der seinen Namen Louis als Lovis schrieb (1858–1925).

Malte (dän.), KF zum altdt. Helmold (heim = *Schützer* + waltan = *herrschen*). Aus dem Nord. übernommen. Vor allem in Norddeutschland geläufig (Fürstenfamilie von Putbus auf Rügen). Verbreitet auch durch Rilkes Roman „M. Laurids Brigge" (1910).

Marten, Merten, Morten (niederdt., nord.), = Martin. Verbreitung beeinflusst durch eine Figur in Th. Manns Roman „Buddenbrooks" (1901). Im norddt. Sprachraum geläufig.

Mathis (niederdt.), KF zu Matthias. Bekannt durch Hindemiths Oper „M. der Maler“ (1934), die sich um den großen dt. Maler Matthias Grünewald dreht. Selten gewählt.

Mats (schwed.), KF zu Matthias. Im Dt. bekannt seit dem 16. Jh., aber nur gelegentlich. Seit Anfang des 21. Jh. häufiger vergeben. Beliebter Name in Skandinavien. Namensträger: schwed. Tennisspieler M. Wilander (*1964); dt. Fußballspieler M. Hummels (*1988). NF: Mads.

Matti (finn.), = Matthias. Verbreitung, vor allem in Ostdeutschland, durch Brechts „Herr Puntila und sein Knecht M.“ (1948).

Mika (nord.), KF zu Michael und Michaela. Seit Anfang des 21. Jh. häufiger auch im dt. Sprachraum zu finden, vermutlich durch den berühmten Formel-1-Rennfahrer M. Häkkinen (*1968) bei uns populär. Im dt. Sprachraum vor allem als Jungenname verwendet, in Skand. aber auch als w Vorname in Gebrauch. Deshalb ist meist noch ein zusätzlicher eindeutig m Zweitname nötig, bei uns aber auch schon einzeln als Jungenname akzeptiert. Weiterer Namensträger: libanesich-engl. Popsänger und Komponist M. (*1983, berühmt durch erstes Album „Life in Cartoon Motion“; bürgerlicher Name: Mica Penniman).

Ni(e)ls (nord.), KF zu Nikolaus und Cornelius. Lit.: „Die wunderbare Reise des kleinen N. Holgersson mit den Wildgänsen“ (1907) von S. Lagerlöf (verfilmt, im TV). Namensträger: dän. Komponist N. Wilhelm Gade (19. Jh.); dän. Physiker N. Bohr (1885–1962; Atommodell).

Ola (nord.), KF zu Olaf. Lit.: in Kinderromanen „Die Langerudkinder“ von Marie Hamsun.

Olaf, Olav (nord.), = *Nachkomme des göttlich verehrten Urahns.* Häufiger Name, auch bei uns. Namensträger: norw. Ex-König O.; schwed. Politiker Olof Palme (ermordet 1986). Schwed.: Olof, dän.: Oluf.

Ole (nord.), KF zu Ulrich. Verbreitet durch Kinderbücher von A. Lindgren (u. a. „Kinder von Bullerbü").

Onno (fries.), alter fries. Name unklarer Bedeutung.

Pe(e)r (dän.), = Peter. Bekannt durch Sage von P. Gynt (lit.: Ibsen; musikal.: Grieg). Schwed.: Pär.

Piet(er) (niederländ.), Formen für Peter.

Ragnar (nord.), = Rainer. In jüngerer Zeit übernommen.

Rasmus (nord.), KF zu Erasmus. Lit.: A. Lindgren („R., Pontus …").

Roald (nord.), zum Ahd. Rodewald. Namensträger: Polarforscher R. Amundsen (1872–1928; entdeckte Südpol, überflog Nordpol); Schriftsteller R. Dahl („Küsschen, Küsschen"). Verbreitet bei uns.

Sigurd (nord.), nord. Form von Siegward (ahd. sigu = *Sieg* + wart = *Hüter*) oder Siegfried. Im ganzen dt. Sprachraum vereinzelt gewählt.

Sixten (schwed.), zum altnord. sigr = *Sieg* + sten = *Stein.* Wird auch als schwed. Form des Papstnamens Sixtus gedeutet. KF: Sten.

Sören (dän.), = Severin. Im norddt. Sprachraum geläufig.

Sven, Swen (nord.), = *junger Mann.* In neuerer Zeit übernommen, heute sehr beliebt; im ganzen dt. Sprachraum verbreitet. Bekannt: Forscher S. Hedin (1865–1952).

T(h)orald, T(h)oralf (nord.), zum Götternamen *Thor* + elf = *Naturgeist*. Vereinzelt im norddt. Raum.

T(h)orben (nord.), NF zu Thorbjörn. Steigende Beliebtheit.

T(h)orbjörn (nord.), zum *Götternamen Thor* + *Bär*.

T(h)ore (nord.), abgeleitet vom nord. Donnergott Thor. Im 20. Jh. aus dem Nord. entlehnter Vorname. Kommt gelegentlich bei uns vor. Namensträger: dt. Schauspieler T. Schölermann (*1984), bekannt als Christian Mann in der TV-Serie „Verbotene Liebe". NF: Thure, Ture.

T(h)orolf (nord.), zum *Götternamen Thor* + *Wolf*. Im norddt. Sprachraum.

T(h)orsten (nord.), zum *Götternamen Thor* + sten = *Steinwaffe*. Beliebter Name, auch in Ostdeutschland. Verbreitung von Norden nach Süden.

Till (niederdt.), KF zu Dietrich. Im MA verbreitet im norddt. Sprachraum. Bekannt durch Schalk T. Eulenspiegel. Gilt heute als modern; dt. Schauspieler T. Schweiger („Der bewegte Mann"). Wachsende Beliebtheit.

Tönnies (niederdt.), KF zu Antonius.

Ulf (nord., fries.), KF zu Ulfried (ulv = *Wolf*). In jüngerer Zeit aus dem Nord. übernommen.

Uwe (fries.), KF zu Ulfried oder Udebert. Bekannt durch Roman von F. Rose „Heideschulmeister U. Karsten". Vor 1939 sehr beliebt, auch heute unter den ersten 20 Namen, vor allem im norddt. Raum. In Ostdeutschland seit 1970 abnehmend. Namensträger: dt. Fußballspieler U. Seeler (geb. 1936); Schauspieler U. Friederichsen; CDU-Politiker Kai-Uwe v. Hassel.

Vincent (niederländ.), NF zu Vinzenz. Ende des 20./Anfang des 21. Jh. relativ beliebt im dt. Sprachraum. Auch engl., franz. NF zu Vinzenz.

Wyn (fries.), KF zu Winfried (bekannt durch Schlagersänger W. Hoop, eigentlich Winfried Lüssenhop).

Männliche Vornamen aus dem osteuropäischen Kulturkreis

Aljoscha (russ.), KF zu Alexander.

Antek (slaw.), KF zu Anton.

Béla (ungar.), KF zu Adalbert. Name ungar. Könige. Im 20. Jh. erneuert und auch bei uns verbreitet, vor allem durch ungar. Komponisten B. Bartok (1881–1945; Sammlung von Volksliedern, Oper „Herzog Blaubarts Burg"); nicht häufig gewählt.

Bogdan (slaw.), = Gottesgeschenk (entspricht „Theodor"). Zunehmend beliebt bei uns.

Bogislaw (slaw.), entspricht unserem Gottlob. Früher im ostdeutschen Adel häufig, heute selten. NF: Boguslaw.

Bogumil, Bohumil (slaw.), entspricht unserem Gottlieb. Bekannt durch Buch von H. Haärtung „König Bogumil König".

Boleslaw (slaw.), bedeutet *Mehrer des Ruhms*. Namensträger: B. Barlog, Berliner Theaterintendant aus Breslau.

Boris (slaw.), = *Kämpfer*. Verbreitet durch Mussorgski-Oper „B. Godunow" (19. Jh.) sowie durch russ. Dichter und Nobelpreisträger B. Pasternak („Doktor Schiwago"; Nobelpreis 1958) und baltischen Komponisten B. Blacher („Romeo und Julia").

Bei uns relativ große Verbreitung. Tennisstar B. Becker (Wimbledon 1985, 1986 und 1989).

Branko (slaw.), KF von Bronislaw (= *Ruhmbewahrer*). Namensträger: B. Zebec, ehem. Trainer des HSV.

Danilo (slaw.), = Daniel. Verbreitet durch Lehárs Operette „Die lustige Witwe" (Paraderolle des Joh. Heesters als D.). In der Schweiz häufig.

Dimitri(j) (russ.), zum griech. Demetrius = *Sohn der Erdgöttin Demeter*. Lit.: Dramen über den „Falschen D." (sollte den ermordeten russ. Thronfolger ersetzen) u. a. von Schiller, Hebbel. Dadurch gelegentlich auch bei uns.

Dragan, Drago (slaw.), KF zu Dragomir (zu drago = *lieb*). Zunehmend im dt. Sprachraum.

Fedor, Feodor (russ.), = Friedrich oder Theodor. Namensträger: Fjodor Dostojewski, russ. Schriftsteller des 19. Jhs. („Brüder Karamasow"); Fjodor Schaljapin, russ. Bassist des 19./20. Jhs.; dt. Schriftsteller Fedor v. Zobeltitz (1857–1934). NF: Fjodor.

Ferenc (ungar.), – Franz. Namensträger: Dirigent F. Fricsay (1914–1963); vereinzelt im süddt. Sprachraum.

Géza (ungar.), eigentl. türkischer Titel, heute beliebter Name.

Grischa (russ.), KF zu Grigorij = Gregor.

Igor (russ.), = Ingvar. Name gelangte im frühen MA mit Wikingerkaufleuten nach Russland. Verbreitung bei uns beeinflusst durch russ. Komponisten I. Strawinsky (1882–1971; „Feuervogel"); russ. Oper von Borodin „Fürst I."; russ. Violinisten I. Oistrach (geb. 1931); dadurch seit 1960 häufiger gewählt.

Ilja (russ.), = Elias. Seit 1960 bei uns eingebürgert, beeinflusst durch russ. Schriftsteller I. Ehrenburg (1891–1963) und Schauspieler und Moderator I. Richter.

Imre (ungar.), = Emmerich. Bekannt: Operettenkomponist E. Kálmán (1882–1953; „Czardasfürstin", „Gräfin Maritza"); Ungar. Politiker I. Nagy (1956 infolge des Ungarnaufstandes hingerichtet).

Ivan, Iwan (russ.), = Johannes. Bei uns selten. Namensträger: I. Rebroff, dt. Sänger mit russ. Pseudonym (u. a. „Anatevka").

János (ungar.), = Johannes. Mit eingedeutschter Form Janosch auch bei uns vertreten.

Jesko (slaw.), KF zu Jaromir/Jaroslaw. Bedeutet so viel wie mutig, stolz, im Kampf erprobt. Dt. NASA-Wissenschaftler Prof. J. von Putkamer.

Jurek (slaw.), KF zu Juri. Namensträger: dt. Schriftsteller J. Becker.

Juri (slaw.), = Georg. Bei uns verbreitet (wenn auch selten gewählt) durch Roman „Dr. Schiwago" von Boris Pasternak (dt. 1958; Omar Sharif in der Rolle des Juri) und russ. Astronauten J. Gagarin, 1961 als erster Mensch im Weltraum (1934–1968).

Kálmán (ungar.), = Koloman. Name eines ungar. Königs im 11./12. Jh. (Eroberer von Kroatien, Dalmatien). Gelegentlich in Österreich gewählt. Fam.name des Operettenkomponisten Emmerich K. (1880–1953; „Gräfin Maritza").

Karel (tschech.), = Karl. Namensträger: tschech. Sänger K. Gott. Dieselbe Namensform auch im Niederländ. und Dän.

Kasimir (slaw.), = *Friedensstifter*. Verbreitet durch hl. K., Schutzpatron Polens (15. Jh., Gd.: 4. 3.); Name von ungar. und poln.

Königen. Auch Pseudonym des dt. Schriftstellers K. Edschmidt (eigentlich Eduard Schmidt; 1890–1960). Vertreten in kath. Gegenden.

Kolja (russ.), KF zu Nikolai = Nikolaus.

Kostja (russ.), KF zu Konstantin; vereinzelt bei uns.

Ladislaus (slaw.), latinisierte Form von Wladislaw. Name des hl. L., König von Ungarn und Kroatien im 12. Jh., Gd.: 11. 2. Bei uns vorwiegend im Adel gewählt.

Lajos (ungar.), = Ludwig. In Österreich vereinzelt gewählt.

Leonid (russ.), zum griech. Leonidas = *Löwensohn* (Verteidiger der Thermopylen 480 v. Chr.). Verbreitung des – seltenen – Namens durch Sowjet. Politiker L. Breschnew.

Marek (slaw.), = Markus. Bei uns in dieser Form gewählt.

Milan (slaw.), KF zu Miroslaw. Name eines serbischen Königs des 19. Jhs. Vereinzelt bei uns.

Milko, Mirko (slaw.), KF zu Miloslaw, Miroslaw. In der Form Mirko bei uns zunehmend gewählt.

Miloslaw, Miroslaw (slaw.), zum russ. mir = *Friede* + slav = *Ruhm*. Gelegentlich bei uns.

Misch(k)a (russ.), KF zu Michael. Wird bei uns als modern angesehen. Maskottchen „Mischkabär“ bei der Moskauer Olympiade.

Nepomuk (böhmisch), *Ortsname: Pomuk, später Nepomuk*. War der Geburtsort des hl. Johannes, Landespatron von Böhmen (1350–1393), Gd.: 16. 5. Figur des Brückenheiligen (z. B. auf der Karlsbrücke in Prag). Selten gewählt.

Oleg (russ.), = Helge. Wie der w Name Olga = Helga gelangte der nord. Name Helge durch handeltreibende Wikinger nach

Osteuropa. Bei uns selten gewählt. Namensträger: russ. Eiskunstläufer O. Protopopow (Partner von Ludmilla Belousowa).

Rurik (russ.), = Roderich. Bei uns gelegentlich gewählt.

Sándor (ungar.), KF zu Alexander.

Sascha (russ.), KF zu Alexander. Name bei uns immer stärker verbreitet, angeregt durch Tolstois Romane, auch durch persönliche Kontakte mit Trägern dieses Namens infolge der Kriege. Namensvertreter: franz. Schauspieler und Dramatiker S. Guitry (1885–1957); franz. Jazzpianist, Chansonnier, Komponist S. Distel; dt. Filmschauspieler S. Hehn (bekannt durch TV-Serie „Das Traumschiff"). Franz.: Sacha. Dt Popmusiker Sasha (bürgerl. Sascha Schmitz).

Sergej (russ.), = Sergius (altröm. Sippenname). Namensverbreitung durch hl. Sergius (13./14. Jh., Gd.: 7. 10.). Namensträger: S. Prokofieff, russ. Komponist (1891–1953; „Romeo und Julia", „Peter und der Wolf"); russ. Dirigent S. Jaroff, Leiter der Donkosaken; russ. Hochspringer S. Bubka. Bei uns vereinzelt. Franz.: Serge.

Slavko (slaw.), = Ruhm. Verbreitung in Österreich. Bekannt durch S. Avsenik, Leiter der Original Oberkrainer.

Stanislaus, Stanislaw (poln.). Name drückt Ruhm aus. Verbreitung durch hl. St., Bischof von Krakau, poln. Schutzpatron (11. Jh., Gd.: 7. 5.).; auch Name poln. Könige. Bei uns ab 1900 im Adel, heute nur selten. Stanislaw Lem, poln. Philosoph und Science Fiction-Autor.

Tibor (ungar.), zum altröm. Namen Tiberius (röm. Kaiser des 1. Jhs. n. Chr.). Vereinzelt im süddt. Raum.

Václav (tschech.), = Wenzeslaus. Tschech. Schriftsteller und Präsident V. Havel.

Vlado (tschech.), KF zu Wladislaus. Gelegentlich in Österreich.

Wanja (russ.), KF zu Iwan.

Wassili (russ.), zum griech. Namen Basilius (= *königlich*), Name eines Kirchenlehrers aus dem 4. Jh., Gd.: 14. 6. KF: Wasja.

Wenzeslaus (slaw.), latinisierte Form des tschech. Vaclav; Vaclav = *Ruhm*. Verbreitung durch böhm. Patron, den hl. W. (10. Jh.), Vorbild für viele Fürsten; später volkstümlicher Name.

Wladimir (russ.), = *großer Herrscher*. Name entspricht unserem Dietmar (volksetymologisch an das russ. mir = „Frieden" angelehnt; aber mir kommt vom altdt. mari = *berühmt*). Hl. W., russ. Großfürst um 1000, der Christ wurde; dadurch Name zahlreicher russ. Adliger. Auch bei uns vertreten.

Wladislaus (poln.), = Ladislaus. Früher in kath. Gegenden verbreitet, heute selten.

Zoltán (ungar.), = *Sultan*. Häufiger ungar. Name, bei uns selten. Namensträger: Z. Kodály (1882–1967; Freund Béla Bartoks, Sammler von Volksliedern, Komponist des „Psalmus hungaricus").

Männliche Vornamen – außereuropäische Sprachen

Achmed, Ahmed (arab.), Bedeutung: *einer, der es wert ist, dass man ihn preist.*

Ali (arab.), = *der Erhabene;* bekannter Namensträger: amer. Boxer Cassius Clay, der sich selbst den Namen A. gab. Bei uns vereinzelt (auch als KF zu Namen mit Al- wie Alfred).

Caspar (pers.), latinisierte NF zu Kaspar. Seit Anfang des 21. Jh. wieder öfter.

Darius (pers.), lat. Form eines altpers. Namens = *der Mächtige.* Name mehrerer pers. Könige (u. a. D. I., der 490 v. Chr. die Schlacht bei Marathon gegen die Griechen verlor; D. III., der 331 v. Chr. Alexander unterlag). Bei uns vereinzelt. Dt. Fußballspieler D. Wosz.

Kaspar (pers.), vom pers. Gazbar = *Schatzmeister* abgeleitet: Bekannt durch Legende der Hl. 3 Könige K., Melchior, Balthasar. Im MA wurde aus Kaspar unser Kasperle. Gd.: 6. 1. Name seit Anfang des 21. Jh. wieder öfter. Namensträger: Baumeister C. Theyß (Erbauer des Jagdschlosses Grunewald in Berlin); dt. Maler d. Romantik C. David Friedrich (1774–1840); der geheimnisumwitterte K. Hauser (1812–1833); auch Name des Sohnes der Schauspielerin Cornelia Froboess. Lit.: „Suppenkaspar" im „Struwwelpeter" von H. Hoffmann. NF: Caspar. Franz.: Gaspard; ital.: Gasparo; niederdt.: Jasper.

Weibliche Vornamen, nach Kulturkreisen geordnet

Weibliche Vornamen aus dem biblisch-hebräischen Kulturkreis

Abigail, bibl. Name (= *Freude des Vaters*). Verbreitung durch engl. Literatur („Das Glas Wasser" von Scribe, „Hexenjagd" von A. Miller), aber bei uns selten – im Gegensatz zum engl. Sprachraum.

Anna, Name der Mutter Marias (*Anmut, Gottes Gnade*), Gd.: 26. 7. Verbreitung seit den Kreuzzügen, stark angewachsen im späten MA, 16. Jh.; verdrängte dabei den altdt. Namen Anna (w zu Anno). Häufiger Fürstenname (engl. Königin A. Boleyn, Mutter Elizabeths I., 1507–1536; A. Amalie, Großherzogin von Weimar-Eisenach, 1739–1807). Neben Marie heute der beliebteste Frauenname. Namensträger: russ. Tänzerin A. Pawlowa (1882–1931); Schriftstellerin A. Seghers (1900–1983; „Das siebte Kreuz"); ital. Schauspielerin A. Magnam; Opernsängerin A. Moffo. Lit.: „Anna Karenina" (Tolstoi, 1873). Zahlreiche Kose- und Kurznamen (Anni, Ännchen, Anke). Heute beliebt in Doppelnamen (Anna Katharina). Engl.: Ann, franz.: Anne, Anette, slaw. Anja, Anuschka, poln.: Annika.

Dalilah, Delilah, = *die Bestrickende, mit herabfallendem Haar*. Bekannt durch Händel-Oratorium. Vereinzelt bei uns. KF: Daliah (Sängerin D. Lavi).

Debora(h), Richterin und Prophetin im AT = *die Bienenfleißige.* Verbreitet im engl. Sprachraum, bei uns selten. Lit.: Oper von Händel (1733); Novelle „Abdias“ von A. Stifter (1842). KF: Debbie.

Dina(h), in der Bibel Tochter Jakobs, Bedeutung *die Richterin.* Verbreitet im engl. Sprachraum, aber auch bei uns gewählt. Namensträgerin: dt. Schauspielerin D. Hinz. Gilt auch als KF von Bernhardine, Leopoldine.

Elisabeth, = *Gott ist vollkommen.* Nach der Bibel Mutter Johannes des Täufers, dadurch Verehrung (Gd.: 5. 11.). Bei uns populär durch die legendäre hl. E. v. Thüringen (1207–1231; Gd.: 19. 11.; u. a. „Rosenwunder“). Auch in ev. Kreisen verbreitet. Heute vor allem als Zweitname beliebt. Namensträgerinnen: engl. Königinnen E. I. (1533–1603). E. II. (geb. 1926, gegenwärtige Queen); österr. Kaiserin „Sissi“ (1837–1898); russ. Zarin E. I., Gegenspielerin Friedrichs des Großen (1709–1762); dt. Schauspielerinnen E. Bergner, E. Flickenschildt; Sängerin E. Schwarzkopf; Filmschauspielerinnen E. Taylor („Kleopatra“); E. Volkmann; Astrologin E. Teissier („Astro-Show“). Zahlreiche Kurz- und Koseformen. Engl.: Elizabeth, franz.: Isabel, ital. Elisabetta, span.: Isabella, russ.: Jelisaweta, ungar.: Erszébet.

Eva, = *Lebensspenderin.* Name der bibl. Urmutter, dadurch seit MA weite Verbreitung (Gd.: 24. 12.). Populär nach der Reformation. Neu belebt durch Wagner-Oper „Meistersinger“ (1867); lange an Spitzenpositionen, heute zurückgehend. Namensträgerinnen: ungar. Filmschauspielerin E. Bartok; dt. Filmschauspielerin E. Renzi. KF: Ev, Evi. Engl.: Eve.

Gabriela, NF zu Gabriele, seit Mitte des 20. Jh. immer häufiger gewählt. Namensträgerin: G. Sabbatini (*1970), argentinische Tennisspielerin.

Gabriele, w zu Gabriel = *Gott ist stark*. Franz. Heilige (Gd.: 18. 1., 24. 3.), aber Verbreitung erst ab Ende des 18. Jhs. (u. a. Tochter von Wilhelm v. Humboldt, G. v. Bülow, 1791–1887). Verstärkt im 19. Jh., starke Zunahme ab 1920, zwischen 1955 und 1965 z. T. an 1. Stelle; heute wieder leicht abnehmend. Namensträgerinnen: Eiskunstläuferin G. Seyfert (Ex-DDR); dt. Schriftstellerin G. Wohnmann; Berliner Wahrsagerin G. Hoffmann. Franz.: Gabrielle, ital.: Gabriella. KF: Gabi.

Hanna(h), KF von Johanna oder NF von Anna (= *Anmut*). Im AT Mutter Samuels, Frau von Tobias, im NT Prophetin. Name einer Heiligen (Gd.: 2. 10.). Häufig, aber keine Spitzenposition. Namensträgerinnen: dt. Fliegerin H. Reitsch (1. dt. weibl. Flugkapitän 1937); dt. Schauspielerin H. Schygulla („Lili Marleen").

Jakoba, Jakobine, w Form zu Jakob.

Johanna, w zu Johannes. Volkstümlich in Deutschland seit Pietismus (17./18. Jh.). Verbreitet auch durch Heilige (in Frankreich verehrt: hl. J., Gründerin des Salesianerinnen-Ordens im 16./17. Jh., hl. Jungfrau von Orleans, 15. Jh.). Beliebt in Fürstenhäusern. Größte Verbreitung um 1900, heute wieder sehr beliebt. Namensträgerinnen: J. v. Puttkamer, Ehefrau Otto v. Bismarcks (1824–1894); weltbekannte Kinderbuchautorin J. Spyri (1827–1901; „Heidi"); dt. Schauspielerin J. v. Koczian (geb. 1933, auch Kinderbuchautorin, Sängerin „Das bisschen Haushalt"). Ital.: Giovanna, span.: Juana.

Josefa, Josepha, w zu Joseph. Fürstenname vor allem in Süddeutschland. Neu belebt durch Benatzkys Operette „Im weißen Rössl". Heute vor allem in kath. Gegenden. Ital.: Giuseppa.

Josefine, Josephine, EF von Josepha. Namensträgerinnen: J. de Beauharnais, Ehefrau von Napoleon (1763–1814); farbige

Sängerin J. Baker (1906–1975). Vor allem im süddt. Sprachraum. KF: Fin(n)i.

Judith, Ortsbezeichnung = *Frau aus Jehuda*. Bekannt als Töterin des Holofernes (apokryphe Schriften), verbreitet durch Schauspiele um diese Geschichte (Hebbel u. a.). Im MA Name von Fürstinnen, um 1900 häufig als Romanname. In 60er Jahren als modisch angesehen, heute abnehmend. Im frühen MA verwechselt mit altnord. Namen Jutta. Engl.: Judy.

Lea(h), bibl. Vorname hebr. Ursprungs = *die Wildkuh*. In der Bibel war Lea die jüngere Tochter von Laban und Schwester der schönen Rahel. Durch eine List verheiratet Laban Lea statt ihrer Schwester mit Jakob, dem Stammvater der Israeliten in der Thora. Im Dt. ist der Name seit dem 16. Jh bekannt, erfreut sich aber erst seit den 1980er Jahren einiger Beliebtheit und gehört seit Mitte der 1990er Jahre zu den Top 10 der beliebtesten w Vornamen. Aber auch international häufig vergeben, z. B. in Irland. Namensträgerinnen: L. Rabin (1928–2000), Ehefrau des ermordeten israelischen Ministerpräsidenten Jitzchak Rabin; L. Rosh (*1936), dt. Fernsehjournalistin und Publizistin. Franz.: Léa, engl.: Leah.

Magda, KF von Magdalene. Häufiger Name, dessen Verbreitung angeregt wurde durch Sudermanns Drama „Heimat" (1893) und dt. Filmschauspielerin M. Schneider, Mutter von Romy S.

Magdalena, Magdalene, Herkunftsbezeichnung = *Frau aus Magdala* (Beiname jener Maria, die Jesu Auferstehung miterlebte; Gd.: 22. 7.). Name nach der Reformation sehr verbreitet, heute stark zurückgegangen, kaum noch als Rufname. Engl.: Mady, Maud, franz.: Madeleine, ital.: Maddalena, span.: Madalena, nord.: Malene, Malin, slaw.: Alena, Lenka.

Mara(h), aus der Bibel übernommener Name hebr. Ursprungs = *bitter, betrübt*. Lt. dem Buch Ruth in der Bibel nimmt Noemi diesen Namen an, nachdem ihr Gatte Elimelech verstorben ist. Lit. Gestalt von Henry Millers Roman-Trilogie „Sexus. Plexus. Nexus“ (1949/53/69). Namensträgerinnen: M. Kaiser (*1966), dt. Schlagersängerin; M. Wilson (*1987), amer. Schauspielerin (z. B. in „Melrose Place“ oder 1996 Hauptrolle in Danny DeVitos „Matilda“).

Maria, griech. Form des hebr. Namens Mirjam (Bedeutung unklar, *Gott ist mein Herr* oder *Betrübnis*. Verbreitung des Namens über ganz Europa erst relativ spät (starke Marienverehrung verhinderte lange die Wahl). Gd.: 2. 2., 25. 3., 31. 5., 2. 7., 15. 8. (Himmelfahrt Marias), 22. 8., 8. 9., 15. 9., 11. 10., 8. 12. Im 16. Jh. sehr beliebt; nach der Reformation bei Protestanten in der Form Marie. Ab 18. Jh. auch Zweitname für Jungen. Zahlreiche Kurz- und Doppelformen. Häufig als Fürstenname (Maria Stuart, Königin von Schottland, Gegenspielerin Elizabeths I., 1542–1587; österr. Kaiserin M. Theresia, 1717–1780; franz. Königin Marie Antoinette, 1755–1793, auf der Guillotine gestorben). Lit.: Maria Stuart von Schiller (1801). Noch immer im ganzen dt. Sprachraum beliebt, vor allem als Zweitname, aber im S des Sprachraums heute noch an Spitzenpositionen. Namensträgerinnen: Opernsängerinnen M. Callas (1923–1977); M. Cebotari; dt. Schauspielerin M. Schell. Engl.: Mary, franz.: Marie, Marion, Manon, ir.: Maura, ital.: Mariella, nord.: Maren, russ.: Marija, Mascha.

Mariamne, NF von Mirjam. Bekannt durch Ehefrau von Herodes dem Großen (Hebbels Tragödie „Herodes und Mariamne“). Früher vor allem in kath. Kreisen, heute allgemein verbreitet, aber nicht häufig.

Marianne, Doppelname aus Maria und Anna; vermutlich zunächst aus Mariamne entwickelt, aber bald als Doppelname aufgefasst. Verbreitung zunächst in Frankreich (Sinnbild der Franzosen seit 1848), angeregt durch hl. M. Navarre de Guavara (16./17. Jh., Gd.: 17. 4.). Im 18. Jh. auch bei uns beliebt, nach 1945 weit verbreitet, auch heute als modern angesehen. Namensträgerinnen: Goethes Freundin M. v. Willemer (1784–1860); Mozarts Schwester „Nannerl"; dt. Schauspielerinnen M. Hoppe („Effie Briest");M. Koch.

Martha, Marthe, = *Herrin,* Name der Schwester des Lazarus, Gd.: 29. 7. Verbreitung seit der Reformation, sehr beliebt im 19. Jh. (angeregt durch Flotows Oper „Martha", 1847). Lit.: Goethes Faust (1790) und Kleists „Zerbrochener Krug" (1811). Namensträgerinnen: dt. Sängerin u. Schauspielerin M. Eggert; Sängerin M. Mödl. Russ.: Marja.

Michaela, hebr. „Wer ist wie Gott"; w zu Michael. Modename bei uns seit ca. 1940, seit Ende der 70er Jahre leicht sinkend. Verbreitung mit angeregt durch Micaela, Carmens Gegenspielerin in der gleichnamigen Oper von Bizet; Schlager von Bata Illic. Franz.: Michelle (Schauspielerin M. Pfeiffer), Michele (Schauspielerin M. Morgan), ital., span.: Micaela, slaw.: Mihala, Mihalina.

Mirjam, hebr. Form von Maria. Name unklarer Bedeutung (*Gott ist mein Herr* oder *Bitterkeit*). Stetige Zunahme seit 1945, gilt als modern. Finn.: Mirja (Name der Ehefrau von Günther Sachs; Komikerin M. Boes).

Naemi, Naomi, Noemi, Formen eines hebr. Namens = *die Liebliche.* Bibl. Gestalt (Buch Ruth, „Wo du hingehst, da will auch ich hingehen"). Verbreitet in ganz Europa, im dt. Sprachraum als Noemi, im engl. niederländ. als Naomi. Starmodell N. Campbell.

Rachel, Rahel, = *Mutterschaf.* Name der Frau Jakobs, Gd.: 30. 9. Im dt. Sprachraum heute selten, häufig im angloamer. Lit.: „Meine Kusine R." (Daphne du Maurier). Namensträgerinnen: R. Varnhagen-Levin (Salon in Berlin im 19. Jh.); amer. Filmschauspielerin Raquel Welch.

Raffaela, Raphaela, w zu Raffael. Hl. R. im 17. Jh., Gd.: 11. 6. Seit 1960 leicht zunehmend. Im Ital. häufig. Lit.: Roman „Die Oder gluckste vor Vergnügen" von R. Ulrici.

Rebekka, bibl. Name der Mutter Esaus und Jakobs (= *die Bestrickende*). Bei uns bekannt durch Scotts Roman „Ivanhoe" (1819) und Roman „Rebecca" von Daphne du Mauner. Engl.: Rebecca.

Ruth, Buch Ruth im AT („Da wo du hingehst, da will auch ich hingehen, dein Haus soll mein Haus sein"), Bedeutung *Freundschaft.* Gd.: 1. 9. Name bei uns ab 1900 verbreitet, aber keine Spitzenstellung. Namensträgerinnen: Schauspielerinnen R. Leuwenk („Königin Luise"); R.-Maria Kubitschek (Spatzl in „Monaco Franze"); TV-Moderatorin R. Kappelsberger. Skand.: Rut (Ex-Ehefrau von Willy Brandt).

Salome, = *die Friedliche* (bibl. Name der Tochter des Herodias, die sich den Kopf v. Johannes dem Täufer erbat). Verbreitet seit der Reformation, heute nur selten gewählt. Lit.: Drama von Oscar Wilde, Oper von Richard Strauss. Engl.: Sally.

Sara(h), = *Fürstin,* häufig in der Bibel (Abrahams Frau, Isaaks Mutter, auch Tobias' Frau). Name frühchristl. Heiliger. Gd.: 13. 7., 1. 9., 10. 12. Verbreitet in der Reformationszeit, heute durch angloamer. Einfluss zunehmend. Lit.: Lessings Drama

„Miss S. Sampson" (1755). Namensträgerinnen: Schauspielerin S. Bernhardt (1844–1923); Tochter von Winston Churchill; Töchter der engl. Prinzessinnen Margaret und Anne.

Susanna, Susanne, Blumenname = *Lilie*. Apokryphe Geschichte der Frommen S. (S. im Bade) wurde im MA volkstümlich, dadurch weit verbreitet. Auch als Kunstmotiv häufig (Rembrandt, Rubens). Name einer Märtyrerin (Gd.: 11. 8.). Lit.: Goethes „Wilhelm Meister" als Urbild der „Schönen Seele"; Mozarts „Figaros Hochzeit". Um 1900 häufig in Romanen, Schlager („Oh, Su-sanna"). Um 1960 stärkste Verbreitung, auch heute häufig. KF: Sanna, Sanne, Suse, Susi. Engl.: Susan, franz.: Suzanne.

Schoschana, neuere Form für Susanne. Gelegentlich in jüd. Kreisen gewählt.

Tabea, Tabitha, = *Gazelle*. Name breitet sich aus; vor allem in Ostfriesland vertreten.

Zarah, NF zu Sara. Bekannt durch schwed. Schauspielerin, Sängerin Z. Leander (1907–1981; „Heimat", Lied „Ich weiß, es wird einmal ein Wunder geschehen").

Weibliche Vornamen des antiken Kulturkreises

Adriane (lat.), w Form zu Adrian. Verbreitung vor allem in Frankreich durch hl. A. v. Cortona (13. Jh., Gd.: 2. 8.). Franz.: Adrienne (auch bei uns in dieser Form gebräuchlich).

Afra (lat.), = *die Negerin aus Afrika*. Name einer Märtyrerin aus Augsburg (um 300, Gd.: 7. 8.), Patronin von Augsburg sowie der Dirnen. Vereinzelt im süddt. Sprachraum.

Agathe (griech.), = *die Gute*. Name einer Heiligen des 3. Jhs. (Gd.: 5. 2.), die als Patronin der Bergleute gilt (sizilianische Märtyrerin). Im dt. Sprachraum im 19. Jh. volkstümlich geworden, angeregt wohl durch den „Freischütz" (Oper von Carl-Maria v. Weber, 1821). Um 1900 vor allem in kath. Kreisen, heute überall verbreitet, wenn auch nicht häufig. Namensträgerin: engl. Kriminalschriftstellerin Agatha Christie (1890–1976; u. a. „Zehn kleine Negerlein").

Agnes (griech.), Name einer Heiligen, Patronin der Jungfräulichkeit (Märtyrerin um 300, Gd.: 21. 1., 28. 1.). Dadurch Verbreitung im MA, um 1900 dann durch Ritterromane. Heute noch geläufig, aber zurückgegangen (z. B. Name der Tochter der Schauspielerin Cornelia Froboess). Namensträgerinnen: dt. Kaiserin A. v. Poitou (Regentin für Heinrich IV. im 11. Jh.); Augsburger Baderstochter A. Bernauer, die ihre Ehe mit Bayernherzog Albrecht III. 1435 mit dem Tode bezahlen musste (danach Schauspiel von Hebbel, Oper von Orff); dt. Schriftstellerin A. Günther (1863–1911, „Die Heilige und ihr Narr"); dt. Dichterin A. Miegel (1879–1964, „Die Frauen von Nidden").

Alba, Albine (lat.), w Form zu Albin. In der Form Albine in jüngerer Zeit zunehmend.

Alexa, Alexia (griech.), KF zu Alexandra. Wird wieder mehr gewählt. Name der Tochter des griech. Ex-Königspaares.

Alexandra (griech.), w Form zu Alexander. Name zweier Heiliger (ägyptische Einsiedlerin, Gd.: 20. 3.; Kaiserin, Gd.: 21. 4.). Um 1900 im Adel verbreitet, heute im ganzen dt. Sprachraüm. Seit 1960 zu den Modenamen gehörig, seit 1970 sogar an Spitzenpositionen. Namensträgerinnen: letzte russ. Zarin A. Feodorowna (1872–1918); dt. Schlagersängerin

A. (tödlich verunglückt 1967; „Zigeunerjunge“, „Sehnsucht heißt das Lied der Taiga“). Engl.: Alice, ital.: Alessandra (KF: Sandra); auch in diesen Formen bei uns als modern angesehen.

Alix (griech.), KF zu Alexandra. Im 19. Jh. durch Romanliteratur verbreitet. Heute nur vereinzelt gewählt.

Amanda (lat.), w Form zu Amandus (*liebenswert*). Durch Schlager verbreitet und auch heute gelegentlich gewählt. Popstar A. Lear. Engl. KF: Mandy.

Amata (lat.), w Form zu Amatus (*geliebt*). Nur selten. Franz.: Aimée, engl. KF: Amy.

Amelia (lat.), NF zu Amalie (latinisiert). Name von Märtyrerinnen (Gd.: 10. 5., 2. 6.). Auch bei uns verbreitet. Engl.: Amely, franz. Amélie.

Anastasia (griech.), w Form zum (ungebräuchlichen) Anastasius = *die Auferstandene*. Name einer Märtyrerin des 3. Jhs. (Gd.: 25. 12.), deren Reliquie in Benediktbeuren ist. Vor allem bekannt durch das tragische Schicksal der jüngsten Tochter des letzten russ. Zaren (1901–84); evtl. als einzige im Nov. 1918 dem Blutbad in Jekaterinburg entgangen, lebte als Anna Anderson-Manahan. Früher mehr auf kath. Gegenden beschränkt, ist der Name heute allgemein anzutreffen, aber selten. Russ. KF: Nastasja.

Andrea (griech.), w Form zu Andreas. Seit 1960 – ebenso wie der m Name – in Mode, z. T. an Spitzenpositionen. In Anlehnung an die Tochter des Ex-Bundespräsidenten W. Scheel heute auch schon öfters in der Doppelform A.-Gwendolyn gewählt. Namensträgenn: dt. Filmschauspielerinnen A. Rau, A. L’Arronge.

Anemone (griech.), Name einer Blume (*Buschwindröschen*), Grundbedeutung im Griech.: *Wind*. In jüngerer Zeit als Vorname verbreitet (evtl. angeregt durch Roman „Ferienfahrt mit A." von Neumann-Landgraf).

Angela (griech.), w Form zu Angelus (*Götterbote*). Name einer hl. Mystikerin des 14. Jhs. (Gd.: 4. 1.) und der hl. A., die im 16. Jh. den Orden der Ursulinerinnen gründete (Gd.: 31. 5.). Beliebter Name im dt. Sprachraum. Namensträgerin: amer. farbige Revolutionärin A. Davis. Franz.: Angèle (bekannt durch Schlagersängerin A. Durand).

Angelika (griech.), = *engelhaft*. Sehr beliebter Name bei uns, seit ca. 1955 ständig zunehmend. Namensträgerinnen: dt. Malerin A. Kauffmann (1741–1807); junge dt. Schauspielerin A. Milster (im Musical „Cats" in Wien). Lit.: Puccini-Einakter „Schwester Angelica" (1918). Franz.: Angélique (Romanheldin einer Serie von A. und S. Golon).

Antonia, Antonie (lat.), w Form zu Anton. Verbreitung durch hl. A. v. Brescia (Oberin der Benediktinerinnen im 15./16. Jh., Gd.: 11. 3.). Bei uns neubelebt durch Roman „Buddenbrooks" (Th. Mann, 1901) mit der Gestalt der Antonie B. Heute relativ große Verbreitung des Namens. Franz. KF: Antoinette.

Apollonia (griech.), w Form zu Apollonius. Name einer Märtyrerin des 3. Jhs. (Gd.: 9. 2.), Patronin der Zahnärzte. Verbreitung vorwiegend in kath. Gebieten. Dän.: Abelone.

Ariadne (griech.), Name unklarer Bedeutung, bekannt durch die Sage von der minoischen Königstochter, die den Athener Theseus sicher durchs Labyrinth von Knossos (auf Kreta) geleitete („Ariadnefaden"). Ital.: Arianna.

Augusta, Auguste (lat.), w Form zu August. Verbreitet in Fürstenhäusern (u. a. Kaiserin A., Ehefrau von Wilhelm I. 1811–1890; Kaiserin A. Viktoria, letzte dt. Kaiserin, Ehefrau von Wilhelm II. 1858–1921, im Volksmund „Kirchenjuste" genannt). Verbreitung im MA durch Hl. A. v. Treviso (Gd.: 27. 3.).

Aurelia, Aurelie (lat.), w Form zu Aurelius. Name einer Heiligen, im Bodenseegebiet und bei Straßburg verehrt (Gd.: 15. 10.). Um 1825 ausgesprochener Modename, angeregt durch Goethes Roman „Wilhelm Meisters Lehrjahre". Heute nur selten gewählt.

Barbara (griech.), eigentlich Beiname für Nichtgriechin = *die Fremde*. Bei uns verbreitet als Vorname durch Verehrung d. hl. B. (eine der 14 Nothelferinnen, Patronin der Bergleute, der Artillerie, der Waffenschmiede; Gd.: 4. 12. = „Barbaratag", an dem man Zweige in Innenräumen ins Wasser stellen soll, die dann zu Weihnachten blühen). Seit 14. Jh. immer häufig gewählt; heute überall heimisch (früher vorwiegend im Großbürgertum). Gehört im gesamten dt. Sprachgebiet zu den beliebten Vornamen. Namensträgerinnen: dt. Filmschauspielerinnen B. Rütting, B. Valentin, B. Schöne, B. Wussow; engl. Autorin B. Cartland. Franz.: Barbe, nord.: Barbro, russ.: Warwara.

Beata, Beate (lat.), w Form zu Beatus = *die Glückliche*. Name mehrerer Heiliger (Gd.: 8. 3., 29. 6., 6. 9.). Heute sehr beliebt. Namensträgerinnen: dt. Schauspielerin und Kabarettistin B. Hasenau.

Beatrix (lat.), = *die Glücklichmachende*. Seit dem 12. Jh. verbreitet als Name einer Heiligen. Heute wieder sehr beliebt, evtl. mit angeregt durch die niederländ. Königin. Ital.: Beatrice.

Benedikta, Benedikte (lat.), w Form zu Benedikt (= *die Gesegnete*). Verbreitung des heute selten gewählten Namens durch Heilige (Gd.: 4. 1., 27. 6., 8. 10.). Franz.: Benedicte, ital.: Benedetta, span.: Benita, nord.: Bengta.

Benigna (lat.), = *die Gütige*. Name einer Heiligen (Gd.: 20. 1.), die in Breslau sehr verehrt wurde. Heute vor allem in der Schweiz gebräuchlich. KF: Nina.

Berenike (griech.), Bedeutung: pherein = *bringen*, nike = *Sieg*; = *die Siegbringerin*. Bekannt geworden im Hellenismus durch die Witwe eines Offiziers von Alexander dem Großen und Gattin des ägyptischen Königs Ptolemaios I. Durch Berenike, der Schwester von Herodes Agrippa I., fand der Name im jüd. Königshaus Aufnahme und wird in der Apostelgeschichte erwähnt. Von hier wird der Name im 17. Jh. von engl. Puritanern übernommen und durch literarische Bearbeitungen (z. B. „Bérénice", Drama von Jean Racine; „Tite et Bérénice", Drama von Pierre Corneille) in Frankreich populär. Im dt. Sprachraum erst seit dem 20. Jh., im 21. Jh. zunehmend beliebter. Nach Berenike ist auch ein Sternbild benannt. Engl.: Bernice, franz.: Bérénice.

Blanda, Blandine (lat.), = *die Liebreizende*. Verbreitet durch Märtyrerin des 2. Jhs. (Gd.: 2. 6.). Bekannt bei uns durch Schauspielerin Blandine Ebinger.

Blanka (lat.), = *die Blonde*. Heute vor allem in der Schweiz vertreten. Auch Name einer Heiligen von Kastilien (Regentin Frankreichs für ihren Sohn Ludwig den Heiligen; 1188–1252, Gd.: 2. 12.).

Bonifatia (lat.), w Form zu Bonifatius. Sehr selten gewählt.

Brigida (lat.), latinisierte Form der ir. Bridget (= Brigitte).

Cäcilie (lat.), altröm. Sippenname zum lat. caecus = *blind*. Verbreitet durch Märtyrerin des 3. Jhs., Patronin der Dichter, Sänger und Musiker (Gd.: 22. 11.), die von Raffael dargestellt, von Händel und Kleist literarisch behandelt wurde. Heute nicht mehr sehr häufig. Namensträgerin: letzte dt. Kronprinzessin. Engl.: Cecily, Cecilia (KF: Cilly), franz.: Cécile (bei uns bekannt durch gleichnamigen Roman von Th. Fontane, 1884).

Camilla (lat.), w Form zum Namen Camillus. Wohl etruskischer Herkunft = *adeliges Mädchen als Altardienerin*. Lit. in Stifters Novelle „Zwei Schwestern“ (1846). Um 1900 begann Verbreitung des Namens, der heute als modern gilt. Namensträgerinnen: dt. Filmschauspielerin C. Horn; tödlich verunglückte Hochseilartistin C. Meyer. Ehefrau von engl. Prinz Charles. Franz.: Camille.

Candida (lat.), zu candidus = *weißglänzend* (im Frühchristentum Bezeichnung für *Täufling*). Bekannt durch gleichnamiges Schauspiel von G. B. Shaw (1898), wird heute als modern angesehen.

Charis (griech.), = *Anmut*. Vor allem im engl. Sprachraum bekannt. EF: Chariklia (Name der Boulevardschauspielerin Ch. Baxevanos).

Chloe (griech.), = *junges Grün, junger Schoss, junges Mädchen*. In der griech. Mythologie Beiname der Erdgöttin Demeter. Durch den antiken Liebesroman „Daphnis und Chloe“ von Longos hielt der Name in die Literatur des Barock und Rokoko Einzug. Heute wieder im dt. Sprachraum häufiger. Namensträgerin: amer. Schauspielerin C. Devigny (*1974), die für ihre Rolle als Lana Tisdel in „Boys Don’t Cry“ (1999) für den Oscar und den Golden Globe nominiert war. Franz. NF: Chloé.

Christiane (lat.), w Form zu Christian. Verbreitung des Namens durch mehrere Heilige (Gd. der Hl. Chr. v. Georgien: 24. 7.). Im 18. Jh. sehr beliebt (u. a. Name der Ehefrau Goethes, Chr. Vulpius, 1765–1816). Heute nimmt die Beliebtheit wieder stark zu. Namensträgerinnen: dt. Schauspielerinnen Chr. Hörbiger (Tochter von Paula Wessely und Attila H.), Chr. Krüger (Tochter von Hardy K.), Chr. Rücker.

Christina, Christine (lat.), NF zu Christiane. Name einer franz. Dichterin des 14./15. Jhs.; der Tochter des Schwedenkönigs Gustav Adolf (Königin Chr. von Schweden, 1626–1689). Dadurch in ganz Europa verbreitet und beliebt. Heute Modename, auch in der nord. Form: Kristina.

Clara (lat.), zum lat. clarus = *berühmt*. Verbreitet durch hl. C. v. Assisi, Stifterin des Ordens der Klarissen (12./13. Jh., Gd.: 12. 8.), Schutzhelferin der Gebärenden. Im 19. Jh. stark verbreiteter Vorname, um 1900 Modename, dann bis Mitte der 1980er Jahre aus der Mode gekommen. Seit Anfang des 21. Jh. wieder unter den beliebtesten Mädchennamen zu finden. Namensträgerinnen: Pianistin C. Schumann-Wieck, Ehefrau von Robert Sch. (1819–1896); kommunistische Politikerin C. Zetkin (1857–1933; Alterspräsidentin des Reichstages). Lit.: „Clärchen" (KF) in Goethes „Egmont" (1788); „Cläre" in Tucholskys „Rheinsberg". Engl.: Clare, franz.: Claire (eingedeutscht zu Cläre), ital.: Chiara, niederländ.: Claartje.

Clarissa (lat.), EF zu Clara. Im 19. Jh. im dt. Sprachraum verbreitet durch Roman von S. Richardson (in engl. Form Clarice).

Claudia (lat.), w Form zu Claudius. Name mehrerer Märtyrerinnen; aber im dt. Sprachraum setzte Verbreitung erst nach dem 1. Weltkrieg ein. Heute nimmt der Name Spitzenpositionen ein. Namensträgerinnen: ital. Filmstar C. Cardinale; Topmodel C. Schiffer. Lit.: in „Novellen um C." von A. Zweig, 1912.

Clementine (lat.), EF zu Clementia, der w Form von Clemens. Clementia ist Name zweier Heiliger (Gd.: 12. 4., 21. 3.). Vorwiegend in kath. Gebieten verbreitet. Bekannt im ganzen dt. Sprachraum: Fernsehwerbung von Ariel mit „Clementine" (Schauspielerin Johanna König).

Constanze (lat.), NF zu Konstanze.

Cora (lat.), KF zu Cordelia, Cordula.

Cordelia (lat.), NF zu Cordula. Bekannt durch Shakespeares „König Lear", dadurch vereinzelt bei uns gewählt.

Cordula (lat.), zum lat. cor = *Herz* (Verkleinerung, also eigentlich *Herzchen*). Nach anderer Deutung zum griech. Kora (dann besser als Kordula). Weit verbreiteter Name.

Corinna (lat.), EF zu Cora oder zum altgriech. Kora. Name bekannt durch altgriech. Sängerin C. (besser: Korinna). Lit.: in Fontanes Roman „Frau Jenny Treibel" (1892). Name gilt als modern, ist relativ häufig. NF: Corinne (bekannt als Name der Schwester der Schauspielerin Lieselotte Pulver sowie der franz. Schlagersängerin C. Hermes, Siegerin des Grand Prix d'Eurovision 1983 in München mit „La vie est cadeau").

Cornelia (lat.), w Form zu Cornelius. Seit dem Humanismus verbreitet aus Verehrung der röm. Patrizierin C, der Mutter der beiden Gracchen (Brüder im 2. Jh. v. Chr.). Auch Name von Goethes Schwester. Heute im ganzen dt. Sprachraum sehr beliebt. Namensträgerinnen: dt. Schauspielerin C. Froboess. Franz.: Cornelie (Name der Tochter des tödlich verunglückten

Preußenprinzen Louis Ferdinand jun. und seiner Frau Donata). Beliebte KF: Conni, Conny.

Cosima (griech.), = *die Geschmückte* zum griech. kosmos = „Ordnung, Schmuck". Bekannt als Name der Tochter von F. Liszt, in erster Ehe mit Hans v. Bülow, in zweiter mit Richard Wagner verheiratet. Schauspielerin C. v. Bülow.

Crescentia (lat.), zum lat. crescere = *wachsen*. Als Name von Märtyrerinnen (u. a. hl. C, Amme des hl. Veit, um 300, Gd.: 15. 6.) vor allem im süddt. Sprachraun verbreitet (wesentlich angeregt durch Selige C. v. Höß aus dem 18. Jh., Gd.: 5. 4.). KF: Zenzi.

Cynthia (griech.), Herkunftsbezeichnung, *Beiname für die Göttin Artemis* (die vom *Berg Kynthos* auf der Insel Delos stammt). Bei uns nur selten, häufig im engl. Sprachraum. Lit.: in Roman „Der Arzt Gion" v. H. Carossa (1931).

Daphne (griech.), Name einer *Baumnymphe (des Lorbeerbaumes)*, die nach der Sage der Verfolgung durch den Gott Apoll nur dadurch entging, dass sie in einen Baum verwandelt wurde (Oper von R. Strauss). Bei uns vereinzelt gewählt. Namensträgerin: Schriftstellerin D. du Maurier (1907–1989; „Die Bucht der Franzosen").

Delia (griech.), Ortsbezeichnung = *von der Insel Delos stammend* (Beiname der griech. Göttin Artemis). Heute häufiger gewählt.

Desideria (lat.), = *die Ersehnte*. Bekannt durch latinisierten Namen der Schwedenkönigin Desirée Bernadotte.

Diana (lat.), Name der röm. Göttin der Jagd (im Griech. entspricht ihr Artemis). Seit der Renaissance im dt. Sprachraum verbreitet, auch durch Romane. Auch KF des niederländ. Namens

Adriana. Im ganzen dt. Sprachraum sehr beliebt. Namensträgerinnen: D. de Poitiers (1499–1566, Mätresse des franz. Königs Heinrich II., die ihn in der Hugenottenverfolgung bestärkte); D., Prinzessin von Wales (seit 1981 mit Prinz Charles verheiratet, bekannt als „Lady Di"); dt. Schauspielerin D. Körner; Sängerin D. Ross; engl. Filmschauspielerin D. Rigg (TV-Serie „Mit Schirm, Charme und Melone").

Dido (griech.), im altröm. Epos „Aeneis" Name der Karthagerkönigin, der Geliebten des Aeneas.

Donata (lat.), = *die Geschenkte.* Bekannt durch Preußenprinzessin D., Ehefrau des tödlich verunglückten Prinzen Louis Ferdinand jun.; dt. Schauspielerin D. Höffer („Berliner Antigone", „Die zweite Vertreibung aus dem Paradies"), Auch Name von Märtyrerinnen (Gd.: 4. 2., 12. 2.).

Doris (griech.), 2 Deutungen: als KF zu Dorothea oder als Ortsangabe = *die Dorerin* (Name eines griech. Volksstammes). Im 18. Jh. Verbreitung durch Schäferdichtung. Heute im dt. Sprachraum allgemein häufig, nur in der Schweiz stark rückläufig. Namensträgerinnen: dt.-amer. Filmschauspielerin D. Day (u. a. in „Bettgeflüster" mit Rock Hudson); dt. Filmschauspielerin D. Kunstmann („Nesthäkchen").

Dorothea (griech.), *das Gottesgeschenk* (entspricht dem Namen Theodora, in dem die Teile umgekehrt gekoppelt sind). Name verbreitet durch hl. D. (Märtyrerin des 3. Jhs., Gd.: 6. 2.); Mystikerin D. v. Montau (14. Jh., Gd.: 25. 6., 30. 10.), die als Patronin Preußens vor allem im östl. Deutschland verehrt wird. Auch das Vorbild der Sophie D., Ehefrau vom Großen Kurfürsten, trug zur Verbreitung des Namens bei. Erneuert wurde seine Beliebtheit durch Goethes Epos „Hermann und

D." (1798). Daher starke Verbreitung im 19. Jh. (u. a. D. Schlegel, Tochter von M. Mendelssohn, Ehefrau von Fr. Schlegel). Heute ebenfalls häufig gewählt. Engl. Dorothy (KF: Dolly), franz.: Dorothée (auch bei uns in dieser Form verbreitet), russ.: Dorofeja.

Dorothee (lat.), NF zu Dorothea. Namensträgerin: dt. evangelische Theologin D. Sölle (1929–2003).

Emanuela (griech.), w Form zu Emanuel. Stärker allerdings verbreitet: KF Manuela. Franz.: Emmanuelle.

Emerentia (lat.), = *würdig*. Durch Verehrung der hl. E. (um 300, Gd.: 23. 1.), vor allem im süddt. Sprachraum, der Schweiz verbreitet.

Emerita (lat.), = *verdienstvoll*. Vor allem in der Schweiz.

Eugenia, Eugenie (griech.), w Form zu Eugen. Name von Heiligen (u. a. hl. E., Tochter der hl. Odilia, 8. Jh., Gd.: 16. 9.; Märtyrerin E., Gd.: 25. 12., lit. bei G. Keller). Name im 19. Jh. häufiger, heute nur selten gewählt. Namensträgerinnen: franz. Kaiserin Eugenie, Ehefrau von Napoleon III. (1826–1920); dt. Romanschriftstellerin E. Marlitt (1825–1887; Romane in der Gartenlaube veröffentlicht, viel gelesen).

Eulalia (griech.), = *die Beredte*. Bekannt durch hl. E., Schutzpatronin von Barcelona (Gd.: 12. 2.), dadurch in Südspanien verbreitet; da ihre Reliquien in Breslau sind, wurde der Name auch bei uns bekannt, wird aber normalerweise nicht gewählt.

Eusebia (griech.), w Form zu Eusebius. Selten gewählt.

Felicitas, Felizitas (lat.), w zu Felix (felicitas im lat. = *das Glück*). Verbreitung des Namens durch hl. F., Märtyrerin des 2. Jhs. (Gd.: 26. 3.), deren Gebeine in Deutschland ruhen.

Zunächst vorwiegend im Adel, häufig auch als Romanname. Später allgemein verbreitet. Heute nicht mehr häufig gewählt. Namensträgerin: Pseudonym eines Schriftstellers im 19./20. Jh.: F. Rose (Heimatromane wie „Heideschulmeister Uwe Karsten").

Fides (lat.), = *Glaube* (als christl. Kardinaltugend). Name einer Heiligen (Gd.: 6. 10.), die vor allem in der Schweiz und im Elsass verehrt wird. Seit 1900 als Romanname bekannt, heute vorwiegend in kath. Gebieten. Namensträgerin: F. Krause-Brewer (politische Kommentare im TV).

Flora (lat.), Name der *röm. Blumengöttin* (zu flos = „die Blume"). Durch W. Scotts Roman „Ivanhoe" im 19. Jh. im dt. Sprachraum verbreitet. In Italien bekannt als Name mehrerer Märtyrerinnen. Heute nur vereinzelt gewählt.

Florentine (lat.), EF zu Flora, w Form zu Florens. Heute selten.

Florenze (lat.), w Form zu Florenz. Franz.: Florence, span.: Florencia, ital.: Fiorenza.

Floriane (lat.), w Form zu Florian. Seit dem 17. Jh. im Dt. belegt. Namensträgerin: F. Daniel (*1971), dt. Schauspielerin. NF: Floriana, franz.: Florianne.

Franziska (lat.), latinisierte Form von Francesca (w zu Francesco). Name einer Heiligen des 14./15. Jhs., der Stifterin der Benediktineroblatinnen (Gd.: 9. 3.), Patronin der Kraftfahrer. Im 18. Jh. wurde der Name beliebt durch Lessings Schauspiel „Minna von Barnhelm" (1767) als Name der Zofe. Lit. auch bei W. Raabe (in „Der Hungerpastor"), Wedekind (gleichnamiges Drama von 1911). Heute nach wie vor relativ häufig gewählt. Namensträgerin: dt. Starschwimmerin F. von

Almsick. Engl.: Frances (bekannt als Name der engl. Schriftstellerin F. Burnett, „Der Kleine Lord").

Genia (griech.), KF zu Eugenia. Bei uns vereinzelt als Taufname gewählt.

Georgia (griech.), w Form zu Georg. Name einer Märtyrerin des 5. Jhs. (Gd.: 15. 2.). Relativ selten bei uns, häufig im engl. Sprachraum. EF: Georgine.

Gloria (lat.), = *der Ruhm*. Im dt. Sprachraum nicht sehr häufig gewählt, dagegen verbreitet im engl. Sprachraum. Namensträgerinnen: amer. Millionärin G. Vanderbilt; G. v. Thurn u. Taxis. – Amer. Popsong „Gloria" der Gruppe Them; Schlager von Lena Valaitis).

Helena, Helene (griech.), Name unklarer Bedeutung. Evtl. in Zusammenhang mit Sonnengott Helios. Bekannt durch griech. Sage um die schöne H., die den trojanischen Krieg auslöste (Homer). Populär auch durch Offenbachs Operette (1864). Verbreitung des Namens im MA durch hl. H., die Mutter Kaiser Konstantins des Großen (3./4. Jh., Gd.: 18. 8.), die Christi Kreuz gefunden haben soll. Im 19. Jh. in der Form Helene Modename (zahlreiche KF), heute stärker als „Helena" verbreitet (aber beide Formen nicht mehr häufig). Namensträgerinnen: dt. Frauenrechtlerin H. Lange (1848–1930); Schauspielerinnen H. Thiemig (1889–1974, Ehefrau von Max Reinhardt); H. Weigel (1889–1974, Ehefrau von Bert Brecht). Lit.: Homer, Offenbach; ins Lächerliche gezogen: W. Buschs „Fromme Helene" (1872). Engl.: Helen, franz.: Hélène, ital., span.: Elena, ungar.: Ilona, russ.: Jelena, poln.: Halina.

Hera (griech.), Gattin des Zeus. Dt. Autorin H. Lindt.

Hilaria (lat.), w Form zu Hilarius. Name einer Heiligen und Märtyrerin des 3. Jhs. (Mutter der hl. Afra, von Holbein dargestellt, Gd.: 12. 8.), die vor allem im süddt. Raum verehrt wird. Engl. Hilary. Ehefrau v. EX-US-Präsident Clinton.

Hortense, Hortensia (lat.), altröm. Sippenname zu lat. hortus = *der Garten*. Verbreitet (aber nicht häufig gewählt) durch H. de Beauharnais, Stieftochter Napoleons (1738–1837; in franz. Form Hortense).

Ignatia (lat.), w Form zu Ignatius. Selten gewählt, nur in kath. Kreisen.

Innozentia (lat.), w Form zu Innozenz. Gelegentlich in kath. Gebieten. KF: Zenzi.

Ira (griech.), KF zu Irene. Name bei uns nicht selten gewählt, wohl in Anlehnung an Prinzessin I. v. Fürstenberg, deren Name allerdings nichts zu tun hat mit dieser KF (sie heißt Virginia Carolina Theresa Pankracia Galdina).

Irene (griech.), = *der Frieden*. Name der griech. Friedensgöttin. Beliebt und verbreitet durch Verehrung einer röm. Märtyrerin (Gd.: 21. 2.). Im MA bevorzugt als Name von Fürstinnen, zum Beispiel im byzantinischen Kaiserhaus. Mit der Heirat der byzantinischen Prinzessin I. im 12. Jh. mit König Philipp v. Schwaben gelangte der Name in unseren Sprachraum. Im 19. Jh. neubelebt, u. a. durch Wagners Oper „Rienzi" sowie zahlreiche Romane. Um 1900 vor allem in Adelskreisen gewählt. Heute wieder als modern angesehen. Namensträgerinnen: griech. Prinzessin, Schwester von Ex-König Konstantin; dt. TV-Ansagerin I. Koss; dt. Ballettmeisterin I. Mann; dt. Skiläufenn I. Epple, Ehefrau v. Theo Waigel. Engl.: Ireen (bekannt bei uns durch engl. Schlagersängerin I. Sheer,

„Feuer“), franz. Irène, slaw.: Irena, Irina (in dieser Form bei uns auch beliebt).

Iris (griech.), Name der griech. Götterbotin, deren Symbol der *Regenbogen* ist (daher Iris = Regenbogenhaut im Auge). Auch als *Pflanzenname* bekannt. Seit 1920 zunehmend gewählt, heute im gesamten dt. Sprachraum verbreitet, nachdem der Name im 18. und 19. Jh. durch nord. Schäferpoesie bekannt wurde; dt. Schauspielerin I. Berben.

Isadora, Isidora (griech.), w Form zu Isidor (Bedeutung: *Geschenk der Iris*). Bekannt durch amer. Tänzerin I. Duncan (1878–1927).

Jolanda, Jolanthe (griech.), Blumenname = *Veilchen*. Als Name von Fürstinnen im MA verbreitet. Heute in der Form Jolanda in der Schweiz vertreten, als Jolanthe in Norddeutschland, aber nur vereinzelt gewählt. Abgewertet als Rufname bei uns durch Komödie von August Hinrichs „Krach um Jolanthe“ (auch als „Schweinskomödie“ bekannt).

Julia, Julie (lat.), w Form zu Julius (altröm. Sippenname). Verbreitet durch Verehrung zweier Märtyrerinnen (Gd.: 22. 5., 21. 8.), aber vor allem durch Shakespeares Drama „Romeo und Julia“ (1595), das häufig verarbeitet wurde (Gounod, Prokofieff, G. Keller, 1856). Lit. auch bedeutend: Strindbergs „Fräulein Julie“ (1888). Heute zu den beliebtesten Namen im dt. Sprachraum zählend (Modename). Namensträgerin: Opernsängerin J. Migenes; Schauspielerin J. Roberts („Pretty Woman“). Abwertende Form: Jule. Engl.: Juliet, Gill, franz.: Julie, ital.: Giulia.

Juliana, Juliane (lat.), EF zu Julia. Verbreitung durch Märtyrerin (Gd.: 16. 2.) und Heilige des 3. Jhs. (Gd.: 5. 4.). Heute bei uns sehr beliebt. Namensträgerin: niederländ. Ex-Königin. Engl.: Gillian, franz. Julienne, ital.: Giuliana, russ.: Ulana.

Karola (lat.), latinisierte Form zum dt. Namen Karla (w für Karl, latinisiert Karolus). Um 1900 im Adel verbreitet, auch häufig in Romanen. Heute allgemein häufig gewählt. NF: Carola.

Karoline (lat.), EF zu Karola. Seit 16. Jh. als Vorname bekannt. Verbreitung gefördert durch Strafgesetz Kaiser Karls V. die sogenannte „Carolina" (1532) und geographische Bezeichnungen (Inselgruppe der Karolinen war bis 1914 dt. Kolonie; US-Staaten North- and South-Carolina). Auch Name einer Heiligen C. de Seyn (Zisterzienserin, Gd.: 29. 1.). Sehr häufig im 18. Jh. (u. a. Theaterprinzipalin K. Neuberin; Landgräfin v. Hessen; K. v. Schelling, die dt. Romantiker um sich versammelte; dt. Dichterin K. v. Günderode). Daher auch im 19. Jh. häufig, Anfang des 20. Jhs. stark zurückgegangen, heute wieder sehr im Kommen. Engl.: Caroline, Carol.

Kassandra (griech.), nach der griech. Sage Prophetin, Tochter des trojanischen Königs Priamos, die vergeblich die Trojaner vor der Gefahr warnte, die vom „Trojanischen Pferd" drohte (daher: „Kassandrarufe", nämlich solche, die nicht gehört werden). In letzter Zeit ist ein Ansteigen in der Beliebtheitsstatistik zu verzeichnen. Engl.: Cassandra.

Katharina (griech.), zum griech. Wort für *rein*. Im MA weit verbreitet durch hl. K. v. Alexandria (um 300, Patronin der Philosophen; Gd.: 25. 11.) und hl. K. v. Siena (14. Jh., Patronin Italiens, Gd.: 30. 4.). Häufig auch als Fürstenname (bedeutend: Zarin K. die Große, 1729–1796; dt. Prinzessin, eventuell natürliche Tochter des Preußenkönigs Friedrich des Großen). In ev. Kreisen starke Verbreitung durch K. v. Bora, Ehefrau Martin

Luthers (1499–1552). Stark verbreitet im 19. Jh., auch angeregt durch Shakespeares Drama „Der Widerspenstigen Zähmung" (1594; danach das Musical „Kiss me, Kate"). W. Hauff kennzeichnete den Namen als typischen Bedienstetennamen. Lit. auch bekannt durch Zuckmayers Schauspiel „K. Knie" (1929). Heute häufig gewählt, mit deutlich zunehmender Tendenz. Namensträgerin: K. Witt, erfolgreiche Eiskunstläuferin d. ehem. DDR; Katherina (NF) Jacob, Schauspielerin, Tochter v. Ellen Schwiers. NF: Katharine. Engl.: Catherine, Kathleen, franz.: Catherine (franz. Schauspielerin C. Deneuve), ital.: Caterina (bekannt durch Sängerin C. Valente), span.: Catalina, slaw.: Jekatenna, Katerina, nord.: Karen, Karina.

Klara (lat.), NF zu Clara. Um 1900 Modename, danach bis Mitte der 1980er Jahre aus der Mode gekommen. Mit dem beginnenden 21. Jh. wieder unter den beliebtesten w. Vornamen zu finden.

Klarissa (lat.), dt. Schreibweise zu Clarissa.

Konstantina (lat.), w Form zu Konstantin. Gelegentlich im dt. Sprachraum. NF: Konstantine.

Konstanze (lat.), eingedeutschte Form zum lat. constantia = *Standhaftigkeit*. Im MA verbreitet durch Ehefrau des dt. Kaisers Heinrich VI. Tochter des Königs von Sizilien, Mutter des dt. Kaisers Friedrich II., deren Grabmal in Palermo ist. Auch als Heiligenname bekannt (besonders verehrt: hl. Constantia, Tochter Kaiser Konstantins des Großen im 4. Jh., Gd.: 25. 6.). Name auch von Mozarts Ehefrau (C. Weber). Lit.: in Mozarts Singspiel „Die Entführung aus dem Serail" (1782). Um 1900 häufig in Romanen. Vorwiegend in ev. Kreisen. Heute zunehmend gewählt.

Kora (griech.), Beiname der Göttin Persephone = *Mädchen*. Andere Deutung: KF zu Cordelia, Cordula, Cornelia.

Korinna (griech.), EF zu Kora. NF: Corinna. Verbreitet durch altgriech. Sängerin K., deren Sängerwettstreit mit dem Dichter Pindar Geschichte machte. Franz.: Corinne.

Lätitia (lat.), zum lat. Wort für *Freude*. Bei uns nur selten gewählt, häufiger im engl. Sprachraum.

Laurentia, Laurenzia (lat.), w Form zu Laurentius. Häufiger im oberdt. Raum, in der Schweiz. Engl.: Laure(e), franz.: Laurence.

Lavinia (lat.), Herkunftsname = *Frau aus der Stadt Lavinium*. In der Sage bekannt: Tochter des Königs von Latium (Landschaft um Rom), Ehefrau des Aeneas. Bei uns vereinzelt; häufig in der Schweiz und im angloamer. Sprachraum.

Leontine (lat.), EF zum m Namen Leo. Um 1900 verbreitet als Vorname, vor allem in jüd. Kreisen. Heute selten geworden. Engl.: Leontyne (bekannt durch amer. Opernsängerin L. Price, geb. 1927).

Lia (lat.), KF zu Julia. Gelegentlich bei uns, u. a. bekannt durch L. Wöhr vom Hessischen Rundfunk († 1994, Wirtin im „Blauen Bock“).

Liane (lat.), KF zu Juliane. Im 19. Jh. verbreitet durch Roman „Titan“ von Jean Paul. Heute oft in Beziehung gesetzt zu tropischen Schlingpflanzen. Seit 1920 im dt. Sprachraum verbreitet. Namensträgerin: österr. Schauspielerin L. Haid.

Livia (lat.), altröm. Sippenname, bekannt durch Ehefrau des röm. Kaisers Augustus. Um 1900 verbreitet, heute selten geworden.

Lucia, Lucie, Luzia (lat.), w Form zu Lucius (zum lat. Wort lux = *das Licht*). Verbreitung durch Verehrung der hl. L. von Syrakus (um 300; Gd.: 13. 12., der zunächst in Schweden, neuerdings auch bei uns gefeiert wird als Tag der Lichterkönigin). Im 19. Jh. neubelebt durch beliebte Donizetti-Oper „Lucia di Lammermoor". Um 1900 häufig als Romanname, heute immer noch verbreitet, aber nicht in Spitzenpositionen. Namensträgerinnen: Schauspielerinnen Lucie Höflich, Lucie Englisch. Engl.: Lucy, franz.: Lucie.

Luna (lat.), = *Mond*. Die Mondgöttin in der römischen Mythologie. Lit. verbreitet wurde der Name durch L. Lovegood, einer Figur aus den Harry-Potter-Romanen von Joanne K. Rowling, die ab 1997 weltweit für Furore sorgten. Seitdem wird L. immer populärer. Seit Beginn des 21. Jh. taucht er immer wieder unter den 100 beliebtesten Mädchenvornamen im dt. Sprachraum auf. Namensträgerinnen: Schauspielerin L. Mijovic (*1991), die die Sara in „Esmas Geheimnis" (2005) spielte; L. Marie Schweiger (*1997), Tochter des dt. Schauspieler Til Schweiger, die in „Keinohrhasen" (2008) mitspielte.

Lydia (griech.), Herkunftsname = *Frau aus Lydien* (Landschaft in Kleinasien). Name einer Heiligen aus der Apostelgeschichte (Gd.: 3. 8.). Bei uns als Vorname seit ca. 1900 verbreitet, ohne jemals an Spitzenstellungen gewesen zu sein.

Maja (lat.), Name der röm. *Göttin des Wachstums* (davon unser Monatsname „Mai" abgeleitet). Andere Deutungen: KF zu Maria, ind. Gottheit Maya. Verbreitet als Vorname durch 2 gleichnamige Gemälde von Goya (1746–1828) sowie durch das weltbekannte Kinderbuch „Biene M." (1912 von Waldemar Bonseis). Schauspielerin M. Maranow.

Marcella (lat.), w Form zu Marcellus. Name einer Märtyrerin des 5. Jhs. (Gd.: 31. 1.). EF: Marcelline.

Margaretha, Margarethe (griech.), griech. Form eines ursprünglich persischen Namens mit der Bedeutung *die Perle*. Name verbreitete sich durch die Legende um die hl. M. von Antiochien, die als Märtyrerin enthauptet wurde (3./4. Jh., Gd.: 20. 7.); sie gilt als einer der 14 Nothelfer, ist für Geburten zuständig. Häufig auch als Name von Fürstinnen (u. a. Tiroler Herzogin M. Maultasch im 14. Jh.; M. v. Dänemark im 14./15. Jh., in deren Regierungszeit die Kalmarische Union mit Schweden fiel; M. v. Parma, Statthalterin der Niederlande im 16. Jh.). Verbreitet auch durch bekannte Novellenschriftstellerin M. v. Navarra (15./16. Jh.). Die Bedeutung des Namens lässt sich ablesen an der Fülle der KF (u. a. Grete, die beliebteste KF). Im 19. Jh. zunehmend gewählt im dt. Sprachraum, beeinflusst u. a. durch Goethes Faust („Gretchenfrage") und Gounods Oper „Margarethe" dazu (1859). Um 1900 stand der Name mit seinen KF an Spitzenpositionen, heute ist er stark zurückgegangen zugunsten der moderneren KF Margit, Margret. Namensträgerinnen: dän. Königin Margrethe; engl. Prinzessin Margaret; engl. Filmschauspielerin M. Rutherford (bekannt als „Miss Marple" in Agatha-Christie-Krimis); engl. Premierministerin M. Thatcher; amer. Schriftstellerin M. Mitchell („Vom Winde verweht"). Engl.: Margaret, Margery, franz.: Marguerite, ital.: Margherita, niederländ.: Margriet, schwed.: Margareta, dän.: Margrethe, russ.: Margalita, ungar.: Margit.

Martina (lat.), w Form zu Martin. Name zweier Heiliger (Gd.: 1. 1., 30. 1.). Beliebtheit als Pendant des m Namens Martin. Heute an Spitzenpositionen im ganzen dt. Sprachraum, jedoch Ende der 70er Jahre etwas zurückgegangen. Franz.: Martine.

Maximiliane (lat.), w Form zu Maximilian. Bekannt durch M. La Roche, die Mutter der Geschwister Brentano, zeitweilige Freundin Goethes. Heute selten gewählt. Lit.: in Romanen um Poenichen (Trilogie) von Chr. Brückner. KF: Maxi (bekannt durch dt. Eiskunstläuferin M. Herber-Baier).

Melanie (griech.), = *die Schwarze*. Name einer Märtyrerin des 5. Jhs. (Gd.: 31. 12.). Verbreitung im dt. Sprachraum auf dem Umweg über Frankreich. Um 1900 vor allem im Adel vertreten, heute allgemein häufig, in den letzten Jahren zum Modenamen geworden. Lit.: bei Th. Fontane („L'Adultera", 1882); Margaret Mitchell („Vom Winde verweht", dt. 1937).

Melina (griech.), = *aus Eschenholz*. Bekannt bei ans durch griech. Sängerin und Politikerin M. Mercouri († 1994; im Film „Sonntags nie" mit bekanntem Schlager „Ich bin ein Mädchen aus Piräus").

Melissa (griech.), = *die Biene*. Bekannt durch gleichnamigen Durbrigde-Krimi mit Ruth-Maria Kubitschek als M.

Melitta (griech.), NF zu Melissa. Verbreitung im dt. Sprachraum seit dem Humanismus. Um 1900 vor allem im Adel gewählt. In jüngerer Zeit wieder zunehmend. Bekannt als Name für Kaffeefilter (nach deren Erfinderin M. Bentz, 1883). KF: Mela.

Miranda (lat.), = *bewunderungswürdig*. Bei uns selten, dagegen häufig im angloamer. Sprachraum, angeregt durch Shakespeares Drama „Der Sturm".

Monica, Monika (lat.?), Vorname unbekannter Herkunft, evtl. zum lat. Verb monere = *ermahnen*. Verbreitung des Namens durch Verehrung der hl. M., Mutter des hl. Augustin im 4. Jh.

(Gd.: 4. 5.). Im dt. Sprachraum erst im 20. Jh. weit verbreitet, in den 50er Jahren an Spitzenpositionen, in der Schweiz heute noch. Zur Verbreitung trug auch gleichnamige Operette von N. Dostal bei. Franz.: Monique, ital.: Monica (bei uns gebräuchlicher: Schreibweise mit -k).

Natalia, Natalie (lat.), zum lat. dies natalis = *der Geburtstag* (gemeint ist dabei die Geburt Christi); daher verbreitet als Name für Mädchen, die am Heiligen Abend geboren sind. Goethe führte den Namen in die Literatur ein (1795 im „Wilhelm Meister"), auch anzutreffen bei Kleist („Prinz von Homburg", 1821) und Stifter („Nachsommer", 1857). Um 1825 ausgesprochener Modename, der später ziemlich in Vergessenheit geriet, erst nach 1945 im dt. Sprachraum wieder zunahm und seit Ende der 60er Jahre als Modename gilt. Namensträgerinnen: amer. Filmschauspielerin N. Wood (Ehefrau von Robert Wagner, 1982 tödlich verunglückt); N. Delon, franz. Filmschauspielerin). Bekannt auch: gleichnamiges Chanson von Gilbert Bécaud. Franz.: Nathalie.

Octavia, Oktavia (lat.), zum lat. Sippennamen. Octavius gehörig (lat. octavus = *der Achte*). Name kommt in den Familien röm. Kaiser öfter vor (Schwester Kaiser Augustus'; Ehefrau Kaiser Neros). Heute bei uns vereinzelt gewählt.

Oliva, Olivia (lat.), röm. Sippenname zum lat. Wort für *Ölbaum*, w Form zu Oliver. Zur Zeit zunehmende Verbreitung. Bekannt auch durch amer. Filmschauspielerin, Sängerin O. Newton-John (mit John Travolta u. a. in „Saturday Night Fever").

Ophelia (griech.), = *Hilfe, Beistand*. Bekannt bei uns durch Shakespeares Drama „Hamlet" (1600), das aber nicht stark namensfördernd wirkte. Nach anderer Erklärung zum griech. Wort für *Schlange* gehörend, wobei die Schlange in der Antike das Symbol für Weisheit und Unsterblichkeit war.

Pamina (griech.), vermutlich als *Vollmondnacht* zu deuten. Bekannt durch Mozarts Oper „Die Zauberflöte" (P. als Tochter der Königin der Nacht).

Patricia, Patrizia (lat.), w Form zu Patricius = *der Edle* (röm. Stand der Patrizier als Gegensatz zum Volk). Name zweier Heiliger (Gd.: 15. 8., 13. 3.). Heute als modern angesehen, wohl im Anklang an verstorbene Fürstin Gracia P. v. Monaco (1926–1982).

Paula (lat.), w Form zu Paul(us). Name mehrerer Märtyrerinnen. Früher sehr beliebt (noch im 19. Jh.). Erfreut sich heute wieder wachsender Beleibtheit. Namensträgerinnen: dt. Malerin P. Modersohn-Becker (1876–1907), deren Leben verknüpft ist mit der Künstlerkolonie Worpswede; Schauspielerin P. Wessely, Ehefrau von Attila Hörbiger („Romanze in Moll"). Franz. KF: Paulette, ital.: Paola (bekannt durch Schweizer Schlagersängerin).

Paulina (lat.), NF zu Pauline. Wie Pauline ist P. seit Ende des 20./Anfang des 21. Jh. stark im Kommen und wird immer häufiger vergeben. Namensträgerin: selige P. von Thüringen (11.–12. Jh.), die das Kloster Paulinzelle gründete.

Pauline (lat.), EF zu Paula. Seit Ende des 20. Jh./Anfang des 21. Jh. im Dt. sehr beliebter Vorname, der ständig in den Hitlisten der beliebtesten w Vornamen auftaucht. Auch in Frankreich um die Jahrtausendwende sehr beliebt. Lit.: „Paulinchen war allein zu Haus …" im „Struwwelpeter" (H. Hoffmann, 1847).

Perdita (lat.), = *die Verlorene*. Verbreitet, vor allem im engl. Sprachraum durch P. in Shakespeares „Wintermärchen", ebenso durch gleichnamigen Roman „Perdita" von I. Hamer. Bekannt auch Walt-Disney-Trickfilm „Pongo und Perdita" (Schicksal zweier Hunde).

Peregrina (lat.), w Form zu Peregrinus. Name mehrerer Märtyrerinnen, aber vor allem bekannt bei uns durch Mörickes „Peregrina"-Gedichte. Dennoch selten gewählt.

Petra (griech.), w Form zu Peter/Petrus. Seit 1950 zunehmende Beliebtheit im dt. Sprachraum, zeitweise an 1. oder 2. Stelle, ab 1977 leicht abnehmend (in Ostdeutschland bereits ab 1970). Namensträgerinnen: dt. TV-Ansagerin P. Schürmann; „grüne" Politikerin P. Kelly (Abgeordnete der Grünen im Deutschen Bundestag, 1994 Selbstmord mit B. Bastian). Die Frauenzeitschrift „Petra" bekam ihren Namen nach dem bei der Gründung außerordentlich beliebten Namen.

Philine (griech.), = *Geliebte, Freundin*. Bekannt durch Goethes „Wilhelm Meister" (um 1800), dadurch gewisse Verbreitung. Wird gelegentlich auch als w Form zu Philipp verstanden (so in B. Noacks Roman „Valentine heißt man nicht").

Philippa, Philippine (griech.), w Form zu Philipp. Bekannt durch eine Heilige (Gd.: 16. 10.), daher gelegentlich in kath. Kreisen.

Phoebe (griech.), *die Leuchtende*, Beiname der Göttin Artemis. Bei uns nur vereinzelt, im engl. Sprachraum aber häufig anzutreffen.

Phyllis (griech.), vermutlich in Zusammenhang mit griech. Wort für *Blatt* (danach auch „Chlorophyll"). Hirtenliteratur des 17./18. Jhs. verbreitete Namen als den von Schäferinnen. Heute noch im engl. Sprachraum beliebt.

Pia (lat.), w Form zu Pius; lat. = *die Fromme*. Durch Märtyrerin (Gd.: 19. 1.) in kath. Kreisen früher recht häufig, heute seltener, aber beliebter als m Form. Namensträgerin: amer. Filmschauspielerin P. Zadora.

Prisca (lat.), zum lat. priscus = *ehrwürdig*. Bekannt durch frühchristl. Märtyrerin P. (Gd.: 18. 1.). EF: Priscilla.

Regina, Regine (lat.), = *die Königin* (zu verstehen als Beiname für Maria, die Himmelskönigin). Zugleich Name mehrerer Heiliger (Gd.: 10. 5., 7. 7.). Im dt. Sprachraum verbreitete der Name sich ab ca. 1850; um 1900 war er vor allem in jüd. Kreisen behebt. Nach dem Höhepunkt der Beliebtheit um 1960 nahm er wieder ab, ist aber noch immer weit verbreitet. Namensträgerin: ostdeutsche Eisläuferin Regine Heitzer. KF: Gina, Ina, Rega, Regi.

Renate (lat.), = *die durch die Taufe Wiedergeborene*. Obwohl Heiligenname (Gd.: 23. 4., 22. 5.), wurde er erst im 20. Jh. beliebt, angeregt auch durch bekannte Filmschauspielerinnen wie R. Müller, R. Holm. Daher seit 1920 steigend, auch heute verbreitet. Franz.: Renée, ital.: Renata (bekannt durch Sängerin R. Tebaldi).

Romana (lat.), w Form zu Roman; *die Römerin*. Nur vereinzelt.

Rosa (lat.), Blumenname = *Rose*. Durch Heilige verbreitet (Gd.: 21. 2., 30. 8., 4. 9.). Im 19. Jh. neu belebt durch Räuberdichtungen; um 1900 in jüd. Kreisen Modename. Heute seltener geworden, aber noch verbreitet. Namensträgerin: dt. Sozialistin R. Luxemburg (1871–1919). NF: Rose. Häufig im Doppelnamen Rosemarie.

Sabina, Sabine (lat.), Herkunftsname = *die Sabinerin* (Sabiner Berge nahe Rom; bekannt ist die Sage vom „Raub der Sabinerinnen", auch Titel einer dt. Komödie). Im MA als Name von Heiligen und Märtyrerinnen verbreitet (Gd.: 30. 1., 1. 2., 13. 3., 2. 6., 29. 8.). Um 1900 häufig als Romanname anzutreffen, auch in Moritaten („Sabinchen war ein Frauenzimmer"). Nach der größten Verbreitung um 1960 heute etwas zurückgegangen, aber nach wie vor sehr beliebt. Namensträgerinnen: S. Bethmann, S. Sinjen, TV-Moderatorin S. Sauer. Lit.: in Freytags Roman „Soll und Haben" (1854).

Serena (lat.), zu serenus = *heiter*. Ende der 60er Jahre als modern angesehen.

Sibylla, Sibylle (griech.), bekannt als Name von Seherinnen des Gottes Apoll (sehr berühmt: die Weissagungen der 83 v. Chr. auf dem röm. Kapitol verbrannten Sib. Bücher). Mit der Prophetin S. v. Cumae, die die Geburt Christi vorhersagte, gelangte der Name in den christl. Namensschatz. Im dt. Sprachraum fand er ab dem späten MA Verbreitung. Volkstümlich wurde er nach 1900 (durch Romanliteratur), da er zunächst im Adel verbreitet war. Heute ist er recht häufig, aber nicht in Spitzenstellungen. Namensträgerinnen: dt. Botanikerin Maria S. Merian (17. Jh.,); dt. Filmschauspielerin S. Schmitz (30er Jahre dieses Jhs.). Engl.: Sibyl.

Sidonia, Sidonie (lat.), w Form zu Sidonius (Herkunftsbezeichnung: *aus Sidon*, slaw.: Zdenko). Im Humanismus bei uns verbreitet durch franz. Roman „Pontus und Sidonia". Heute nur noch vereinzelt in kath. Gegenden.

Silvia (lat.), w Form zu Silvius, Silvester, wohl im Zusammenhang mit lat. silva = *Wald*. Ab 18. Jh. im dt. Sprachraum bekannt durch Natur- und Schäferdichtung. In der antiken Sage Name der Mutter der Zwillinge Romulus u. Remus (Rhea S.). Auch bekannt durch Mutter des hl. Gregor (Gd.: 3. 11.). Ab 1950 zunehmend gewählt, in den 70er Jahren wieder zurückgegangen. Namensträgerinnen: heute vor allem bekannt durch deutschstämmige Schwedenkönigin S., die Schwedenkönig Carl Gustav bei den Olymp. Spielen 1972 in München kennenlernte und 1976 heiratete. NF: Sylvia. KF: Silvelin, Silvina. Franz.: Silvie (bekannt durch franz. Schlagersängerin S. Vartan, vor allem in den 60er Jahren berühmt), ital. KF: Silvetta.

Sofia, Sofie, Sophia, Sophie (griech.), = *die Weisheit*. Verbreitet als Name zahlreicher Märtyrerinnen (u. a. „Kalte S.", Gd.: 15. 5., nach den Eisheiligen). Häufig auch im preußischen und hannoverschen Königshaus (so preußische Königin Sophie Charlotte, 16./17. Jh., die in Berlin Gelehrte wie Leibniz um sich versammelte; gegenwärtige span. Königin Sofie aus dem griech. Königshaus). Um 1900 stark verbreitet, heute zurückgegangen. Namensträgerinnen: ital. Filmstar Sofia Loren („Madame Sans-Gene"); dt. Widerstandskämpferin Sophie Scholl (1943 mit ihrem Bruder Hans hingerichtet, „Weiße Rose"). Lit.: Strauss-Oper „Der Rosenkavalier" (1910). Engl.: Sophy, russ.: Sonja.

Stefanie, Stephanie (griech.), w Form zu Stefan. Vor allem in Frankreich verehrt: 2 Märtyrerinnen (Gd.: 26. 3., 14. 5.). Von dort gelangte der Name im 19. Jh. in den dt. Sprachraum (angeregt durch St. de Beauharnais, Napoleons Adoptivtochter, die spätere Großherzogin von Baden). Um 1900 vorwiegend in kath. Kreisen, heute als ausgesprochener Modename allgemein verbreitet. Namensträgerin: monegassische Prinzessin. Franz.: Stephanie.

Stella (lat.), = *der Stern*. Bekannt durch Goethes gleichnamiges Schauspiel (1776), aber schon früher verbreitet als Beiname der Maria („Stella maris“ = „Meerstern“). Im engl. Sprachraum heute sehr verbreitet, bei uns seltener gewählt. Bekannt: Modedesignerin S. McCartney. Franz.: Estelle, span.: Estella.

Thea (griech.), KF zu Dorothea, Theodora. Um 1900 durch Romanliteratur verbreitet. Heute noch relativ häufig in der KF gewählt.

Thekla (griech.), = *die Gottes Ruhm verkündet*. Verbreitet als Name einer frühchristl. Märtyrerin (Gd.: 23. 9.) sowie einer Missionarin im Würzburger Raum (aus England stammend, Gd.: 15. 10.). Um 1800 neu belebt durch Schillers „Wallenstein“. Dt. Schauspielerin T. Carola Wied („Ich heirate eine Familie“).

Theodora (griech.), w Form zu Theodor = *Geschenk Gottes* (mit umgekehrt kombinierten Bestandteilen: Dorothea). Starke Verbreitung im MA durch Heilige und Märtyrerinnen sowie durch byzantinische Kaiserin Th. (Ehefrau Justinians, die politisch starken Einfluss hatte; 6. Jh.). Um 1900 durch Romanliteratur neu belebt. Heute kaum noch in der Vollform anzutreffen. Ital.: Teodora, russ.: Feodora, Fjodora.

Theresia, Therese (griech.), Herkunftsbezeichnung: *Bewohnerin der Insel Thera* (heute unter dem Namen Santorini bekannt, beliebtes Reiseziel). Span. Mystikerin, hl. Th. v. Avila (16. Jh., Gd.: 15. 10.) u. hl. Th. v. Lisieux (19. Jh., Gd.: 3. 10.) trugen zur Verbreitung bei. In Österreich wirkte vor allem Kaiserin Maria Th. als Namensvorbild (1717–1780). Neu belebt durch hl. Th. v. Konnersreuth (1898–1962), so dass der Name in kath. Kreisen noch immer große Bedeutung hat. Namensträgerinnen:

dt. Schauspielerin Th. Giehse (20. Jh.); dt. Schauspielerin Marie Theres Relin, Tochter v. Maria Schell. Engl., roman.: Teresa, franz.: Thérèse.

Ulla (lat.), KF zu Ursula, im Schwed. zu Ulrika, Ulrike.

Undine (lat.), zu lat. unda = *Woge*. Bekannt durch Novelle über Wassergeist U. (Fr. de la Motte-Fouquet, 1811), gleichnamige Oper von Lortzing (1845). Nicht sehr stark verbreitet. Namensträgerin: dt. Schauspielerin U. v. Medvey.

Ursel (lat.), beliebte KF zu Ursula.

Ursina (lat.), KF zu Ursula, vor allem in der Schweiz gebräuchlich.

Ursula (lat.), w Name zum lat. Wort ursus = *Bär*. Nach 2. Deutung Latinisierung von Namen mit dem ahd. hros = *Pferd*. Weit verbreiteter Name (u. a. durch hl. U., Schutzpatronin der Stadt Köln, Schutzheilige des Ordens der Ursulinen, der im 16. Jh. gegründet wurde. Nach der Legende wurde die hl. U. von den Hunnen ihres Glaubens wegen umgebracht. Der Ursulakult geht auf das 8. Jh. zurück; sie gilt auch als Patronin d. Pariser Universität; Gd.: 21. 10.). Namensträgerinnen: dt. Schauspielerin U. Lingen (Tochter des Theo L.); dt. TV-Ansagerin U. v. Manescul (gest. 1991); Schweizer Filmstar U. Andress. NF: Ursela (bekannt durch dt. Schauspielerin U. Monn, die „Rieke" in der TV-Verfilmung von H. Falladas „Ein Mann will nach oben"). Engl.: Ursly, Usle, franz.: Ursule, ital.: Orsola, span.: Ursola, ungar.: Orsolya, in Schweizer Dialekten: Orscheli, Urschla, Uorschla als KF.

Ursulane, Ursuline (lat.), EF zu Ursula.

Valentina, Valentine (lat.), w Form zu Valentin. Durch Märtyrerinnen verbreitet. Heute zunehmend gewählt (wohl zurückzuführen auf Sitte des Valentintages). Namensträgerin: russ. Astronautin Valentina Tereschkowa (geb. 1937, als 1. Frau 1963 im Weltraum). Lit.: heiterer Roman von Barbara Noack: „Valentine heißt man nicht."

Valeria, Valerie (lat.), w Form zu Valerius. Früher auf kath. Kreise beschränkt, ist der Name heute allgemein verbreitet, aber nicht häufig. Namensträgerin: österr. Schauspielerin V. v. Martens (1904–1986), Ehefrau von Curt Goetz (Filme wie „Das Haus in Montevideo", „Hokuspokus"). EF: Valeriane.

Veronika (griech.), = *Siegbringerin*. Verbreitet durch die Legende von der hl. V. („Das Schweißtuch der V") ab 12. Jh. Heute noch häufig gewählt, aber nicht mehr an Spitzenpositionen. Bekannt auch durch das Lied „V., der Lenz ist da." Franz.: Véronique.

Victoria, Viktoria (lat.), = *der Sieg*. w Form zu Viktor. Name der röm. Siegesgöttin (z. B. Standbild der Viktoria auf der Berliner Siegessäule). In Deutschland erst im 19. Jh. verbreitet durch engl. Queen Victoria, deren Tochter V. als Frau von Kaiser Friedrich den Namen nach Deutschland brachte (1840–1901). Heute wird der Name als modern angesehen, daher zunehmend gewählt, ist aber noch nicht allzu häufig. Namensträgerinnen: Herzogin V.-Luise, Tochter von Wilhelm II. (1892–1982); dt. Schauspielerin V. Brahms (Ehefrau von Michael Hinz; TV-Ansagerin V. Voncampe; schwed. Kronprinzessin (geb. 1977). Lit.: Novelle „Viktoria" (Knut Hamsun im 19. Jh.); Operette „V. und ihr Husar" (P. Abraham, 1930).

Vicky (lat.), beliebte und ziemlich verbreitete KF zu Viktoria. Bekannt durch dt. Schriftstellerin V. Baum (1888–1960; „Menschen im Hotel", „Stud. chem. Helene Willfuer"); griech.

Schlagersängerin V. Leandros (bei der der Name allerdings als KF des griech. Vassiliki zu erklären ist).

Vinzenta, Vinzentia (lat.), w Form zu Vinzenz. EF: Vinzentina, KF: Zenta, Zenzi.

Viola (lat.), Blumenname = *das Veilchen*. 2 Märtyrerinnen dieses Namens (Gd.: 3. 5., 23. 12.) trugen nicht zur Verbreitung bei, wohl aber Shakespeares Drama „Was Ihr wollt", durch das der Name populär wurde. Seit 1940 zunehmend gewählt.

Virginia (lat.), altröm. Sippenname ungeklärter Bedeutung. Evtl. Zusammenhang mit lat. virgo = *Jungfrau*, dadurch als Beiname für die unverheiratete engl. Königin Elizabeth I. benutzt (16./17. Jh.), nach der der US-Staat Virginia seinen Namen erhielt. Auch heute im angloamer. Sprachraum wesentlich häufiger gewählt als bei uns. Franz.: Virginie.

Viviana, Viviane (lat.), zum lat. vivus = *lebendig*. In Ostdeutschland vor allem beliebt, sonst nicht sehr häufig.

Xenia (griech.). KF zu Namen wie Polyxenia (zum griech. xenos = *gastfreundlich*). Vor allem im slaw. Raum beliebt. Heute aber auch bei uns öfter gewählt. Namensträgerin: Prinzessin X. v. Preußen, Tochter d. Hohenzollernchefs Prinz Louis Ferdinand.

Zoe (griech.), = *das Leben*. Name wurde in jüngerer Zeit aus dem franz. in den dt. Sprachraum übernommen, ist aber nicht häufig anzutreffen.

Weibliche Vornamen des romanischen Kulturkreises

Adelaide (franz.), = Adelheid. Bei uns seit der Romantik verbreitet (F. Matthison „Adelaide", vertont von Beethoven).

Adèle (franz.) = Adele. Aus dem Altdt. ins Franz. gelangt; zu uns zurückgekommen mit franz. Betonung.

Adrienne (franz.), w Form zu Adrian. Name einer Heiligen von Cortona (13. Jh., Gd.: 2. 8.).

Aimée (franz.), zum lat. Amata = *die Geliebte*. Auch bei uns gebräuchlich.

Alina (franz.), meist KF zu Adelina, einer KF zu ahd. Adelheid. Bedeutung: adal = *edel* + heit = *Wesen*; = *edles Wesen*, von edler Art. Aber auch tschech. NF zu Helena und w Form zu Ali (= die Erhabene). Im 19. Jh. aus dem Franz. entlehnt. Seit Mitte der 1980er Jahre im Dt. immer populärer, seit Anfang des 21. Jh. zählt A. zu den beliebtesten dt. Mädchennamen. Namensträgerinnen: ehemalige dt. Weltklasse-Hochspringerin A. Astafei (*1969); dt. Flötistin A. Weidlich (*1988); dt. Rapperin A. (*1976, bürgerlicher Name: Evelyn Alina Reina).

Aline (franz.), NF zu Alina. Ebenso beliebt im dt. Sprachraum wie Alina. Namensträgerinnen: dt. Schauspielerin A. Staskowiak (*1976, u. a. von 2003–2005 als Heidrun „Fisch" Fischer in TV-Serie „Hinter Gittern – Frauenknast"); franz. Szenenbildnerin A. Bonetto („Die fabelhafte Welt der Amélie", 2001).

Allegra (ital.), = *fröhlich, heiter, lebhaft*. Seit dem späten MA im Italienischen vorkommender Name, der den Wunsch zum Ausdruck bringt, das Kind solle fröhlich aufwachsen. Heute in

Ital. und Amerika sehr beliebt, gelegentlich auch im Dt. Namensträgerinnen: A. Versace (*1968), Tochter der Designerin Donatella Versace und Erbin des Familienunternehmens Gianni Versace; amer. Schauspielerin A. Curtis (*1966), Tochter von Tony Curtis.

Alma (span.), lat. Ursprungs (*die Segenspenderin*, daher für Universität „Alma mater"). Um 1900 im Adel verbreitet. Bekannt auch durch Opern. Heute relativ selten geworden.

Aloisia (ital.), w Form zu Alois. Noch immer verbreitet (im süddt. Sprachraum).

Amélie (franz.), = Amalie. Name zweier Märtyrerinnen (Gd.: 10. 5., 2. 6.). Geläufiger Name im dt. Sprachraum (zum Beispiel Tochter von Rosi Mittermaier und Christian Neureuther).

Angelina (ital.), KF zu Angela. Hl. A., Äbtissin aus serbischem Fürstenhaus (15./16. Jh., Gd.: 1. 6.). Bei uns gebräuchlich mit ital. Aussprache.

Anita (span.), KF zu Juanita. Verbreiteter Name, evtl. angeregt durch schwed. Filmschauspielerin A. Ekberg.

Annabella (ital.), aus Anna + Bella = *schön*; andere Deutung: Umbildung zu Amabel (= *liebenswert*). Gilt als modern. Engl.: Anabel.

Annette (franz.), KF zu Anna. Aufgekommen im 19. Jh. (angeregt durch Liederzyklus von Goethe 1767, durch dt. Dichterin A. v. Droste-Hülshoff, 1797–1848; „Die Judenbuche"), ist der Name noch heute im ganzen dt. Sprachraum sehr beliebt (gegenwärtig etwas zurückgehend). Namensträgerinnen: Musikerin Annette Humpe; ostdeutsche Eiskunstläuferin Annett Pötzsch. Falsche Schreibweise: Anette.

Annunziata (ital.), Beiname der Maria = *die Angekündigte* (Fest Mariä Verkündigung 25. 3.). Verbreitet in der Schweiz.

Anouk (franz.), KF zu bretonisch Annick (= NF zu Anna). Namensträgerin: A. Aimée (*1932), franz. Schauspielerin, die in Federico Fellinis „La Dolce Vita" (1960) brilllierte; niederländ. Sängerin A. Teeuwe (*1975).

Antoinette (franz.), KF zu Antonia. Bekannt durch franz. Königin Marie Antoinette (Maria Antonia von Österreich), 1797 durch Guillotine umgekommen.

Antonetta (rätorom.), KF zu Antonia. In der Schweiz häufig.

Arabella (ital.), Bedeutung unklar: zum ital. bella = *schön* oder aus dem Span. = *kleine Araberin*. Dt. TV-Moderatorin A. Kiesbauer. Gilt als modern. Verbreitet im engl. Sprachraum.

Ariane (franz.), NF zu Adrienne (w zu Adrian). Verbreitet durch gleichnamigen Roman des Franzosen Claude Anet (amer. Spielfilm „Liebe am Nachmittag"). Name zunehmender Beliebtheit.

Babette (franz.), KF zu Barbara oder Elisabeth. Hatte im 19. Jh. den Ruf eines Dienstbotennamens, ist heute geschätzt, aber nicht häufig.

Beatrice (ital.), = Beatrix. Verbreitung des Namens angeregt durch Dantes „Göttliche Komödie" (1307–1321); seine Jugendfreundin B. Protinari als Seelenführerin), durch Shakespeares „Viel Lärm um nichts" (1598), durch Schillers Ballade „Die Braut von Messina" (1803). Auch bei uns häufig in ital. Form. Namensträgerin: dt. Filmschauspielerin B. Richter („Traumschiff", „Tagesshow").

Bella (ital.), KF von Namen mit -bella (Arabella u. a.). Heute gleichgesetzt mit ital./span. bella = *schön*. Um 1900 durch Romanliteratur verbreitet, heute nicht sehr häufig.

Bernadette (franz.), w KF zu Bernhard. Verbreitung des Namens – vor allem in kath. Kreisen – durch hl. B. von Lourdes (Maria Bernarda Soubirous, die eine Marienerscheinung in Lourdes hatte, dafür 1933 heiliggesprochen wurde; 1844–1879; lit.: F. Werfels Roman „Das Lied der Bernadette", 1941).

Bettina (ital.), KF zu Elisabeth. Namensverbreitung angeregt durch B. v. Arnim (1785–1859; vielgelesener Briefwechsel mit bedeutenden Männern ihrer Zeit, Ehefrau des dt. Dichters Arnim v. A.). Heute abnehmende Tendenz. M. Form: Bettino (Name des ital. Politikers B. Craxi).

Bianca, Blanche, Blanka (ital., franz., span.), Namen zum lat. blancus = *blond*; ital. bianco = *weiß*. Verbreitung im 19./20. Jh. durch romant. Literatur (Bianca in Eichendorffs „Das Marmorbild", 1826). Häufig auch in Doppelnamen: Bianca-Maria, Bianca-Rosa.

Bibiana, Bibiane (span.), = Viviane. Verbreitung im MA durch hl. B., Märtyrerin des 4. Jhs. (Gd.: 2. 12.). Bei uns vereinzelt.

Carina (ital.), = *hübsch, lieb*. Im 20. Jh. übernommen, relativ häufig gewählt.

Carlotta (ital.), NF zu Charlotte. Eingedeutsche Schreibweise: Karlotta.

Carmela (span.), NF zu Carmen. In den 60er Jahren verbreitet.

Carmen (span.), Beiname der Maria (Virgine del Carmen = *vom Berg Karmel* in Israel, der der Ausgangsort des Karmeliterordens war; Marienfest am 16. 7.). Verbreitung als Namen durch gleichnamige Oper von Bizet (1875) sowie durch rumän. Königin Elisabeth (Dichterin mit Künstlernamen C. Sylva; 1843–1913). Häufig im dt. Sprachraum.

Cecilia (ital.), NF zu Cäcilie. Seit Ende des 20./Anfang des 21. Jh. auch im dt. Sprachraum zunehmend beliebt. Namensträgerinnen: C. Bartoli (*1966), weltberühmte ital. Opernsängerin; dt. Schauspieler C. Kunz (*1971), Ehefrau des dt. Regisseurs Sönke Wortmann; irische Schriftstellerin C. Ahern (*1981, „P.S. Ich liebe dich"). NF: Cecilie.

Celina (roman.), dt. Schreibvariante zu franz. Céline (= KF zu Cäcilie oder Marcelline). Auch ital. NF zu Céline. Im 20. Jh. ins Dt. übernommene Schreibweise, besonders beliebt ist diese Variante bei uns seit Anfang der 1990er Jahre. NF: Celine, franz.: Céline.

Céline (franz.), KF zu Cäcilie oder Marcelline.

Chantal (franz.), moderner Name zum lat. cantum = *Gesang*. Verbreitet im süddt. Sprachraum.

Charlotte (franz.), = Karola. Verbreitet im dt. Sprachraum seit 17. Jh., Modename im 18./19. Jh., heute abnehmend. Häufiger Name in europ. Fürstenhäusern: Elisabeth-Ch. v. der Pfalz („Liese-lotte", verheiratet mit dem Bruder des franz. Königs, bekannt durch Briefe oft derber Sprache; 1652–1722); Königin Sophie Ch. v. Preußen (1668–1705, nach deren Tod der Berliner Stadtteil Charlottenburg seinen Namen erhielt); Goethes Freundinnen Ch. v. Buff (Vorbild der Lotte in „Leiden des jungen Werther"), Ch. v. Stein; Schillers Ehefrau Ch. v. Lengefeldt. In heutiger Zeit: Filmschauspielerin Ch. Rampling; dt. Schriftstellerin C. Link. Span./ital.: Carlotta.

Chiara (ital.), NF zu Klara. Der Name ist seit Anfang der 1990er Jahre bei uns populär und gehört mittlerweile zu den beliebtesten Namen in unserem Sprachraum. Er klingt extravagant und dennoch nicht zu ausgefallen. Namensträgerinnen: C. Lubich (1920–2008), der Begründerin der ökomenischen Fokolar-Bewegung; C. Ohoven, Tochter der UNESCO-Botschafterin Ute Ohoven. NF: Kiara.

Claire (franz), = Klara. Bis zum 1. Weltkrieg im dt. Sprachraum verbreitet. Eingedeutschte Form: Kläre. Namensträgerin: Kabarettistin C. Waldoff (im Berlin der 20er Jahre bedeutend). Ital.: Chiara.

Colette (franz.), KF zu Nicoletta. Verbreitung durch franz. Romanschriftstellerin Sidonie-Gabrielle C. (1873–1954), aber nicht häufig gewählt. Ital.: Coletta.

Daniela (ital.), w Form zu Daniel. Heute ausgesprochener Modename. Franz.: Danielle (bekannt durch Schauspielerin D. Darrieux).

Denise (franz.), w Form zu Denis. Seit ca. 1955 im dt. Sprachraum, aber vorwiegend im S.

Desirée (franz.), = Desidena (lat. = *die Erwünschte*). Verbreitet durch schwed. Königin, Ehefrau des napoleonischen Marschalls Bernadotte (lit.: „Desirée", Roman von A. Selinko). Namensträgerin: TV-Moderatorin D. Nosbusch.

Dolores (span.), Beiname der Maria (de los dolores = *der Schmerzen*). Seit 1900 im dt. Sprachraum vertreten, aber nicht häufig.

Dominique (franz.), w Form zu Dominikus. Bei uns nur als w Vorname zulässig, im franz. Sprachraum auch als m Name.

Elena (span.), = Helena. Im süddt. Sprachraum verbreitet. Name einer Tochter des span. Königs Juan Carlos. Dieselbe Form auch ital., norweg., rumän., bulgar., russ.

Eliane (franz.), w Form zu Elias. In letzter Zeit auch im dt. Sprachraum gewählt. KF: Eliette (Name der Ehefrau Herbert v. Karajans).

Elisa (ital.), KF zu Elisabeth. Früher häufig im dt. Sprachraum, heute abnehmend.

Elvira (span.), unklare Bedeutung, evtl. zum Ahd. alwara (all = *ganz* + waran = *bewahren*). Populär durch Mozartoper „Don Giovanni" (1787); Auber-Oper „Die Stumme von Portici" (1828). Verbreitet im ganzen dt. Sprachraum, wenn auch heute nicht mehr häufig.

Emilia (ital.), w Form zu Emil (dt.: Emilie). Verbreitet durch Lessings Schauspiel „Emilia Galotti" (1772); Othello (Shakespeare, 1604; Verdi musikal., 1887). Name mehrerer Heiliger (Gd.: 17. 2., 2. 6., 19. 8.).

Enrica (ital.), w Form zu Enrico; vereinzelt bei uns belegt.

Esmeralda (Span.), = *Smaragd*. In jüngerer Zeit aus dem Span. übernommen (Tourismus).

Evita (span.), EF zu Eva. Bekannt durch E. Peron, Frau des ehem. argentinischen Diktators Peron (Musical „Evita" in den letzten Jahren sehr erfolgreich, daher gewisse Verbreitung des Namens).

Fabiana (roman.), w Form zu Fabian. Gelegentlich auch im dt. Sprachraum. Seit Mitte des 20. Jh. kommt auch dt. Variante Fabiane vor. Dt. NF: Fabiane, franz.: Fabienne, ital.: Fabiola.

Fabienne (franz.), eine in den 1960er Jahren entlehnte Form von dt. Fabiane, der w Form zu Fabian. Fabienne ist vermutlich eine Verkleinerungsform = *süße Bohne* oder *die kleine Bohne*. Seit Anfang des 21. Jh. immer populärer im dt. Sprachraum. Namensträgerinnen: F. Nadarajah (*1985), österr. Schwimmsportlerin; F. Weyermann (*1985), schweiz. Leichtathletin.

Fabiola (span.), EF des Lat. Namens Fabia (w zu Fabian). Verbreitet durch spanischstämmige Ex-Königin von Belgien. Name einer Heiligen (Gd.: 27. 12.).

Geneviève (franz.), = Genoveva. Vereinzelt im W und S des dt. Sprachraums.

Georgette (franz.), KF zu Georgia. Bekannt: engl. Romanschriftstellerin G. Heyer („Bezaubernde Arabella").

Germaine (franz.), zum lat. germana = *Schwester* (kein Zusammenhang mit Germanen als Volksstamm!). Name einer in Frankreich sehr verehrten Heiligen (Gd.: 1. 10.). Vereinzelt auch bei uns.

Gianna (ital.), KF zu Giovanna. Ital. Rocksängerin G. Nannini. Gebräuchlich in der Schweiz.

Gina (ital.), KF zu Regina. Bekannt durch Filmschauspielerin G. Lollobrigida.

Giovanna (ital.), = Johanna.

Grazia (ital.), zum lat. Wort für *Anmut*. Bekannt durch 1982 verstorbene Fürstin von Monaco, Gracia Patricia (amer. Herkunft: Grace Kelly). Engl.: Grace. EF: Graziella (im süddt. Sprachraum verbreitet).

Henrietta, Henriette (franz.), w Form zu Henri. Seit dem 18. Jh. bei uns verbreitet durch Richardsons „History of Sir

Charles Grandison“. Im 19. Jh. beliebt (u. a. Berlinerin H. Herz, deren Salon berühmt war; Koloratursängerin H. Sonntag).

Ines (span.), = Agnes. Adelsname um 1900, ab 1950 allgemein verbreitet, in 70er Jahren sehr beliebt.

Isa (ital.), KF zu Isabella, Isolde. Gelegentlich auch bei uns. Bekannt: Isa Günther, die mit Zwillingsschwester Jutta in den 50cr Jahren in der Verfilmung von Kästners „Doppeltem Lottchen“ erfolgreich war.

Isabel(la), Isabelle (ital./span./franz.), = Elisabeth. Verbreitung durch hl. I. (13. Jh., Gd.: 21. 8.). Beliebt im span. Königshaus (I. die Kath. im 15. Jh., mit deren Hilfe Columbus seine Expedition zur Entdeckung Amerikas ausrüsten konnte; I. v. Österreich, Tochter des span. Königs Philipp II., 16./17. Jh.). Durch österr. Adel gelangte der Name nach Deutschland, war im 19. Jh. häufig in Romanliteratur anzutreffen, sonst zumeist auf Adel beschränkt. Heute weite Verbreitung. Gilt als modern. Engl.: Isobel; franz.: Isabeau, Isabelle. I. Adjani; chilen. Schriftstellerin I. Allende („D. Geisterhaus“, „Paula“).

Jacqueline (franz.), w Form zu Jacques. Verbreitung in Deutschland durch J. Kennedy-Onassis, Witwe des ermordeten US-Präsidenten und des Tankermilliardärs, † 1994.

Jeanne (franz.), = Johanna. Verbreitet durch „Jungfrau von Orleans“ (J. d'Arc, 1411–1431; lit.: Schiller, Shaw, Brecht; Gd.: 30. 5.). Vorwiegend im Adel. Franz. Schauspielerin J. Moreau.

Jeanette (franz.), KF zu Jeanne. Stark verbreitet bei uns, zeitweise Modename.

Juana (span.), = Johanna.

Juanita (span.), KF zu Juana. Vereinzelt bei uns belegt.

Juliette (franz.), KF zu Julia. Bekannt: franz. Chansonsängerin J. Greco.

Laura (ital.), KF zu Laurentia. Name einer Heiligen (L. v. Cordova, Gd.: 19. 10.). Verbreitet seit Petrarca (Tarnname für seine Geliebte, seither häufig in der Dichtung, u. a. Schillers Lauragedichte). Seit den 60er Jahren häufiger gewählt.

Léonie (franz.), w Form zu Leon (= Leo). Aktuell sehr beliebt.

Letizia (ital.), Form zu Lätitia.

Lola (span.), Lallform zu Dolores, Carlotta. Bei uns populär durch L. Montez, Geliebte des Bayernkönigs Ludwig I., eine Tänzerin (1820–1861). Im 19. Jh. häufig in Romanen, Opern (Cavalleria Rusticana, 1890). Um 1900 Modename, heute selten. Namensträgerin: dt. Schauspielerin L. Müthel.

Lolita (span.), KF zu Lola. Verbreitet durch Roman von V. Nabokov (1959 dt.); österr. Sängerin L. („Seemann, deine Heimat ist das Meer").

Loredana (ital.), zum lat. Wort für Lorbeer; auch bei uns belegt.

Loretta (ital.), = Lauretta (KF für Laura). Verbreitung durch Verehrung der hl. Jungfrau im ital. Wallfahrtsort Loreto. Franz.: Laurette.

Madeleine (franz.), = Magdalena. Seit ca. 1900 auch im dt. Sprachraum verbreitet. Heute beliebt, vor allem häufig in der Schweiz. Namensträgerin: dt. Reiterin M. Winter.

Madlon (franz.), KF zu Madeleine. Häufig in der Schweiz.

Manon (franz.), KF zu Maria. Verbreitet durch Opern („Manon" von Massenet, 1894; „M. Lescaut" von Puccini, 1893). Heute nur vereinzelt.

Manuela (span.), w Form zu Manuel. Verbreitung durch Spanientourismus und Schlager. Künstlername der dt. Schlagersängerin Doris Wegener. Im ganzen dt. Sprachraum häufig gewählt.

Margot (franz.), KF zu Margarete. Um 1900 aus Frankreich übernommen (evtl. angeregt durch Schauspiel von A. Dumas „La reine Margot", 1845). Zunächst Verbreitung in jüd. Kreisen, bald allgemein. Heute nicht mehr häufig. Namensträgerinnen: dt. Filmschauspielerin M. Hielscher; dt. Schlagersängerin M. Eskens; dt. Tänzerin, Sängerin M. Werner; dt. Sängerin von Volksliedern M. Hellwig; engl. Primaballerina M. Fonteyn.

Marguerite (franz.), = Margarete. Häufig gleichgesetzt mit dem Blumennamen, der auf margarita = *Perle* zurückgeht. Ital.: Margherita, span.: Margarita.

Marietta (ital.), KF zu Maria, auch bei uns geläufig.

Marina (ital.), w Form zu Marinus (lat. = *der am Meer Lebende*). Andere Deutung: KF zu Maria. Seit 1900 im dt. Sprachraum verbreitet, heute zunehmend gewählt. Namensträgerin: franz. Filmschauspielerin M. Vlady.

Marion (franz.), KF zu Maria. Im dt. Sprachraum ab 1920 verbreitet; in den 50er und 60er Jahren sehr beliebt, heute zurückgehend. Namensträgerin: dt. Schauspielerin M. Kracht.

Marisa (ital.), Doppelname aus Maria + Elisa. Seit 1960 steigende Verbreitung durch Tourismus. Namensträgerin: Filmschauspielerin M. Mell.

Marita (span.), KF zu Maria. Auch im dt. Sprachraum häufig.

Melisande (franz.), franz. Form des altdt. Namens Malasintha zum altgotischen Amalaswintha (bekannt durch Roman

„Kampf um Rom" von Felix Dahn). Name einer Oper von Debussy. Namensträgerin: Tochter von Lieselotte Pulver.

Melusine (franz.), NF zu Melisande. Meerfrau in altfranz. Sage. Auch bei dt. Schriftstellern (H. Sachs; Goethe „Die neue M.", 1795; Fontane „Der Stechlin", 1899). Um 1900 im Adel geläufig.

Mercedes (span.), Beiname der Maria (zum lat. Wort für *Ware*, gemeint: Lösegeld zum Freikauf von Gefangenen; Gd.: 24. 9.). Im span. Sprachraum verbreitet, bei uns selten: Gleichsetzung mit der Automarke.

Michelle (franz.), Form von Michaela, der w Form des aus der Bibel stammendem Erzengels Michael. Seit 1965 das Beatles-Album „Rubber Soul" erschien, auf dem der Hit „Michelle" war, ist dieser Name im Dt. häufig zu finden. Ab Ende der 1990er Jahre zählt er sogar zu den beliebtesten w Vornamen bei uns. Namensträgerinnen: M. Pfeiffer (*1958), amer. Schauspielerin (u. a. für ihre Rolle in „Gefährliche Liebschaften" (1989) für den Oscar nominiert); Michelle (*1972), dt. Schlagersängerin; M. Hunziker (*1977), schweiz. Moderatorin und Ex-Ehefrau von ital. Pop-Sänger Eros Ramazotti.

Mignon (franz.), = *zart, niedlich*. Eingebürgert durch Goethes „Wilhelm Meister" (1795), dessen Mignonlieder auch durch die gleichnamige Oper (Thomas, 1866) populär wurden. Ursprünglich als Bezeichnung für den Vertrauten eines homosexuellen Fürsten; daher bei Goethe Name des rätselhaften Mädchens, das in Jungenkleidern auftritt.

Milva (ital.), lat. Name der *Gabelweihe (Vogel)*. Bei uns bekannt durch ital. Sängerin M. (Brechtlieder); häufig in der Schweiz.

Mireille (franz.), franz. Form des ital. Namens Mirella, der selbst KF zu Mirabella ist = *die Bewunderungswürdige*. Heute bei uns relativ häufig, angeregt durch franz. Filmschauspielerin M. Darc, franz. Sängerin M. Mathieu („Spatz von Avignon" in Anklang an Edith Piaf, „Spatz von Paris"). In der Schweiz schon lange beliebt, angeregt durch gleichnamiges Gedicht des provenzalischen Dichters F. Mistral im 19. Jh.

Nadine (franz.), zum slaw. Namen Nadja = *Hoffnung*. Stark angestiegene Verbreitung seit 70er Jahren (unter ersten 20).

Nanette (franz.), KF zu Anna (entspricht dem dt. Nanna). Bekannt durch Musical „No no Nanette" (1925, eines der ersten Musicals.).

Nicole (franz.), w Form zu Nicolas (= Nikolaus). In letzter Zeit sehr häufig gewählt (seit 1955 zunehmend). 1970 bundesweit an 1. Stelle, 1975 an 2., Verbreitung evtl. gefördert durch TV-Serie „Ein Sommer mit N." (Ende der 60er Jahre). Namensträgerinnen: dt. Schauspielerinnen N. Heesters (Tochter von Joh. H., Tatortkommissarin), N. Berger; dt. Schlagersängerin N. Hohloch, Siegerin im Grand Prix d'Eurovision 1982 mit ihrem Lied „Ein bisschen Frieden" (Harrowgate).

Noelle (franz.), w Form zu Noel. Entspricht also in der Bedeutung dem Namen Nathalie. Häufig auch im engl. Sprachraum.

Odette (franz.), KF zum altdt. Namen Oda.

Ornella (ital.), KF zu Urania (*griech. Muse des Himmels*). Namensträgerin: ital. Schauspielerin O. Muti.

Paola (ital.), = Paula. Bekannt bei uns durch ital. stämmige Prinzessin P. v. Belgien (Mutter des Thronfolgers Philippe);

Schweizer Sängerin P. („Die Sache, die man Liebe nennt", „Verstehen Sie Spaß").

Pascale (franz.), w Form zu Pascal. Bekannt: Schauspielerin P. Petit.

Pepita (span.), KF zu Josepha. Vereinzelt auch bei uns.

Petronella (ital.), EF des Namens Petronia (bekannt durch Heilige des 1. Jhs.). Ab 1960 in kath. Kreisen häufiger gewählt.

Pilar (span.), Beiname der Maria (nach einer Marienerscheinung an einer Säule, da pilar = *Pfeiler* heißt). Name Maria del P. im span. Adel verbreitet, auch bei uns (z. B. Wittelsbacher Prinzessin). Bekannt: Opernsängerin P. Lorengar (Deutsche Oper Berlin).

Raffaella (ital.), w Form zu Raffael. Auch bei uns bekannt durch ital. Sängerin R. Carra.

Renée (franz.), = Renate. Namensträgerinnen: dt. Bildhauerin R. Sintenis (1888–1965; Tierplastiken); dt. Schlagersängerin R. Francke („Eine weiße Hochzeitskutsche").

Ric(c)arda (ital.), w Form zu Ricardo (= Richard). Name einer Heiligen (Gd.: 18. 10.). Bekannt durch dt. Dichterin R. Huch (1864–1947).

Rita (ital.), KF zu Margherita, Maritta. Name einer Heiligen (Gd.: 22. 5.). Bei uns seit 1920 verbreitet, auch heute häufig. Namensträgerinnen: Sängerinnen R. Streich, R. Pavone, R. Paul; amer. Filmschauspielerin R. Hayworth († 1987).

Romilda (ital.), ursprüngl. altdt. Name (*Ruhm + Kampf*), der aber aus dem Ital. zu uns gelangte; vor allem in der Schweiz gewählt.

Romina (ital.), NF zu Romana (w zu Romanus). Bekannt durch ital. Sängerin R. Power („Felicità").

Rosalia (ital.), EF zu Rosa. Name einer Heiligen von Palermo (Gd.: 4. 9.). Durch Tourismus zu uns gelangt, schon im 19. Jh. sehr beliebt. Heute vorwiegend im süddt. Sprachraum, in kath. Gebieten. NF: Rosalie.

Rosanna (ital.), Doppelname aus Rosa + Anna. Seit ca. 1960 geläufig.

Sandra (ital.), KF zu Alessandra. Ab 1950 zunehmend im dt. Sprachraum. Heute Modename. Namensträgerin: dt. Romanschriftstellerin S. Paretti, † 1994 („Der Sommer, der ein Winter war"); dt. Opernsängerin S. Schwarzkopf.

Sévérine (franz.), w Form zu Severin. Verbreitung angeregt durch franz. Schlagersängerin S. („Jetzt geht die Party richtig los").

Simone (franz.), w Form zu Simon. Seit 1960 häufig im dt. Sprachraum. Namensträgerin: S. de Beauvoir (1908–1986), franz. Schriftstellerin, Lebensgefährtin des verstorbenen J.-P. Sartre.

Sina (ital.), KF zu Rosina. Bekannt durch Schriftstellerin S. Waiden (TV Serie „Ehen vor Gericht").

Solange (franz.), zum lat. solemnis = *feierlich*. Verbreitet durch Märtyrerin Solemnia (9. Jh.).

Tiziana (ital.), w Form zu Tiziano, einer EF zu Titus. Durch Tizian(o) Vecellio (ca. 1490–1576), dem bedeutendsten Maler der ital. Hochrenaissance verbreitete sich der m Name in Italien. Bei uns eher selten.

Tosca (ital.), Herkunftsname = *die Toskanerin*. Verbreit. durch Puccini-Oper „Tosca" (1900).

Violetta (ital.), EF zu Viola. Namensträgerin: Schauspielerin V. Ferrari.

Yvette (franz.), w Form zu Yves. Seit 1945 auch bei uns verbreitet. Name einer belg. Heiligen des 13. Jhs. (Pflege von Leprakranken, Gd.: 13. 1.).

Yvonne (franz.), w Form zu Yvon (dt.: Ivo). Seit 1945 sehr beliebter Name in Deutschland und in der Schweiz.

Zita (ital.), evtl. KF zu Felizitas. Verbreitung durch hl. Z. v. Lucca (13. Jh., Patronin der Mägde, Gd.: 27. 4.). Im süddt. Sprachraum noch anzutreffen. Namensträgerin: letzte österr. Kaiserin (musste nach dem 1. Weltkrieg fliehen, durfte erst 1983 wieder österr. Boden betreten; † 1989).

Weibliche Vornamen des angloamerikanischen Kulturkreises

Adeline (engl.), NF zum franz. Adelaide (das aber auch im engl. Sprachraum gebräuchlich ist). Musik „Ballade pour A."

Aileen, Ayleen (irisch), NF zu Eileen, anglizierte Form eines gälischen/altirischen Namens, der auf den alten französischen Namen „Aveline" zurückgeht. Ebenfalls möglich ist ein gemeinsamer Ursprung mit Helene oder Eleanor. Seit Anfang des 21. Jh. häufiger. Mitte der 1970er Jahre aus dem Engl. übernommen.

Alice, Alicia (engl.), KF von Elisabeth. Verbreitung des Namens im dt. Sprachraum seit dem 19. Jh., angeregt durch

L. Carrolls Märchenerzählung „A. im Wunderland", auch durch A. v. Hessen, die sich im Krieg 1870/71 aktiv für die Verwundeten einsetzte. Um 1900 im Adel häufig, heute allgemein verbreitet, aber nicht oft gewählt. Namensträgerin: A. Kessler (mit ihrer Schwester Ellen als Tänzerin bekannt: „Kessler-Zwillinge").

Alina (kelt.), KF zu Adeline.

Alisha (engl.), phonetische Schreibweise zu engl. Alicia. Wurde in den 1970er Jahren aus dem engl. Sprachraum ins Dt. übernommen.

Alison (engl.), aus dem Germ. = *von heiligem Ruf*. Nach anderer Deutung KF zu Alice. Verbreitet im engl. Sprachraum.

Althea (engl.) aus dem Griech. = *die Heilende*. Auch Name einer *Malvenart*. Vereinzelt bei uns.

Amabel (engl.), zum lat. amabilis = *liebenswert*. Bei uns bekannt durch böhm. Heilige dieses Namens (Gd.: 9. 4.), aber selten gewählt. KF: Mabel.

Amelia (engl.), zum altröm. *Sippennamen Aemilius* (siehe auch Emily).

Amely, Amelie (engl.), NF zu Amalie oder Amalia. Seit Anfang des 21. Jh. ein sehr beliebter Mädchenname im dt. Sprachraum.

Amy (engl.), KF zu den aus dem Lat. stammenden Namen Amata (= *die Geliebte*) oder Amelia. Bekannt bei uns als Name der Tochter des ehem. US-Präsidenten J. Carter; aber selten.

Ann (engl.), KF zu Anna (aus dem Hebr. = *Anmut, Gottes Gnade*). Im engl. Sprachraum seit langem sehr beliebt, aber auch bei uns häufiger. Kommt meist als erster Teil eines Doppelnamens vor: z. B. Ann-Sophie, Ann-Katrin, Ann-Kristin oder Ann-Marie. Erlebte in den 1960er Jahren einen Boom und war besonders in den 1990er Jahren beliebt. Namensträgerinnen: engl. Schriftstellerin und populärste Vertreterin des Gothic Novel (Schauerromans) A. Radcliffe (1794–1823); engl. Krimischriftstellerin Patricia A. Granger (*1939); dt. Journalistin und Fernsehmoderatorin A.-Katrin Schröder (*1973).

Anne (engl.), NF zu Anna (aus dem Hebr. = *Anmut, Gottes Gnade*). Im engl. und franz. Sprachraum weit verbreitet, doch auch bereits seit Anfang des 19. Jh. bei uns sehr beliebt, hier besonders gern vergeben in der Mitte der 1980er Jahre, aber auch heute wieder im Kommen. Häufig auch in Verbindung mit einem Doppelnamen: z. B. Anneliese, Annegret, Annemarie. Namensträgerinnen: Prinzessin A. (*1950), Mitglied des engl. Königshauses und einzige Tochter von Königin Elisabeth II. und Prinz Philip; A. Frank, Tochter dt.-jüd. Eltern, bekannt durch ihr im Versteck geschriebenes Tagebuch; A.-Sophie Mutter (*1963), dt. Stargeigerin. Engl. KF: Nancy, franz. KF: Nanette.

Annice (engl.), altengl. NF zu Anne.

Anthea (engl.), aus dem Griech. = *wie eine Blume*. Geläufig im dt. Sprachraum, vor allem in der Schweiz.

April (engl.), Monatsname (Frühling, Blütezeit), der im engl. Sprachraum auch als Vorname geläufig ist.

Audrey (engl.), aus dem Altengl. = *die Stärke*. Entspricht dem dt. Edeltraut. Verbreitung auch im dt. Sprachraum, wohl durch amer. Filmschauspielerm A. Hepburn („Frühstück bei Tiffany", „My fair Lady"); amer. Sängerin, Filmschauspielerin A. Landers, A. Hepburn, † 1993.

Ava (engl.), aus dem Angelsächsischen = *die Kraft*. Bekannt durch amer. Filmschauspielerin A. Gardner.

Barbie (engl.), KF zu Barbara. Bekannt durch gleichnamige Kinderpuppe.

Becky (engl.), KF zu Rebecca. Lit.: Figur in M. Twains „Tom Sawyer". Bei uns nur selten gewählt.

Belinda (engl.), Verbreitung des Namens durch Dichtung von J. Pope (1688–1744), stammt aus dem Ital. = *wie eine Schlange* (wobei die Schlange Symbol ist für Weisheit und Unsterblichkeit). Auch bei uns verbreiteter Name. Namensträgerin: engl. Filmschauspielerin B. Lee.

Beryl (engl.), Name *eines Edelsteins*. In diesem Jahrhundert aus dem Engl. übernommen, aber bei uns selten gewählt.

Bess(y), Betsy (engl.), KF zu Elizabeth. Als KF Bess bekannt durch Oper „Porgy and B." (G. Gershwin, 1935).

Bette, Betty (engl.), KF zu Elizabeth. Betty (oder dt. Betti) war zunächst vorwiegend in jüd. Kreisen verbreitet. Namensträgerin für Bette: B. Davis, amer. Filmschauspielerin, amer. Schriftstellerin B. Mahmoody („Nicht ohne meine Tochter").

Bonnie, Bonny (engl.), zum lat. bonus = *gut*; übers Franz. ins Engl. gelangter Name. In Südstaaten der USA im Sezessionskrieg Mitte des 19. Jhs. Name für die Südstaatenflagge („Bonnie Blue Flag"). Bekannt auch durch Film „Bonnie and Clyde". Sängerin B. Tyler („Hero").

Brenda (engl.), aus dem Germ., w Form des Namens Brand (ahd. = *Schwert, Kampf*). Seit ca. 1960 als Vorname bei uns eingebürgert.

Bridget (engl.), = Brigitte. Name bedeutet im Kelt.: *die Erhabene*. Verbreitung durch Verehrung der hl. B. (latinisiert „Brigida"), ir. Patronin (B. v. Kildare aus dem 576. Jh., Gd.: 1. 2.). KF: Briddy, Brigga.

Candice (engl.), aus dem Lat. = *glühend*. Namensträgerin: Filmschauspielerin C. Bergen (Film „Gandhi", der Oscarpreisträger 1982 war).

Cara (kelt.), = *die Freundin*. Auch bei uns belegt.

Carol (engl.), KF zu Caroline.

Carolin (engl.), KF zu Caroline. Anfang der 1960er Jahre aufgekommene KF. Besonders in der Mitte der 1980er Jahre bei uns sehr populär und auch jetzt wieder stark im Kommen. Namensträgerinnen: C. Reiber (*1939), deutsche Fernsehmoderatorin; C. Kebekus (*1980), deutsche Schauspielerin. NF: Karolin.

Carolina, Caroline, Carolyn (engl.), = Karoline. Nach dem engl. König Charles II. erhielt der US-Staat Carolina seinen Namen. Namensträgerinnen: engl. Springreiterin C. Bradley (1946–1983); Prinzessin C. von Monaco; C. Kennedy, Tochter des ermordeten US-Präsidenten J. F. Kennedy.

Carrie, Carry (engl.), KF zu Carol.

Cathleen (ir.), = Katharina. Andere Erklärung: aus dem Kelt.: *Glanz der Woge*.

Celia (engl.), KF zu Cecily (engl. für Cäcilie).

Charity (engl.), aus dem Lat. (caritas = *Nächstenliebe*). Puritanischer Tugendname, daher verbreitet auch in Nordamerika. KF: Cherry.

Charlene (engl.), KF zu Charlotte. Bekannt bei uns durch amer. Filmschauspielerm Ch. Tilton (in TV-Serie „Dallas“ die Lucy).

Chayenne (angloamer.), Name eines nordamer. Indianerstammes. Entweder vom franz. Wort *Hund* (chien) bzw. *Hundehalter* oder von der Sprache der Sioux abgeleitet = *fremd, fremdartig sprechend*. Vielleicht auch engl. Variante der franz. Form (chaiena) eines Sioux-Begriffs mit der Bedeutung „*kleine Cree*“ (Cree = ein Indianervolk). Seit Anfang der 1990er Jahre in Amerika beliebt, seit Mitte der 1990er Jahre auch bei uns. Mittlerweile hier populärer als in den USA (auch Name eines Porsche Geländewagen). Namensträgerin: C. Brando (1970–1995) Tochter des Schauspielers Marlon Brando („Der Pate“). NF: Cheyenne.

Cheryl (engl.), alte w Form zu Charles. Namensträgerin: amer. Filmschauspielerin Ch. Ladd („3 Engel für Charlie“; Hauptrolle im Film über verstorbene Fürstin von Monaco).

Christabel (engl.), aus dem Lat. = *schöne Christin*. KF: Chris, Chrissy.

Cilly (engl.), KF zu Cecily (Cäcilie).

Cindy (engl.), KF zum ital. Cinderella = *Aschenputtel* (verbreitet durch Film von Walt Disney). Namensträgerin: Sängerin C. Berger, Topmodel C. Crawford, auch Schlagertitel.

Clarinda (engl.), engl. Form von Clara, Neubildung im 18. Jh.

Clivia (engl.), Name einer *Pflanze* (nach einer engl. Herzogin des 19. Jhs., Lady Clive). Bekannt durch gleichnamige Operette von Nico Dostal (1933).

Coretta, Corette (engl.), KF zu Corinna. Bei uns bekannt durch C. King, Witwe des farbigen Bürgerrechtlers Martin Luther King.

Cornell, Corny (engl.), KF zu Cornelia. Namensträgerin: Schlagersängerin Corny Collins.

Corrie, Corry (engl.), KF zu Cordelia oder Cornelia.

Daisy (engl.), Blumenname: *Gänseblümchen*, daher auch Spitzname für Marguente (franz. Name dieser Blume). Seit 1900 auch im dt. Sprachraum durch Romane weit verbreitet, heute selten gewählt.

Davina (schott.), w Form zu David. Bekannt als Name einer früheren Freundin des engl. Kronprinzen Charles (D. Sheffield).

Dawn (engl.), zum griech. Wort für *Morgenröte*. Vereinzelt im dt. Sprachraum. Namensträgerin: Schauspielerin D. Adams.

Debbie (engl.), KF zu Deborah. Vollform und Kurzform sind im engl. Sprachraum sehr geläufig. Namensträgerin: Filmschauspielerin D. Reynolds.

Deirdre (ir.), aus dem Altir. = *Mädchen von großer Schönheit*. In altir. Sage Gestalt, die Unglück verbreitet. Um 1900 häufig in engl.sprachiger Literatur, bei uns selten gewählt.

Della (engl.), KF zu Delia (griech. Name: *von der Insel Delos*). Heute als selbständiger Name verbreitet.

Diona, Dionne (engl.), Name aus der griech. Mythologie (*Mutter der Aphrodite*). Verbreitet im angloamer. Sprachraum. Namensträgerin: amer. farbige Sängerin D. Warwick.

Dixie (amer.), eigentl. Name eines Südstaatenfarmers, der seine Sklaven so gut behandelte, dass sie sich nach „Dixie's Land" zurücksehnten, später Beiname für Südstaaten, dann allgemein als Bezeichnung für Mädchen aus dem Süden, aber auch eigenständiger Vorname.

Dolly (engl.), KF zu Dorothy. Bekannt durch amer. Musical „Hello, Dolly". Künstlername der dt. Schauspielerin D. Dollar („Wo geht's denn hier zum Film?").

Donna (engl.), eigentl. ital. = *Herrin*, aber im engl. Sprachraum als Vorname gebräuchlich. Namensträgerin: amer. Filmschauspielerin D. Reed; Figur in TV-Serie „Dallas" (D. Culver).

Doreen (engl.), auch bei uns gebräuchliche KF zu Dorothy (= Dorothea).

Edda (engl.), KF zu Edith. Kein Zusammenhang mit altnord. Sagensammlung gleichen Namens (obwohl oft ein Zusammenhang vermutet wird; daher auch im 3. Reich häufig gewählt). Im 19. Jh. Verbreitung durch Romanliteratur. Um 1900 Modename; auch heute noch weit verbreitet.

Edina (engl.), aus dem Altengl. = *glücklich*. Bekannt auch als poetischer Name für schott. Hauptstadt Edinburgh.

Edith(a) (engl.), aus dem Altengl. = *reich, glücklich*. Andere Deutung: *reich + Kampf*. Verbreitet durch hl. E. (10. Jh., Gd.: 16. 9.). Im 10. Jh. durch Heirat der engl. Prinzessin E. mit Otto d. Großen in deutschen Sprachraum gelangt, aber verbreitet erst im 19. Jh.; um 1900 vor allem im Adel und in jüd. Kreisen. Heute im ganzen dt. Sprachraum verbreitet, aber nicht mehr häufig gewählt. Populär: franz. Chansonsänger E. Piaf („Spatz von Paris", 1915–1963).

Edna (engl.), aus dem Hebr. = *Freude* (Name gehört demselben Stamm an wie Garten Eden). Verbreitet im angloamer. Sprachraum, häufig in jüd. Kreisen. Namensträgerin: amer. Schriftstellerin E. Ferber (20. Jh.).

Edwina (engl.), w Form zu Edwin.

Eileen (ir.), = Helene oder Eleanor.

Elaine (engl.), NF zu Helen, Eleanor. In der Artussage, Name des Mädchens, das aus Liebe zu Lancelot stirbt.

Eleanor(a) (engl.), = Eleonore. Andere Deutung: provenzalische Form von Helena. Namensträgerin: E. Roosevelt, Ehefrau des US-Präsidenten Franklin Delano R. NF: Ellinor (um 1900 modern).

Eliza (engl.), KF zu Elizabeth. Bekannt durch Blumenmädchen E. Doolittle aus „My fair Lady".

Ellen (engl.), KF zu Eleanor oder Helen. Um 1900 im dt. Sprachraum vorwiegend im Adel gebräuchlich (eingeführt durch Romanliteratur des 19. Jhs.). Heute verbreitet, aber nicht häufig. Namensträgerinnen: dt. Schauspielerin E. Schwiers; dt. Tänzerin E. Kessler (von den „Kessler-Zwillingen"); schwed. Pädagogin E. Key („Das Jahrhundert des Kindes", 1902).

Ellice (engl.), w Form zu Elias (NF: Ellis).

Elna (engl.), KF zu Eleanor. Im Schwed. auch KF zu Helena. Bei uns vereinzelt.

Emily (engl.), NF zu Emilie. Erst seit wenigen Jahren in unserem Sprachraum verwendeter Vorname, der aus dem Engl. übernommen ist. Seit Anfang des 21. Jh. nicht nur bei uns, sondern auch in England, Irland, Schweden und Dänemark besonders beliebt. Namensträgerinnen: E. Brontë, engl. Schriftstellerin (1818–1848); dt. Schauspielerin E. Wood (*1978); engl. Schauspielerin E. Anita Watson (*1967, für ihre Rolle als Cellistin Jacqueline du Pré in „Breaking the Waves" 1999 für den Oscar nominiert). NF: Emely.

Emmylou (engl.), moderner Doppelname aus Emily + Louise.

Enid (kelt.), = *Geist*. In der Artussage Name einer tapferen Königin (lit. in Tennysons „Königsidyllen", 19. Jh.). Namensträgerin: Jugendschriftstellerin E. Blyton.

Enya (kelt.) anglisierte Schreibweise des gälischen Vornamens Eithne, der wie E. ausgesprochen wird. Verschiedene Bedeutungen möglich: *Wasser des Lebens, Körper, Geist und Seele* oder *kleines Feuer*. Namensträgerin: E. (*1961), irische Folksängerin.

Ethel (engl.), KF zu Namen mit Ethel = Adel-. Namensträgerin: E. Kennedy, Witwe des ermordeten US-Senators Robert K.

Etta (engl.), KF zu Henrietta.

Evangeline (engl.), zum griech. Evangelium = *frohe Botschaft*. Verbreitung durch Dichtung „Evangeline" des engl. Dichters Longfellow (1849). In der Schweiz gelegentlich gewählt.

Eveline, Evelyn (engl.), EF zu Eva. Nach anderer Deutung altkeit. Ursprungs = *Freude, Annehmlichkeiten*. Bei uns verbreitet, aber nicht in Spitzenpositionen. Namensträgerinnen: Sängerin E. Künnecke; Boulevardschauspielerin E. Greßmann.

Faith (engl.), = *Treue*. Tugendname, verbreitet bei Puritanern.

Fanny (engl.), KF zu Frances. Verbreitung im dt. Sprachraum im 19. Jh. durch engl. Romane. Lit. auch: „Fanny Hill" (dt. 1906). Heute noch geläufig. Namensträgerin: Tänzerin F. Elßler (19. Jh.).

Faye (engl.), KF zu Feith. Bekannt durch amer. Filmschauspielern! F. Dunaway („Bonnie and Clyde").

Fiona (engl.), im Gälischen = *schön*. Bekannt durch F. Thyssen.

Frances (engl.), = Franziska. Namensträgerin: engl. Schriftstellerin F. Burnett (1849–1924; „Der kleine Lord").

Gail (engl.), aus dem Altengl. = *fröhlich, lebhaft*. Vorname der Witwe des amerik. Musikers Frank Zappa.

Garnet (engl.), KF eines altgerm. Stammesnamens (Varin), früher m Name, heute w.

Geraldine (engl.), w Form zu Gerald. Namensträgerm: G. Chaplin (Tochter von Charlie Ch., u. a. in „Doktor Schiwago").

Gilda (kelt.), = *Gottesdienerin*. Nach anderer Deutung zum dt. Namen Hilda gehörig. Bekannt durch Verdis Oper „Rigoletto" (1851), daher im dt. wie auch im ital. Sprachraum vereinzelt.

Gladys (engl.), walisischer Name, w Form zu Claudius. Auch bei uns gelegentlich gewählt.

Grace (engl.), = Grazia. Bekannt durch amer. Filmschauspielerin G. Kelly, die spätere Fürstin Gracia Patricia von Monaco (1926–1982; „12 Uhr mittags").

Grizelda (schott.), = Griseldis. In Schottland volkstümlicher Name.

Gwen(da) (engl.), KF zu Gwendolyn. Namensträgerin: amer. Schriftstellerin G. Bristow (Trilogie über Südstaaten „Tiefer Süden").

Gwendolyn (engl.), Name einer altengl. Göttin (entspricht der röm. Jagdgöttin Diana). Kelt. Bedeutung: *mit weißer Stirn*. Aus dem Engl. übernommen, heute zunehmend verbreitet.

Harriet (engl.), = Henriette. Bekannt bei uns durch amer. Schriftstellerin H. Beecher-Stowe („Onkel Toms Hütte", 1852). Um 1900 im Adel verbreitet, heute selten geworden.

Hazel (engl.), Pflanzenname = *Haselnussstecken* (früher Symbol d. Macht bei Schafhirten). Vereinzelt bei uns gewählt.

Heather (engl.), = *Heidekraut*. Im 19. Jh. als Name im engl. Sprachraum verbreitet, gelegentlich auch bei uns.

Helen (engl.), = Helene. Namensträgerin: blinde amer. Schriftstellerin H. Keller (1880–1968; „Geschichte meines Lebens"); Filmschauspielerin H. Schneider.

Hester (engl.), = Esther (*Stern*). Auch im Niederländ. KF: Hetty (bekannt durch Prinzessin v. Auersperg, Ehefrau von Arndt v. Bohlen u. Halbach).

Holly (engl.), Pflanzenname (glücksbringender *immergrüner Strauch*, den man Weihnachten ins Haus hängte für die Elfen im Winter).

Hope (engl.), = *Hoffnung*. Puritanischer Tugendname.

Ilka (engl.), Name kam über das Lat. und Germ, nach England. Bedeutung: *fleißig*. Namensträgerin: Schriftstellerin I. Chase („Zu jung, um ohne Wunsch zu sein").

Imogen (engl.), Name unklarer Bedeutung: entweder im Zusammenhang mit lat. = *Bildnis* oder mit altir. ingen = *Tochter*. Andere Deutung: Setzfehler im Shakespeare-Stück „Cymbeline": Aus Innogen (lat. Innozentia = *Unschuld*) wurde Imogen (und der Name wurde durch dieses Stück verbreitet). Im dt. Sprachraum früher im Adel vertreten, heute selten gewählt.

Isobel (schott.), = Isabel.

Isolde (kelt.), Name aus der Sage um die Artusrunde (Prinzessin, die von Tristan geliebt wurde), im MA dadurch verbreitet und neu belebt im 19. Jh. (Wagneroper). Bedeutung: im Kelt. unklar, kann aber auch zusammenhängen mit angelsächsisch isen = *eisern* + altdt. waltan = *herrschen*. Ital.: Isotta.

Ivy (engl.), Pflanzenname = *Efeu* (heilig der griech. Liebesgöttin Aphrodite).

Jacky (engl.), beliebte engl. KF zu Jacqueline. Bekannt durch J. Kennedy-Onassis (Witwe des US-Präsidenten John F. K. und des Großreeders Aristoteles Onassis, † 1994).

Jaclyn (engl.), = Jacqueline. Name bekannt durch amer. Filmschauspielerin J. Smith („3 Engel für Charlie").

Jane (engl.), KF zu Johanna, daher w Form zu John. Auch bei uns vertreten. Namensträgerin: amer. Schauspielerin J. Fonda.

Janet (engl.), KF zu Jane.

Janice (engl.), EF zu Jane.

Jean (schott.), = Jane. Bekannt durch amer. Tennisspielerin Billie J. King, auch durch amer. TV-Serie „Bezaubernde Jeanie". Im dt. Sprachraum nicht empfehlenswert wegen Gefahr der Verwechslung mit franz. Männernamen Jean.

Jennifer (kelt.), = *weiße Woge* (= Geneviève, Ginevra). Nach der Sage Ehefrau von König Artus. Seit ca. 1960 im dt. Sprachraum verbreitet, zunehmend seit Ende der 70er Jahre.

Jenny (engl.), KF zu Jane, Joan. Im dt. Sprachraum im 19. Jh. populär geworden durch schwed. Sängerin J. Lind („Schwedische Nachtigall", 1820–1887; verfilmt mit Ilse Werner). Lit.: Roman „Frau J. Treibel" von Th. Fontane (1892). Verbreitung im 20. Jh. beeinflusst durch Filmschauspielerin. Amer. Schauspielerin J. Garth („Beverly Hills 90210").

Jessica (engl.), zum bibl. Jiska = *Gott schaut*. Im Schwed. KF zu Johanna. Bekannt durch Shakespeares „Kaufmann von Venedig" (1597). Verbreitet und beliebt im norddt. Sprachraum.

Jill (engl.), KF zu Gillian (Juliane). Bekannt als Figur in TV-Serie „3 Engel für Charlie" (Schauspielerin Farrah Fawcett).

Joan (engl.), = Johanna. Im engl. Sprachraum beliebt, bei uns nur selten. Namensträgerinnen: amer. Sängerin J. Baez; J. Kennedy, Ex-Ehefrau von Edward K.; amer. Filmschauspielerinnen J. Crawford; J. Whalley-Kilmer („Scarlet").

Joy (engl.), aus dem Lat. = *Freude*. Bei uns gelegentlich gewählt. Bekannt durch modernisierte Fassung des Beethoven-Liedes „An die Freude" (nach Schiller): „Song of Joy". Dt. Sängerin J. Fleming.

Joyce (engl.), adjektivische Form von Joy, aber selbständiger Name im engl. Sprachraum.

Judy (engl.), KF zu Judith. Bekannt durch amer. Filmschauspielerin J. Garland (Mutter von Liza Minelli) und Künstlername der dt. Filmschauspielerin J. Winter (häufig im TV).

June (engl.), Name abgeleitet vom Monatsnamen Juni (aus dem Lat., dort Sippenname mit Bedeutung *jung*).

Kara (engl.), KF zu Katharina.

Kare(e)n (engl.), KF zu Katharina.

Kate (engl.), KF zu Katharina, entspricht dem dt. Käte. Lit.: Shakespeares Drama „Der Widerspenstigen Zähmung", danach Musical „Kiss me, Kate". Namensträgerin: amer. Filmschauspielerin K. Jackson (im TV in Serie „3 Engel für Charlie").

Kathleen (ir.), = Katharina.

Kay (engl.), aus dem Griech. = *frohlockend*.

Kelly (engl.), eigentlich Fam.name, aber häufig auch als Vorname gebräuchlich (Figuren in TV-Serie „3 Engel für Charlie", „Beverly Hills 90210").

Kim (engl.), neben m auch w Name. Verbreitet durch Filmschauspielerinnen K. Nowak, K. Hunter; Rocksängerin K. Wilde.

Kimberley, Kimberly (engl.), von einem südafrik. Ortsnamen abgeleitet, der wiederum von Lord Kimberley seinen Namen hat. Zunächst war der Name nur m. In Engl. wurde er im Gedenken an die Schlacht bei Kimberley vergeben, verschwand jedoch bald wieder. Ab Mitte des 20. Jh. taucht K. als w Vorname in Amerika auf, wo er in den 1960er und 1970er Jahren relativ oft vergeben wurde. Im Dt. seit den 1980er Jahren gelegentlich verwendet. Ein eindeutiger Zweitname ist nötig, da K. m und w sein kann. Häufiger ist aber die w Variante. Namensträgerin: K. Wyatt (*1982), Tänzerin und Sängerin der Band „The Pussycat Dolls". KF: Kim.

Kirstie, Kirsty (schott.), häufige KF zu Christina.

Kit(ty) (schott.), KF zu Katherine. Auch bei uns gebräuchlich.

Leslie (kelt.), Herkunftsname = *aus dem grauen Fort*. Auch m Vorname. Namensträgerin: Filmschauspielerin L. Anne Down.

Letitia (engl.), Form zu Lätitia.

Libby (engl.), KF zu Elizabeth.

Lil (engl.), KF zu Lilian. Bekannt durch Schauspielerin L. Dagover (1897–1968; „Buddenbrooks"). Selten gewählt.

Lil(l)ian (engl.), Blumenname = *Lilie* (Symbol der Reinheit). Seit ca. 1900 im dt. Sprachraum geläufig, angeregt vor allem in den 20er Jahren durch dt.-engl. Filmschauspielerin L. Harvey (1906–1968; mit W. Fritsch als Traumpaar des dt. Films bekannt, u. a. in „Der Kongress tanzt“). Name gilt als modern, ist aber nicht besonders häufig.

Lil(l)y (engl.), KF zu Elizabeth. Auch bei uns weit verbreitet, populär durch Goethes Jugendliebe L. Schönemann. Häufig in Romanen des 19. Jh. Lit.: Lied von der „Lili Marleen“ (Hans Leip, gesungen von Lale Andersen), das den Namen weltberühmt machte. Namensträgerinnen: dt. Sozialistin, Schriftstellerin L. Braun (1865–1916); Schauspielerin, Schriftstellerin L. Palmer († 1987; „Dicke L., gutes Kind“).

Linda (engl.), KF zu Belinda. Namensträgerinnen: amer. Filmschauspielerinnen L. Gray (in TV-Serie „Dallas“ die Sue-Ellen Ewing); L. Evans (in TV-Serie „Denver-Clan“ die Krystle Carrington). Auch bei uns verbreitet.

Liz(zy) (engl.), KF zu Elizabeth. Bekannt durch amer. Filmstars Liz Taylor („Cleopatra“), Liza Minelli („Cabaret“).

Lorena (engl.), = Laura.

Lorna (amer.), Erfindung des Schriftstellers Blackmore (in seinem Roman „L. Doone“, 1869) oder auch als KF zu Lorena.

Luana (engl.), Bedeutung unklar. Verbreitung vor allem in Amerika, aber auch bei uns gewählt.

Lucinda (engl.), KF zu Lucy (engl. Form von Luzia).

Lucy (engl.), KF zu Lucia. Im 20. Jh. bei uns fast gar nicht, sondern nur im engl. Sprachraum vorkommend, ist L. Anfang des 21. Jh. bei uns sehr populär. NF: Lucie.

Luella (engl.), verbreiteter Doppelname aus Louise + Ella.

Lynn (engl.), aus dem Angelsächsischen = *kleiner Wasserfall*. Namensträgerinnen: Jamie L. Spears (*1991), Schwester von

Britney Spears; amer. Sängerin und Schauspielerin Jennifer L. Lopez (*1969).

Mabel (engl.), KF zu Amabel. Im dt. Sprachraum um 1900 relativ häufig, heute selten gewählt.

Mady (engl.), KF zu Magdalene. Namensträgerinnen: dt. Filmschauspielerin M. Rahl; dt. TV-Ansagerin M. Riehl (auch bei „Dalli-Dalli"), dadurch gewisse Verbreitung des Namens.

Mae (engl.), KF zu Maja. Bekannt durch amer. Stummfilmstar M. West (1892–1983).

Mag, Maggie, Maggy (engl.), KF zu Margaret. Bei uns ab ca. 1900 verbreitet, zeitweise recht beliebt, heute seltener.

Magde (engl.), KF zu Margarethe. Bei uns gelegentlich gewählt.

Maisie (schott.), KF zu Margarethe.

Mandy (engl.), KF zu Amanda.

Marcia (engl.), w Form zu Markus, häufig in Amerika.

Margery (engl.), KF zu Margaret.

Marilyn (engl.), KF zu Mary. Verbreitet, aber nicht häufig, im dt. Sprachraum. Namensträgerin: amer. Filmstar M. Monroe (1926–1962; „Das verflixte 7. Jahr").

Marjorie (engl.), NF zu Margaret.

Mary (engl.), = Maria. Auch im dt. Sprachraum recht verbreitet. Namensträgerinnen: engl. Tänzerin M. Wigman; dt. Schlagersängerin M. Roos (Künstlername). Häufig auch in Doppelnamen: Mary-Ann, Mary-Lou, Mary-Rose.

Maud (engl.), KF zu Magdalene, Margaret, Mathilde. Ab 1900 im dt. Sprachraum eingebürgert, heute nicht mehr sehr häufig.

Maura (ir.), = Maria. Andere Deutung: zum lat. Wort für *dunkel*.

Maureen (engl.), KF zu Maura. Bekannt: amer. Schriftstellerin M. O'Hara („Mein Freund Flicka").

Meg, Meggie (engl.), KF zu Margaret = Mag(gie).

Merle (engl.), zum lat. Vogelnamen *Amsel*. Gelegentlich auch im dt. Sprachraum. Namensträgerin: Filmschauspielerin M. Oberon.

Meryl (engl.), NF zu Muriel. Namensträgerin: amer. Filmschauspielerin M. Streep („Kramer gegen Kramer", „Sophies Entscheidung", dafür Oscar 1982).

Mildred (engl.), = altdt. Name Miltraud (zu altdt. mild = *gütig* + rad = *Ratgeber*). Gelegentlich bei uns belegt. Heute sehr bekannt als Name von M. Scheel, Ehefrau des ehem. dt. Bundespräsidenten Walter Sch., bekannte Ärztin, Initiatorin der Deutschen Krebshilfe; † 1985).

Millicent (engl.), aus dem Altfranz. = *1000 Heilige*.

Minnie (engl.), zum altdt. Minne = *Liebe*. Heute meist als KF zu Mary betrachtet.

Moira (kelt.), = *groß*; auch als ir. Form zu Mary gedeutet oder zum griech. Wort für *Schicksal* gehörig.

Molly (engl.), Lallform für Mary.

Mona (ir.), = *edel*. Andere Deutung: KF der ital. Madonna. (So heißt das weltberühmte Gemälde Leonardo da Vincis Mona Lisa, 1503, eigentlich „Frau Lisa".) Auch im dt. Sprachraum geläufig.

Muriel (engl.), zum arab. Wort für *Myrrhe* (Geschenk der Hl. 3 Könige). Dt. Schauspielerin M. Baumeister.

Myrtle (engl.), Name der immergrünen Pflanze *Myrthe* (im antiken Griechenland der Venus heilig, für Siegerkränze verwandt).

Nan (engl.), KF zu Anna oder Hannah. KF: Nannie, Nanny.

Nancy (engl.), beliebte KF zu Nan. Bekannt durch Ehefrau des US-Präsidenten, N. Reagan.

Nell, Nellie, Nelly (engl.), KF zu Ellinor oder Helen, auch Cornelia; aus der Kindersprache entstanden. Auch im dt. Sprachraum gebräuchlich. Moderne Form: Nellis.

Noreen (ir.), = Nora. Vereinzelt im dt. Sprachraum.

Norma (engl.), wohl lat. Ursprungs (norma = *Regel, Richtschnur*). Bekannt durch Roman W. Scotts von 1821. Zur Verbreitung im dt. Sprachraum trug vor allem die Oper „Norma" von Bellini (1831) bei.

Olive, Olivia (engl.), w Form zu Oliver. In der Form Olivia auch im dt. Sprachraum verbreitet.

Oona (ir.), NF zu Una. Name der Witwe von Charlie Chaplin.

Pamela (engl.), vermutlich griech. Ursprungs (zu pan = *ganz* + melos = *Gesang*). Nach anderer Deutung Schöpfung des engl. Schriftstellers Ph. Sidney für seinen gleichnamigen Roman (1590). Auch im dt. Sprachraum gewählt. Namensträgerinnen: amer. Filmschauspielerin P. Sue Martin (in TV-Serie „Denver-Clan" als Fallon); in TV-Serie „Dallas" die P. Ewing (Schauspielerin Victoria Principal). Lit. in engl. Romanen gleichen Namens von S. Richardson (1742), C. Darcy (1977). KF: Pam.

Pansy (engl.), Blumenname = *Stiefmütterchen*.

Patience (engl.), zum lat. patientia = *Geduld*. Puritanischer Tugendname, verbreitet im engl. Sprachraum.

Patrice, Patricia (engl.), = Patrizia. KF: Patsy, Patty.

Peace (engl.), = *Frieden*; puritanischer Tugendname.

Pearl (engl.), Edelsteinname (*Perle*). Bei uns bekannt durch amer. Schriftstellerin P. S. Buck (1892–1973, Nobelpreisträgerin 1933; „Die gute Erde", „Die Frauen des Hauses Wu").

Peg(gy) (engl.), KF zu Margaret. Vereinzelt im dt. Sprachraum, evtl. angeregt durch amer. Schlagersängerin P. March („Mit 17 hat man noch Träume").

Penelope (engl.), Name aus dem Griech. (Ehefrau des antiken Sagenhelden Odysseus; Name unklarer Bedeutung). Verbreitet im engl. Sprachraum, vor allem KF Penny.

Petula (engl.), zum altröm. petulans = *ausgelassen*. Bekannt durch engl. Schlagersängerin P. Clark („Downtown").

Pippa (engl.), KF zu Philippa. Lit. bekannt geworden durch Gedicht „Und P. ging vorüber" v. R. Browning (1841) sowie durch Hauptmanns „Und P. tanzt" (1906). Dadurch auch im dt. Sprachraum vereinzelt (im engl. häufig).

Polly (engl.), NF zu Molly, also KF zu Mary.

Priscilla (engl.), EF zum lat. Namen Prisca (= *alt, ehrwürdig*). Im engl. Sprachraum verbreitet. Bei uns bekannt durch amer. Filmschauspielerin P. Pointer („Dallas"); P. Presley.

Prudence (engl.), zum lat. prudentia = *Klugheit*. Puritanischer Tugendname, verbreitet im engl. Sprachraum.

Roderica (engl.), w Form zu Roderick (im Dt. Roderich).

Rosaleen, Rosalyn (engl.), = Rosalie.

Rowena (kelt.), Name einer sagenhaften angelsächsischen Prinzessin. Bedeutung: *weißmähnig* (Pferd gilt als Nationaltier der Angelsachsen). Bei uns bekannt durch W. Scotts Roman „Ivanhoe“ (1819).

Roxane (engl.), = Roxana. Verbreitet im engl. Sprachraum.

Sabrina (engl.), Name einer sagenhaften engl. Prinzessin, Nymphe des Flusses Severn. Gleichnamiger Film mit Audrey Hepburn hat den Namen bei uns bekannt gemacht. Heute zunehmend bei uns. Bekannt auch durch TV-Serie „3 Engel für Charly“ (Rolle der Sabrina Duncan: Schauspielerin Kate Jackson).

Sally (engl.), gebräuchliche KF zu Sara(h). Amer. Schauspielerin S. Fields.

Samantha (engl.), aus dem Hebr. = *die Gehorchende*. In Amerika, vor allem in jüd. Kreisen, weit verbreitet. Bei uns seit ca. 1960 geläufig. Namensträgerin: amer. Filmschauspielerin S. Eggar („Der König und ich“).

Sandie, Sandy (engl.), KF zu Alexandra. Schlagersängerin S. Shaw („Puppets on the string“) machte den Namen bei uns bekannt.

Scarlett (engl.), = *scharlachrot*. Bekannt durch amer. Familienroman „Vom Winde verweht“ (M. Mitchell, 1937) als Name der Heldin. Dadurch auch im dt. Sprachraum gelegentlich gewählt.

Selina (engl.), = Celine (zum lat. Wort für *himmelblau*). Nach anderer Deutung zum altdt. slinda (Name einer berühmten *Schlange*) oder auch zum griech. Selen = *Mond*. In der Schweiz vor allem gewählt.

Selma (engl.), als KF zu Anselma möglich oder zum *kelt. Ortsnamen Selma*, der in schott. Ossiansdichtung (MacPherson, 18. Jh.) vorkommt. Übersetzer Klopstock (1768) missdeutete den Ortsnamen als Vornamen. Im dt. Sprachraum verbreitet. Bekannt auch durch schwed. Dichterin S. Lagerlöf (1858–1940, „Nils Holgersson“, „Gösta Beding“). Amerik. Schauspielerin S. Hayek.

Serena (engl.), zum lat. serenus = *heiter*. Häufig im engl. Sprachraum.

Sharon (engl.), *Ortsname in den USA*. Bekannt durch amer. Filmschauspielerin S. Tate (Ehefrau von R. Polanski, 1969 ermordet), S. Stone („Basic Instinct“).

Sheila (ir.), KF zu Cecily. Auch bei uns verbreitet.

Shirley (engl.), Ortsbezeichnung (= *von der weißen Wiese*), die zunächst in Nordamerika Vorname wurde, lit. bekannt durch gleichnamigen Roman von Charlotte Bronte (1849). Namensträgerinnen: amer. Filmschauspielerinnen S. Temple (Kinderstar der 30er Jahre, heute Politikerin), S. Mac Laine; amer. Sängerin S. Bassey.

Sondra (engl.), Name unklarer Bedeutung. Bekannt, und daher auch vereinzelt gewählt im dt. Sprachraum, durch „Amerikanische Tragödie“ (Th. Dreiser, dt. 1927).

Stacia, Stacy (engl.), KF zu Anastasia.

Sue (engl.), KF zu Susan. Bekannt durch amer. Filmschauspielerin Pamela S. Martin (in TV-Serie „Denver-Clan“ und Rolle der S. Ellen Ewing in TV-Serie „Dallas“ (Schauspielerin Linda Gray). Weitere KF zu Susan: Susy.

Terry (engl.), KF zu Teresa (engl. Form von Therese).

Tess(y) (engl.), KF zu Teresa.

Thelma (engl.), aus dem Griech. = *Liebling*.

Tressa (amer.), = Teresa.

Una (ir.), = Oona. Aus dem Kelt. = *Hungersnot*. Andere Deutung: zum lat. una = *die einzige*. Bekannt durch „Faerie Queene" des Schriftstellers Spenser (1590), der Heldin Una als personifizierte Treue erscheinen lässt. Namensträgerin: ir. Schriftstellerin U. Troy (heitere Romane wie „Wir sind 7", „Mutter macht Geschichten").

Vanessa (engl.), Name der *Schmetterlingsgattung*, der Admiral und Pfauenauge angehören. Im Griech. Name einer *Göttin* (*Phanessa*). Jonathan Swift erklärt den Namen als Anagramm zum w Namen Esther Vanhomrigh, die er 1726 im Gedicht „Cadenus" als Vanessa darstellt. Heute hat der Name im dt. Sprachraum steigende Tendenz. Namensträgerin: amer. Filmschauspielerin V. Redgrave.

Violet (engl.), KF zu Viola.

Vivian, Vivien (engl.), zum lat. vivus = *lebendig*. Nach der Sage um König Artus Name einer Zauberin, die Merlin verzauberte. Bekannt bei uns vor allem durch amer. Filmschauspielerin V. Leigh („Vom Winde verweht").

Wendy (engl.), KF zu altgerm. Namen mit Wendel- (Wendelgard, Wendula, zum *Stammesnamen der Wandalen* gebildet). Im engl. Sprachraum gebräuchlicher Name. Lit.: bei „Peter Pan".

Winnie (engl.), KF zum altdt. Namen Winifred (Bedeutung *Friedensfreund*). Bekannt durch dt. Filmschauspielerin W. Markus.

Weibliche Vornamen des deutschen Kulturkreises

Ad(da) (altdt.), KF von Namen mit adal = *edel* (Adalberga, Adalberta, Adelheid). Verbreitet durch hl. A. (7. Jh., Gd.: 4. 5.). Im 19. Jh. häufig als Romanname. Heute recht verbreitet. Namensträgerin: österr. Schriftstellerin A. Christen (1844–1901; Gedichtsammlung „Lieder einer Verlorenen").

Adela, Adele (altdt.), KF zu Adelheid. Name einer Heiligen (um 700, Gd.: 24. 12.). Im 19. Jh. mit franz. Betonung weit verbreitet, bekannt u. a. durch dt. Schauspielerin A. Sandrock (1864–1937; „Die englische Heirat"). Auch heute verbreitet. Lit.: „Fledermaus" (J. Strauß, 1874).

Adelgund(e) (altdt.), zum Ahd. adal = *edle Gesinnung* + gunt = *Kampf*. Name einer Heiligen (um 700, Gd.: 30. 1.). Im 19. Jh. bekannt durch Romanliteratur, aber kaum verbreitet.

Adelheid (altdt.), zum Ahd. adal = *edle Gesinnung* + heit = *Gestalt, Rang, Name*. Schon im MA sehr beliebt (Name einer dt. Kaiserin, Ehefrau v. Otto dem Großen, 931–999, heiliggesprochen, Gd.: 16. 12.; auch rhein. Heilige, 11. Jh., Gd.: 5. 2.). Neubelebung durch Goethes „Götz von Berlichingen" (1773). Im 19. Jh. häufig als Romanname, heute vor allem im süddt. Sprachraum verbreitet: KF: Alida.

Alberta (altdt.), w Form zu Albert. EF: Albertina, Albertine. Gegenwärtig nur selten.

Albin(i)a (altdt.), w Form zu Albin. In jüngerer Zeit häufiger gewählt.

Alma (altdt.), KF von heute ungebräuchlichen Namen mit amal = *Kampf* (Amalberga, Amalberta). Auch span. Vorname.

Almut(e) (altdt.), KF zum Namen Adelmut zum Ahd. adal = *edle Gesinnung* + muot = *Gesinnung*. Heute wieder als modern angesehen.

Alruna, Alrune (altdt.), KF zum Namen Adelrune (ahd. adal = *edle Gesinnung* + runa = *Zauber*). Roman „Alraune" (Ewers, 1911) trug zur Verbreitung des zunehmend gewählten Namens bei.

Alwine (altdt.), w Form zu Alwin. Vereinzelt. KF: Alwi, Alwy (bekannt durch dt. Schauspielerin A. Becker).

Amalia, Amalie (altdt.), KF zu Namen mit amal (Amalberga, Amalberta). Früher häufig vertreten (Goethes Gönnerin Anna A. v. Sachsen-Weimar, 1739–1807; Schwester Friedrichs des Großen, A. v. Preußen, 1723–1787, bekannt durch „Affäre Trenck"). Heute nur selten gewählt. Lit.: in Schillers „Die Räuber" (1781).

Amrei (oberdt.), in der Schweiz geläufig KF zu Annemarie.

Anna (altdt.), w Form zu Anno (KF von Arnold), die schon im MA durch hebr. Namen Anna im Bewusstsein verdrängt wurde. Häufig sind Doppelnamen und Kurzformen mit Anna: Anna Barbara, Ännchen (hochdeutsche Fassung des Liedes „Anke von Tharau" machte KF bekannt), Anna Lena, Anne, Anne Dore, Anne Gerda, Anne Gret (meist als ein Name aufgefasst; Namensträgerin: dt. Läuferin A. Richter), Anne Heide, Anne Kathrin (heute sehr beliebt), Annelie (KF zu Anna oder Anneliese), Anne Liese (meist als ein Name aufgefasst; Namensträgerinnen: Sängerin A. Rothenberger, Anne Lore, Anne Marie (meist als ein Name aufgefasst), Anne Marien, Annemie (KF zu Annemarie), Anne Rose, Anne Traud(e), Anni(e) (KF zu Anna; Namensträgerin: dt. Filmschauspielerin A. Rosar). Anna/Anne war 2007 bei den 10 beliebtesten Namen.

Armgard (altdt.), NF zu Irmgard. Bekannt durch Schillers „Wilhelm Teil" (1804). Heute nicht sehr häufig gewählt.

Barb, Bärbel (dt.), KF zu Barbara. Bärbel ist die häufigste KF dazu, heute auch selbständiger Name.

Bernhardine (altdt.), EF zu Bernharda, Bernharde, den w Formen zu Bernhard. Bekannt durch Äbtissin B. (Gd.: 21. 9.). Franz.: Bernadette.

Bert(h)a (altdt.), KF von Namen mit ahd. beraht = *glänzend* oder zu Alberta direkt. Im MA weit verbreitet durch Verehrung der hl. B. (Stifterin des Klosters Biburg im 12. Jh., Gd.: 6. 8.), dadurch vor allem im süddt. Raum verbreitet. Auch Märtyrerin des 8. Jhs. (Gd.: 1. 5.). In der Hauptsache förderten den Namen Mutter, Tochter und Schwester Karls des Großen. Im 19. Jh. Neubelebung durch Ritterromane, angeregt durch Schillers „Wilhelm Tell" (1804). Um 1900 Modename, heute stark zurückgegangen. Namensträgerin: österr. Schriftstellerin B. v. Suttner (1843–1914; Friedensnobelpreis 1905; Roman „Die Waffen nieder"). NF: Bertalda, Bertrada (sehr selten).

Brigitte (dt.), dt. Form des kelt. Heiligennamens Bridget (latinisiert Brigida). Im 19. Jh. verbreitet, angeregt durch Stifters Novelle „Brigitta" (1843). Um 1900 galt der Name als altmodisch, erreichte zwischen 1930 und 1960 wieder große Verbreitung, ist heute verdrängt von der Fassung Birgit. Namensträgerinnen Filmschauspielerinnen B. Horney, B. Grothum, B. Bardot, franz. Sexidol der 50er Jahre. KF: Biggi.

Brunhild(e), Brünhild(e) (altdt.), zum Ahd. bruni = *Brustpanzer* + hiltja = *Kampf*. Verbreitung durch Nibelungensage (Ehefrau König Gunthers, Rivalin der Kriemhild). Im 19. Jh. neu belebt (auch durch Hebbel und Wagner). Als Walkürenname im 3. Reich angesehen, aber nicht allzu häufig (Beigeschmack eines Mannweibes).

Burghild(e) (altdt.), zum Ahd. bergan = *schützen* + hiltja = *Kampf*. Nur vereinzelt. KF: Burga, Burgel (vor allem im süddt. Sprachraum, da auch KF zu Walburga). NF: Borghild.

Carla (altdt.), latinisierte NF zu Karla, = w Form zu Karl. Seit Anfang des 21. Jh. ist der Vorname wieder im Dt. beliebt. Namensträgerin: C. Bruni (*1967), ehemaliges Model und Ehefrau des franz. Staatspräsidenten Nicolas Sarkozy.

Christa (dt.), KF zu Christiane. Im 19. Jh. durch Romanliteratur verbreitet, um 1900 vor allem im Adel, heute Modename. Z. Zt. im süddt. Sprachraum häufiger als im norddt. Namensträgerinnen: zeitgenössische Dichterin Ch. Reinig; dt. Skiläuferinnen Ch. Zechmeister, Ch. Kinshofer; Volksschauspielerin Ch. Wehling vom Hamburger Ohnsorgtheater. Rätoroman. KF: Chrischona. Auch in Form eines Doppelnamens: Christa Maria.

Christhild (dt.), Neubildung des Pietismus (17./18. Jh.), aber selten gewählt.

Cläre (dt.), eingedeutschte Form von Claire (franz. zu Clara). Lit.: Tucholsky Novelle „Rheinsberg“. NF: Kläre.

Conni, Conny (dt.), KF zu Cornelia (Name der Schauspielerin Cornelia Froboess in ihrer Teenagerzeit; Anfang der 60er Jahre in Filmen mit Peter Kraus häufig zu sehen).

Dieta (altdt.), KF zu Namen mit Diet (Diethild, Dietlind).

Diethild(e) (altdt.), zum Ahd. diot = *Volk* + hiltja = *Kampf*. Selten.

Dietlind(e) (altdt.), zum Ahd. diot = *Volk* + linta = *Lindenholzschild*. Verbreitet im gesamten dt. Sprachraum. Namensträgerin: Schauspielerin D. Turban (u. a. in TV-Serie „Das Traumschiff").

Dietmut(e) (altdt.), zum Ahd. diot = *Volk* + muot = *Sinn*. Nur vereinzelt gewählt.

Dietrun (altdt.), zum Ahd. diot = *Volk* + runa = *Zauber*. Im 3. Reich gern gewählt.

Dina (altdt.), KF zu Bernhardine, Leopoldine.

Dora (dt.), KF zu Dorothea, schon früh als selbständiger Name. Um 1900 Modename, auch heute noch immer gewählt. KF: Dorle.

Dorit (dt.), KF zu Dorothea. Lit.: „Klein-Dorrit" (Roman v. Ch. Dickens, 1857). Vereinzelt gewählt (gilt als moderner als Dora).

Ebba (altdt.), KF von Namen mit Eber (Ebergard, Eberhild), die heute ungebräuchlich sind. KF recht verbreitet.

Eberhardine (altdt.), selten gewählte w Form zu Eberhard.

Edelgard (altdt.), zum Ahd. adal = *vornehme Gesinnung* + gard = Schutz. Vereinzelt gewählt.

Edeltraud (altdt.), zum Ahd. adal = *edle Gesinnung* + trud = *wehrhaft*. Stark verbreiteter Name. NF: Edeltrud (seltener gewählt).

Effi(e) (altdt.), KF zu Elfriede. Verbreitung durch bekannten Fontane-Roman „E. Briest" (1895).

Ehrengard (altdt.), NF zum nahezu ungebräuchlichen altdt. Arngard (zum Ahd. arm = *Adler* + gard = *Schutz*), fälschlicherweise oft auf unser heutiges Wort „Ehre" bezogen. Recht selten.

Ehrentraud (dt.), ab ca. 1600 gebräuchliche Neubildung. Nach anderer Erklärung Umdeutung d. Namens Arntraut zum Ahd. arin = *Adler* + trud = *wehrhaft* (dazu dann: hl. Ehrentrudis, Äbtissin des Benediktinerinnenklosters in Salzburg im 8. Jh.). Vereinzelt.

Elfe (altdt.), KF zu Elfriede, volksetymologisch dagegen auf „Elfe" bezogen. Namensträgerin: E. Gerhard, Ehefrau von Paul Dahlke.

Elfi (altdt.), verbreitete und beliebte KF zu Elfriede. Namensträgerin: dt. Schauspielerin E. Pertramer, österr. Sängerin E. Graf.

Elfriede (altdt.), zum Ahd. adal = *vornehme Gesinnung* + fridu = *Schutz* (vor Waffen). Im Engl.: w Form zu Alfred. Name einer Heiligen von Mercia (um 800, Gd.: 20. 5.). Um 1900 Modename, vor allem im süddt. Sprachraum häufig gewählt.

Elfrun (altdt.), jüngere Form zu Albrun, Alfrun (zum Ahd. albi = *Elfe* + runa = *Zauber*). Selten gewählt.

Ella (dt.), KF zu Elfriede, auch zu Eleonore, Elisabeth. Um 1900 Modename, heute nicht mehr sehr häufig. Namensträgerin: amer. Jazzsängerin E. Fitzgerald.

Elli, Elly (dt.), KF zu Eleonore, Elisabeth. Im 19. Jh. weitverbreitet, auch durch Romanliteratur (Sudermann u. a.); heute nur selten gewählt. Namensträgerinnen: Pianistin E. Ney (1882–1968); E. Heuß-Knapp, Ehefrau des Bundespräsidenten Theodor H. (1881–1952), die 1950 das Müttergenesungswerk gründete; dt. Fliegerin E. Beinhorn, Ehefrau des Rennfahrers Bernd Rosemeyer.

Elsa (dt.), KF zu Elisabeth. Im 19. Jh. sehr verbreitet durch Wagneroper „Lohengrin" (1850), die Vertonung d. Sage um „Elsa von Brabant". Zwischen den Weltkriegen neu belebt durch E. Brändström, den „Engel von Sibirien" (1888–1948). Heute in der Schweiz noch häufig, sonst abnehmende Tendenz. Namensträgerin: dt. Schauspielerin E. Wagner. NF: Elsabe, Elsbe.

Elsbeth (dt.), KF zu Elisabeth. Durch Ritterromane im 19. Jh. verbreitet, heute nicht mehr häufig.

Else (dt.), KF zu Elisabeth. Im 19. Jh. häufig, auch in Romanen („E. v. d. Tann" von W Raabe; „Goldelse" von E. Marlitt). Um 1900 Modename, heute nicht mehr häufig. Namensträgerinnen: dt. Dichterin E. Lasker-Schüler (1869–1945); dt. Schauspielerin E. Lehmann (1866–1940).

Emilie (dt.), w Form zu Emil. Bekannt durch Lessings Drama „Emilia Galotti" (1772). Heute in der dt. Form noch verbreitet, aber nicht mehr häufig. Auch Heiligenname (Gd.: 17. 2., 2. 6., 19. 8.). Engl.: Emily, franz.: Émilie, slaw.: Mila.

Emma (altdt.), KF zu Namen mit Erm (Ermgard = Irmgard). Schon zu Beginn des 19. Jhs. Modename, noch um 1900 stark verbreitet, heute zurückgegangen. (Dazu trug wohl auch Chr. Morgensterns Bemerkung bei „Alle Möwen sehen aus, als ob sie E. hießen".) Lit.: „Madame Bovary" (Roman von G. Flaubert, 1857); „Emma Peel" in der TV-Serie „Mit Schirm, Charme und Melone". KF: Emmi, Emmy (heute noch verbreitet, aber nicht mehr so oft gewählt).

Erdmute (dt.), Neubildung des Pietismus (17./18. Jh.). Nach anderer Deutung NF zu Hartmute (w Form zu Erdmann). Weit verbreitet im 17. und 19. Jh.; heute nur vereinzelt.

Erika (dt.), w Form zu Erich. Fälschlich oft mit der Pflanze gleichgesetzt. Im 19. Jh. durch Romanliteratur weit verbreitet.

Um 1900 Modename, auch heute noch häufig gewählt. Namensträgerinnen: dt. Schauspielerin E. v. Thellmann; österr. Schauspielerin E. Pluhar; dt. Opernsängerin E. Köth († 1989); Skiläuferin E. Hess.

Erna (altdt.), KF zu Ernestine, Ernfriede. Im 1900 Modename, heute stark zurückgegangen (wohl auch durch Verwendung des Namens als Witzfigur „Klein-E."). Namensträgerin: dt. Sängerin E. Berger († 1990).

Ernesta, Ernestine (altdt.), w Form zu Ernst. Verdrängt durch jüngere KF Erna.

Evi (dt.), beliebte KF zu Eva; auch Taufname häufig. Doppelnamen mit Eva: Eva Maria, Eva Rosa, Eva Ruth, Eva Juliane.

Fanni (dt.), KF zu Franziska, Stefanie. Unter engl. Einfluss: Fanny.

Fee (dt.), auch heute gebräuchliche KF zu Felizitas.

Franzi (dt.), KF zu Franziska. Im süddt. Sprachraum auch als Taufname verbreitet, ebenso Form „Fränzel".

Frieda (altdt.), KF zu Namen mit fried (Elfriede, Friederike). Name einer Heiligen von Oxford (8. Jh., Gd.: 19. 10.). Im 19. Jh. stark Verbreitet, um 1900 Modename, seither abnehmend. Gilt als veraltet. KF: Friedel (in dieser Form eher noch verbreitet).

Friederike (dt.), w Form zu Friedrich. Im 17. Jh. gebildet und bald verbreitet. Bekannt auch durch Goethes Jugendliebe F. Brion (1752–1813). Namensträgerin des heute wieder zunehmend gewählten Namens: dt. Dichterin F. Kempner (1836–1904). Engl.: Frederica, nord.: Frederika.

Friedhild (altdt.), zum Ahd. fridu = *Schutz* (vor Waffen) + hiltja = *Kampf*. Gelegentlich gewählt.

Friedhold, Friedlieb (dt.), heute seltene Neubildungen des Pietismus (17./18. Jh.).

Friedrun (altd.), zum Ahd. fridu = *Schutz* (vor Waffen) + runa = *Zauber*. Heute auch noch gewählt.

Fritzi (dt.), w Form zu Fritz. Zeitweise stark verbreitet, angeregt durch Operettensängerin F. Massary. Heute nur selten.

Gabi, Gaby (dt.), auch als Taufname beliebte KF zu Gabriele.

Genoveva (altdt.), Name unklarer Herkunft, evtl. aus dem Kelt. Bekannt durch hl. G. von Paris (5./6. Jh., Gd.: 31. 1., Patronin von Paris), vor allem aber durch Sage der G. von Brabant (um 750), die sich mit ihrem Kind 6 Jahre in den Ardennen verborgen hielt, um ihre Unschuld zu beweisen. Noch nicht häufig, aber doch zunehmend gewählt. Franz.: Geneviève, Ginette.

Geraldine (altdt.), w Form zu Gerald. Mehr im engl. Sprachraum verbreitet (bekannt: Schauspielerin G. Chaplin, Tochter von Charlie Ch., häufig in Filmen von Carlos Saura).

Gerhild (altdt.), zum Ahd. ger = *Speer* + hiltja = *Kampf*. Verbreiteter Name, aber keine Spitzenstellungen.

Gerlind(e) (altdt.), zum Ahd. ger = *Speer* + linta = *Lindenholzschild*. Bekannt durch das Gudrunlied. Häufig gewählt, ohne Spitzenpositionen zu erreichen. Namensträgerin: österr. Schauspielerin G. Locker (1938–1989).

Gerta, Gerti (altdt.), KF zu Gertr(a)ud, auch NF zu Gerda. In der Form Gerti häufiger anzutreffen.

Gertraud(e) (altdt.), zum Ahd. ger = *Speer* + trud = *wehrhaft*.

Gertrud(e) (altdt.), NF zu Gertraud. Verbreitung im MA durch hl. G., die Patronin der Reisenden (7. Jh., Gd.: 17. 3.); hl. G. des

13. Jhs. (bekannt durch Visionen, Gd.: 16. 11.). Im 19. Jh., angeregt durch Schillers „Wilhelm Tell“ (1804), Neubelebung. Um 1900 Modename, heute vorwiegend als Zweitname verwendet. Namensträgerinnen: dt. Dichterin G. v. Le Fort (1876–1973; „Das Schweißtuch der Veronika“); österr. Schriftstellerin G. Fussenegger (geb. 1912; „Zeit der Raben, Zeit der Taube“); dt. Schauspielerin G. Kückelmann. Latinisierte Form: Gertrudis.

Gisa (altdt.), KF zu Gisela, Gislinde, auch zu Gertrud. Verbreitet, aber nicht häufig gewählt.

Gisela (altdt.), KF von Namen mit gisel (gisal vermutlich ahd. = *Geisel*). Im MA verbreitet, vor allem im Adel (Name der Ehefrau des dt. Kaisers Konrad II., 999–1043; selige G., Ehefrau des hl. Stephan von Ungarn, Gd.: 7. 5.). Um 1900 noch immer bevorzugt im Adel. Verbreitung wurde angeregt durch Marlitt-Roman „Reichsgräfin G.“ (1869). Um 1950 Modename, der auch heute noch häufig ist. Namensträgerinnen: dt. Schauspielerinnen G. Schlüter („Zwischenmahlzeit“ im TV, Beiname „Lady Schnatterley“), G. Uhlen. NF: Gisella (beliebt in Österreich). KF: Gila (als Taufname selten, bekannt durch dt. Filmschauspielerin G. v. Weitershausen). Franz.: Giselle (auch Name eines bekannten Balletts).

Gislinde (altdt.), zu ahd. gisal (vermutlich = *Geisel*) + linta = *Lindenholzschild*. Evtl. auch 2. Bestandteil: lind = *sanft, mild*. Vereinzelt gewählt.

Gitta, Gitte (dt.), KF zu Brigitte. Um 1900 häufiger Romanname, verbreitet auch durch Schlagersängerinnen G. Alpers, G. Lind. Häufig gewählt, aber kein Spitzenname. Namensträgerin: dän. Schlagersängerin Gitte Haenning.

Godela (dt.), KF zu Gottliebe. Nur selten gewählt.

Gottfriede, Gottliebe (dt.), selten gewählte w Formen zu Gottfried, Gottlieb, die nur im Pietismus verbreitet waren (17./18. Jh.).

Gretchen (dt.), KF zu Grete. Als selbständiger Name bekannt durch Goethes „Faust" (1790), aber nicht häufig in dieser Form.

Gret(h)e (dt.), KF zu Margarethe. Früher als selbständiger Name stark verbreitet, heute selten gewählt. Namensträgerin: dt. Schauspielerin G. Weiser (1903–1967; zahlreiche Filme in 30er und 40er Jahren, wie in „Frau meiner Träume", Boulevardtheater der 60er Jahre, z. B. „Keine Leiche ohne Lilly"). KF: Gretel (bekannt durch Märchen von „Hänsel und Gretel").

Griseldis (altdt.), zum Ahd. gris = *grau* + hiltja = *Kampf*. In Form Griselda häufig in Italien durch Boccaccios „Decamerone" (1348). Durch Chaucer nach England gelangt, dort beliebt in der schott. Form Grizelda. Im dt. Sprachraum sehr selten gewählt.

Grit(t), Grit(t)a (dt.), KF zu Margrit. Im dt. Sprachraum allgemein beliebt. Namensträgerin: dt. Schauspielerin G. Böttcher (mit Harald Juhnke im TV in „Ein verrücktes Paar"). In der Schweiz als Gritli bekannt, verbreitet durch gleichnamiges Kinderbuch von Johanna Spyri (1887).

Gudrun (altdt.), zum Ahd. gund = *Kampf* + runa = *Zauber*. Altnord. Sagengestalt, dadurch im 19. Jh. mit Wiederentdeckung der germ. Heldensage neu verbreitet. Aber schon im MA, zumindest beim Adel, beliebt. Heute weit verbreitet. Namensträgerin: dt. Schauspielerin G. Landgrebe. KF: Guda.

Gudula (altdt.), KF zu Gudrun oder EF zu Guda. Im MA verbreitet durch hl. G. von Brüssel (8. Jh., Gd.: 8. 1.).

Gunda (altdt.), KF zu Namen mit gund (Hildegund, Kunigunde). Relativ häufig gewählt. KF: Gundel (auch recht beliebt).

Gundula (altdt.), KF zu Namen mit gund (Hildegund). Zur Zeit beliebter Name. Namensträgerin: dt. Opernsängerin G. Janowitz. NF: Gundela.

Gusti, Gust(e)l (dt.), KF zu Auguste. Gleichlautende m Form. Namensträgerinnen: dt. Schauspielerinnen Gusti Huber, Gustl Halenke.

Hanne (dt.), KF zu Johanna. Relativ häufig. Namensträgerinnen: Schauspielerin H. Wieder; Liedermacherin H. Haller. Häufig in Form von Doppelnamen: Hanne Dore, Hanne Gret, Hanne Lore (beliebteste Form; Namensträgerinnen: Politikergattinnen H. Kohl, H. Schmidt, Schauspielerinnen H. Schroth († 1987), H. Elstner, H. Auer, Ehefrau von Heino), Hanne Marie, Hanne Rose (recht häufig gewählt).

Hedwig (altdt.), zum Ahd. hadu = *Kampf* + wig = *Kampf*. Gehört zu den ältesten dt. Vornamen. Häufig auch als Name von Fürstinnen (u. a. hl. H. v. Schlesien, Patronin der Schlesier, verehrt im oberbayer. Andechs, 13. Jh., Gd.: 16. 10.). In der Romantik erneut beliebt (Name der Ehefrau von „Wilhelm Tell"). Heute nur sehr selten gewählt. Namensträgerinnen: dt. Romanschriftstellerin H. Courths-Mahler (1867–1950, früher vielgelesen, heute neu entdeckt); österr. Schauspielerin H. Bleibtreu (1868–1958). Poln.: Jadwiga. KF: Hede, Hedi, Hedy.

Heide (altdt.), KF zu Adelheid (also kein Zusammenhang mit Pflanzenname). Namensträgerin des beliebten Namens: dt.

Filmschauspielerin H. Keller (in TV-Serie „Das Traumschiff“). Häufig in Form von Doppelnamen: Heidegard, Heide Gret, Heide Linde (bekannt durch österr. Schauspielerin H. Weis), Heide Lore, Heide Marie (häufigste Verbindung, meist als ein Name empfunden; Namensträgerin: dt. Schauspielerin H. Hatheyer), Heide Rose.

Heidi (dt.), KF zu Heide, Heidrun. Verbreitung durch bekanntes Kinderbuch gleichen Namens von Johanna Spyri, dadurch ab Ende des 19. Jhs. beliebt, auch heute häufig. Namensträgerin: dt. Schlagersängerin H. Brühl (gest. 1991).

Heidrun (altdt.), zum Ahd. heit = *Gestalt* + runa = *Zauber*. Im 19. Jh. durch Entdeckung der alten Sagen (Name der Himmelsziege in der Edda) sowie durch Romane verbreitet. Heute ziemlich häufig.

Heilwig (altdt.), zum Ahd. heil = *gesund* + wig = *Kampf*. Auch m Name. Nicht häufig. Namensträgerin: Kolumnistin H. v. d. Mehden.

He(i)lgard (altdt.), zum Ahd. heil = *gesund* + gard = *Schutz*. Nur vereinzelt gewählt.

Hela, Heli, Hella (dt.), KF zu Helene. Namensträgerin: dt. TV-Moderatorin Hella v. Sinnen. In der Form Hella recht häufig.

Helma (altdt.), KF zu Namen mit helm (Wilhelmine). Verbreitet.

Helmine (altdt.), selten gewählte KF zu Wilhelmine.

Helmtraud (altdt.), zum Ahd. *Helm* + trud = *wehrhaft*. In alter Form Helmtrudis um 1900 beliebter Adelsname.

Hemma (altdt.), NF zu Helma. Namensträgerin: hl. H. von Gurk (Kärnten) im 10./11. Jh., Patronin der Augenkranken.

Herlinde (altdt.), zum Ahd. heri = *Heer* + linta = *Lindenholzschild*. Vereinzelt. Namensträgerin: Schauspielerin H. Latzko.

Herma (dt.), seit ca. 1900 verbreitete KF zu Hermine. Namensträgerin: H. Koehn, Schauspielerin am Ohnsorgtheater Hamburg.

Hermine (dt.), seit ca. 1800 bekannte w Form zu Hermann. Heute noch verbreitet. Namensträgerin: dt. Schauspielerin H. Körner (1882–1960).

Hert(h)a (altdt.), falsch verstandener Name der germ. Fruchtbarkeitsgöttin Nerthus (schon bei Tacitus in dieser Form). Im 19. Jh. durch Romanliteratur verbreitet, um 1900 Modename, heute nicht mehr so häufig gewählt. Namensträgerinnen: österr. Filmschauspielerin H. Staal; Schauspielerin H. Feiler, 1970 verstorbene Ehefrau von Heinz Rühmann; H. Droemer, jetzige Ehefrau von Rühmann.

Hilda (altdt.), KF zu Namen mit hild (Hildegard). Schon im MA verbreitet, u.a. im Gudrunlied. Um 1900 Modename, heute noch immer beliebt.

Hildburg (altdt.), zum Ahd. hiltja = *Kampf* + *Burg*. Seit dem MA beliebt, auch heute verbreitet.

Hilde (altdt.), KF zu Namen mit hild (Hildegard). Häufiger als Hilda. Um 1900 Modename, auch heute verbreitet. Namensträgerinnen: dt. Schauspielerinnen H. Körber, H. Krahl.

Hildegard (altdt.), zum Ahd. hiltja = *Kampf* + gard = *Schutz*. Verbreitung des Namens durch hl. H. v. Bingen, Mystikerin d. 11./12. Jhs., Gd.: 17. 9.). Im 19. Jh. durch Ritterromane erneuert. Früher stark verbreitet, heute zurückgegangen. Namensträgerin: dt. Filmschauspielerin und Autorin H. Knef.

Hildegund(e) (altdt.), zum Ahd. hiltja = *Kampf* + gunt = *Kampf*. Im MA beliebt durch das Waltharilied, die Sage um Walther und H. Heute zunehmend beliebt.

Hildrun (altdt.), zum Ahd. hiltja = *Kampf* + runa = *Zauber*. Relativ selten gewählt.

Hiltr(a)ud (altdt.), zum Ahd. hiltja = *Kampf* + trud = *wehrhaft*. Im dt. Sprachraum verbreitet, aber nicht sehr häufig.

Huberta (altdt.), w Form zu Hubert. Gelegentlich gewählt.

Hulda (altdt.), zum Ahd. hold = *gnädig* (gleicher Stamm auch im Märchen von „Frau Holle"). Im 19. Jh. durch Ritterromane verbreitet, heute sehr selten geworden. NF: Holde (Namensträgerin: TV-Moderatorin H. Heuer).

Ida (altdt.), KF von heute ungebräuchlichen Namen mit ida (Idaberga, Iduberga), evtl. zu ahd. itis = *weise* Frau. Verbreitung durch hl. I., Ehefrau des Sachsenherzogs Egbert (879. Jh., Helferin für Gebärende, Gd.: 4. 9.). Ritterdichtung im 19. Jh. ließ Vorliebe für den Namen wiederaufleben, der um 1900 seinen Höhepunkt erlebte, heute stark zurückgegangen ist (höchstens als Zweitname noch gebräuchlich). Namensträgerin: dt. Schauspielerin I. Ehre, Leiterin der von ihr 1945 gegründeten Hamburger Kammerspiele (1901–1989). Lit.: bei Andersen.

Ildiko (altdt.), KF zu Namen mit -hild (vor allem Kriemhild). Als Name der Frau des Hunnenkönigs Attila (5. Jh.) vor allem in Ungarn beliebt, wo er an Spitzenpositionen steht (1967: an 2. Stelle nach Maria). Bei uns ist er selten, da man die Endung -o häufig auf Jungennamen bezieht.

Ilse (dt.), eingedeutschte KF für Elisabeth. Im 19. Jh. sehr verbreitet, beeinflusst durch Heines „Harzreise" (1826; I. = personifizierter Harzfluss) und zahlreiche Romane, u. a. G. Freytag, aber vor allem durch Jugendromane von E. Rhoden um den „Trotzkopf“ (fürs TV verfilmt mit Anja Schüte in der Rolle der I.). Heute nicht mehr so stark verbreitet. Namensträgerinnen: dt. Dichterin I. Aichinger; dt. Filmschauspielerinnen I. Werner, I. Steppat. NF: Else. KF: Ilsabe. Auch in Doppelnamen gebräuchlich wie Ilse Dore, Ilse Gret, Ilse Lore, Ilse Marie, Ilse Traude.

Ilsebill (dt.), entspricht Isabella. Bekannt durch niederdt. Märchen „Vom Fischer und seiner Frau“ („Meine Frau, die I., will nicht so, wie ich wohl will“).

Imelda (altdt.), NF zu Irmhild. Bei uns eher bekannt als Name der Ehefrau des Ex-Staatschefs der Philippinen. I. Marcos.

Ina (dt.), KF zu Namen auf -ina wie Katharina, Regina. Um 1900 mehr im Adel, später allgemein ziemlich häufig, auch heute verbreitet. Namensträgerin: dt. Schriftstellerin I. Seidel (1885–1974; „Das Wunschkind“). Inge (nord.), im Dt. wurden mit diesem nord. Namen Doppelnamen gebildet wie: Inge Lore, Inge Marie, Inge Rose, Inge Traud.

Ingrun (dt.), heute zunehmend gewählte Neubildung (nach dem Muster von Heidrun, Sigrun u. ä.).

Irma (altdt.), KF zu Irmgard, Irmtraud. Um 1900 im Adel und im Großbürgertum verbreitet. Auch heute beliebt. KF: Irmela, Irmelin.

Irmgard (altdt.), zum Ahd. irmin = *allumfassend* + gard = *Schutz*. Alte Form: Irmingard (noch heute vereinzelt, so Prinzessin I. von Bayern). Im MA beliebt. Zur Verbreitung trug hl. Irmingard (bayer. Nationalheilige, Äbtissin am Chiemsee im

9. Jh., Gd.: 17. 7.) bei. Neubelebung durch romantische Dichtung im 19. Jh. Sehr häufig nach 1918. Heute keine Spitzenstellungen mehr. Namensträgerin: dt. Schriftstellerin I. Keun („Das halbseidene Mädchen"). KF: Irma, Irmi, Irmchen.

Irmhild (altdt.), zum Ahd. irmin = *allumfassend* + hiltja = *Kampf*. Vereinzelt. NF: Irmenhild.

Irmtraud (altdt.), zum Ahd. irmin = *umfassend* + trud = *wehrhaft*. Gelegentlich gewählt.

Janine (dt.), eingedeutschte Form des franz. Jeannine. In den 30er Jahren bekanntgeworden durch Film „Hallo, J.". Heute recht häufig.

Jette (dt.), zeitweise sehr beliebte KF zu Henriette, angeregt durch beliebten Roman von G. Hermann „Jettchen Gebert" (1906). Heute nur vereinzelt. Dt. Modedesignerin J. Joop.

Jolina (dt.), Herkunft ungeklärt. NF zu Jolene oder Neubildung aus Jo + Lina. NF: Joline, Joellina, Joeline.

Jule (dt.), KF zu Julia. Seit dem 20. Jh. gelegentlich in unserem Sprachraum, mit dem beginnenden 21. Jh. zunehmend beliebter. Taucht seitdem regelmäßig bei uns in den Hitlisten w Vornamen auf. Auch als m Vorname zugelassen, deshalb immer ein eindeutiger Zweitname nötig. Namensträgerinnen: dt. Rocksängerin J. Neigel; (*1966); dt. Schauspielerin und Regisseurin J. Ronstedt (*1971).

Karla (altdt.), w Form zu Karl. Um 1900 im Adel verbreitet, seit Anfang des 21. Jh. im dt. Sprachraum wieder häufiger. NF: Carla (Namensträgerin: dt. Schauspielerin C. Hagen; plattdt. Sängerin C. Lodders).

Kät(h)e (dt.), eingedeutschte KF zu Katharina. Im 19. Jh. sehr häufig, angeregt durch Kleists Schauspiel „Käthchen von Heilbronn" (1810). Auch in Romanen häufig. Um 1900 Modename. Heute auch stark verbreitet, aber nicht mehr so oft gewählt. Namensträgerinnen: dt. Künstlerin K. Kruse (bekannt durch ihre nach ihr benannten beliebten Puppen; 1883–1968); dt. Malerin und Bildhauerin K. Kollwitz (1867–1945); dt. Schauspielerinnen K. Haack, K. Gold, K. Dorsch, K. Jaenicke.

Kat(h)i (oberdt.), KF zu Katharina. Relativ stark verbreitet.

Kat(h)rein (oberdt.), KF zu Katharina.

Kat(h)rin (dt.), KF zu Katharina. Seit ca. 1950 zunehmend beliebt. Heute meist in der Form Katrin.

Kläre (dt.), eingedeutschte Form zu franz. Claire. NF zu Cläre.

Klothilde (altdt.), zum Ahd. chlud = *berühmt* + hiltja = *Kampf* (im Altfränkischen: Chlodhildis). Verbreitung durch Heilige des 5. Jhs. (Gd.: 3. 6.). Nach langem Verschwinden im 19. Jh. wieder im Adel verbreitet, angeregt durch Jean Pauls „Hesperus" (1795). Heute sehr selten.

Kriemhild (altdt.), zum Ahd. grim = *Maske, Helm* + hiltja = *Kampf*. Bekannt als Sagengestalt des Nibelungenlieds (Ehefrau von Siegfried, Schwester von König Gunther), daher im 19. Jh. neu belebt (lit.: Hebbel, Wagner), aber nie volkstümlich geworden.

Kunigunde (altdt.), zum Ahd. kunni = *Sippe* + gunt = *Kampf*. Im MA beliebt durch hl. K., Ehefrau Kaiser Heinrichs II. Im 19. Jh. wiederentdeckt durch Ritterdichtung. Heute nur sehr vereinzelt.

Lena, Lene, Leni (dt.), KF zu Helena, Magdalene. Im 20. Jh. als selbständiger Name recht verbreitet, davor nur als Abkürzung gebraucht. Zur Verbreitung trugen Büchners „Leonce und Lena" und Hauptmanns Erzählung „Bahnwärter Thiel" (1892) bei. Namensträgerinnen: dt. Filmkünstlerin Leni Riefenstahl (Film über Olympiade von 1936); dt. Schlagersängerin Lena Valaitis („Gloria", „Johnny Blue").

Leonie (dt.), w Form zu m Vorname Leon, = Löwin. Erstmals Anfang der 1980er Jahre in den Hitlisten der dt. Mädchennamen. Seit Ende des 20./Anfang des 21. Jh. permanent unter die Top 10 der beliebtesten dt. Vornamen zählt. Seitdem auch in Österr. Modename. Namensträgerinnen: dt. Schriftstellerin und Frauenrechtlerin L. Meyerhof (1860–1933); dt. Schriftstellerin L. Ossowski (*1925, „Die große Flatter", „Stern ohne Himmel"); Pseudonym der dt. Krimiautorin L. Swann (*1975, „Glennkill"). Franz.: Léonie.

Leopoldine (dt.), w Form zu Leopold, KF zu Leopolda. Vereinzelt gewählt. KF: Poldi.

Li(e)sa, Li(e)se, Li(e)sel (dt.), KF zu Elisabeth. Auch als selbständige Taufnamen gebräuchlich, heute in der moderneren Form ohne „e". Im Dt. ist Lisa seit dem 14. Jh. bekannt und beliebt. Modename in den 1920er Jahren, danach seltener vergeben. Eine bekannte Opernfigur aus Lehárs „Das Land des Lächelns" (1929). Seit Anfang der 1990er Jahre zählt der Name wieder zu den beliebtesten w Vornamen im dt. Sprachraum. Namensträgerinnen: Volksschauspielerin Liesel Karlstadt, Partnerin von Karl Valentin (1892–1960); dt. Kernphysikerin Lise Meitner (1878–1968), Mitarbeiterin von Otto Hahn. Doppelnamen mit Liese: Li(e)se Lore, Li(e)se Lotte (populäre KF, angeregt durch L. von der Pfalz, 1652–1722, deren Briefwechsel heute noch lesenswert ist; besonders beliebt zwischen 1910 und 1930. Namensträgerinnen: Schweizer Filmschauspielerin L. Pulver, u. a. in „Kohlhiesels Töchter", „Das Wirtshaus im Spessart", „Ich denke oft an Piroschka"; dt. Dressurreiterin L. Linsenhoff), Li(e)se Marie.

Li(e)sbeth (dt.), häufigste KF zu Elisabeth. Heute noch weit verbreitet, aber doch abnehmend.

Lilo (dt.), recht häufig gewählte KF zu Lieselotte. Lit.: die Geschichte von der „Schönen Lilofee".

Lina (dt.), KF zu Namen auf -lina (Karolina). Namensträgerin: dt. Schauspielerin L. Carstens (u. a. im Film „Lina Braake").

Linda, Linde (altdt.), KF von Namen auf -lind (Dietlind, Gerlinde). Im 19. Jh. wieder aufgekommen durch Jean Pauls Roman „Titan". Nach 1940 zunehmend, noch verstärkt ab 1960. Namensträgerin: holl. TV-Moderatorin L. de Mol („Traumhochzeit"); amer. Filmschauspielerinnen L. Gray (Sue-Ellen in TV-Serie „Dallas"), L. Evans (in TV-Serie „Denver-Clan").

Linn (dt.), dt. Schreibweise zu engl. Lynn, das vor allem im angloamer. Sprachraum verbreitet ist. Aber auch bei uns kommt der Name im 20. Jh. auf. Anfang des 21. Jh. häufiger.

Lioba (altdt.), KF zu Namen wie Liebhild, Liebtraud. Name einer Heiligen des 8. Jhs. (Gd.: 28. 9.), die als Mitarbeiterin des hl. Bonifatius aus England kam.

Lisanne (dt.), zunehmend gewählter moderner Doppelname aus Lisa und Anna, wohl durch engl. Einfluss angeregt.

Lona, Loni, Lonny (dt.), KF zu Apollonia, Leontine. Um 1900 im Adel beliebt, heute allgemein verbreitet, zunächst mehr im süddeutschen Raum. Namensträgerinnen: Schauspielerinnen L. Heuser, L. v. Friedel.

Lore (dt), KF zu Eleonore. Im 19. Jh. verbreitet, auch im Volkslied häufig. Namensträgerin: dt. Kabarettistin L. Lorentz.

Lotte (dt.), KF zu Charlotte. Seit dem 18. Jh. im Dt. bekannt, amtlich anerkannt erst seit Anfang des 20. Jh. L. ist eine berühmte Figur in Goethes „Die Leiden des jungen Werthers" (1774) und in Thomas Manns Roman „Lotte in Weimar" (1939). Ab Ende des 20. Jh./Anfang des 21. Jh. kommt Name wieder auf. Namensträgerin: L. Lehmann (1888–1976), dt. und amer. Opernsängerin; L. Lenya (1898–1981), österr.-amer. Schauspielerin und Ehefrau von Kurt Weill; L. Werkmeister (1885–1970), dt. Chansonsängerin, Kabarettistin und Filmschauspielerin. NF: Lotta, Lotti.

Luisa (dt.), eingedeutsche w Form zu Luis bzw. Louis, der franz. Form zu Ludwig. Von Beginn des 18. Jh. bis zum Beginn des 20. Jh. sehr beliebter Name, danach ein wenig aus der Mode gekommen. Seit Ende des 20./Anfang des 21. Jh. erlebt der Name eine regelrechte Rennaissance und ist permanent unter den vordersten Namen der beliebtesten w Vornamen zu finden. Wird gern auch als Zweitname vergeben. Lit. bekannt durch „L. Miller" (1849), einer tragischen Oper in drei Akten von Giuseppe Verdi (1813–1901). Namensträgerin: L. von Mecklenburg (1667–1721), erste Frau Friedrich IV. NF: Louisa, Luise, Louise.

Luise (dt.), eingedeutscht zum franz. Louise. Populär durch beliebte Preußenkönigin L. (1776–1810), auch durch L. v. Baden (1838–1923). Lit. angeregt durch Schillers „Kabale und Liebe" (1784). Höhepunkt der Verbreitung um 1900, danach etwas aus der Mode gekommen und eher als Zweitname gebräuchlich (Marie Luise). Seit Ende des 20./Anfang des 21. Jh. gehört der Name zu den beliebtesten Mädchennamen im dt. Sprachraum. Namensträgerinnen: dt. Schriftstellerin L. Rinser („Die gläsernen Ringe"); dt. Filmschauspielerin L. Ullrich († 1986).

Luiselotte (dt.), Doppelname, bekannt durch E. Kästners Jugendroman „Das doppelte Lottchen".

Luitgard (altdt.), zum Ahd. liut = *Volk* + gard = *Schutz*. Name der Schirmherrin von Belgien (Gd.: 16. 6.). Namensträgerin: dt. Schauspielerin L. Im.

Lulu (dt.), Lallform zu Luise, Lucie oder Ludwiga. Bekannt durch gleichnamiges Wedekind-Drama (vertont von A. Berg). Nicht sehr häufig. Namensträgerin: dt. Dichterin L. v. Strauß und Torney (1873–1956).

Malwine (altdt.), zum Ahd. mahal = *Gerichtsstätte* + wini = *Freund*. Nach anderer Deutung EF zum Blumenname *Malve* (so bei MacPhersons „Ossian", 1760). Im 19. Jh. bei uns eingebürgert; um 1900 weit verbreitet, angeregt auch durch Operette „Das Schwarzwaldmädel" von L. Jessel (1917). Heute nur selten.

Marei (oberdt.), NF zu Marie. Seit ca. 1960 zunehmend gewählt.

Maresa (dt.), Doppelname aus Maria und Theresia oder NF zu Marisa. Bekannt durch österr. Schauspielerin M. Hörbiger (Tochter von Attila H. und Paula Wessely).

Marga (dt.), KF zu Margarethe. Im 20. Jh. verbreitet, auch jetzt noch recht häufig gewählt.

Margit (dt.), KF zu Margarethe. Seit 1900 verbreitet, heute sehr beliebt.

Margitta (dt.), EF zu Margit. Vor allem in der Schweiz beliebt. Namensträgerin: dt. Schauspielerin M. Heyn.

Margret, Margrit (dt.), KF zu Margarethe.

Marie (dt.), eingedeutschte Form von Maria. Verbreitung durch Protestanten, evtl. unter franz. Einfluss. Seit dem 16. Jh. daher populär. Zahlreiche Namensträgerinnen wie: Physikerin M. Curie (1867–1934, Nobelpreis 1903, 1911); dt. Erzählerin M. v. Ebner-Eschenbach (1839–1916; „Krambambuli"); dt. SPD-Politikerin M. Schlei (1919–1983). Doppelnamen mit Marie: Mari Len(e) (vor allem in der Schweiz verbreitet. Bekannt auch durch Kinderbuch vom Anfang des 20. Jhs.: „Marilenchen" von S. Olfers), Marie Luise (sehr beliebter Name. Namensträgerinnen: dt. Dichterin M. L. Kaschnitz; dt. Romanschriftstellerin, Autorin vielgelesener Romane, M. L. Fischer), Marie Rose, Marie Theres (Name der Tochter von Maria Schell).

Marlene (dt.), Doppelname aus Maria und Lene, der heute als Einzelname aufgefasst wird. Im 20. Jh. verbreitet (und noch immer ziemlich beliebt) durch dt. Schauspielerin M. Dietrich (1904–1992, „Der blaue Engel"), auch durch das weltbekannte Lied von H. Leip und N. Schultze „Lili Marleen" (1938). Namensträgerin auch dt. Tänzerin im Pariser Lido, M. Charell (Künstlername für Angela Miebs).

Marlies (dt.), KF zu Marieluise, Marie Elisabeth. Um 1900 durch Romane bekanntgeworden, heute recht verbreitet.

Mat(h)ilda (altdt.), NF zu Mathilde. Durch gleichnamiges Lied von Harry Belafonte intern. bekannt, ebenso durch gleichnamigen Film von Danny DeVito („Matilda", 1996). Bei uns seit Ende des 20. Jh. gelegentlich gewählt.

Mathilde (altdt.), zum Ahd. maht = *Stärke* + hiltja = *Kampf*. Im MA verbreitet durch hl. M., Mutter Kaiser Ottos des Großen (Gd.: 14. 3.), dadurch auch als Fürstenname verbreitet. Um 1825 Modename, im 19. Jh. weit verbreitet (u. a. Freundin Richard Wagners, M. Wesendonck, 1828–1902). Heute nur selten gewählt. Ital.: Matilda.

Mecht(h)ild(e) (altdt.), NF zu Mathilde. Latinisiert: Mechtildis. Im MA weit verbreitet durch hl. M., Mystikerin des 13. Jhs. (Gd.: 19. 11.) und M. v. Magdeburg (13. Jh.). Um 1940 lebte der Name neu auf, ist aber nicht sehr häufig.

Meta (dt.), KF zu Margarethe, Mathilde. Um 1900 Modename, heute selten.

Mia (dt.), KF zu Maria. Recht verbreiteter Name. Namensträgerin: amer. Filmschauspielerin M. Farrow („Rosemarys Baby").

Minna (dt.), KF zu Hermine, Wilhelmine. Ab 18. Jh. verbreitet. Anregung zur Beliebtheit im 19. Jh. durch Lessings Schauspiel „Minna von Barnhelm" (1763). Später abgewertet als typischer Name für Haushaltshilfen, auch als Beiname für Polizeiwagen („Grüne M."). Daher heute nur selten gewählt. NF: Mina, Mine.

Nanna, Nanni (dt.), Lallformen zu Anna, Marianne. „Nana" bekannt durch Roman von Zola (1880). Als Nanni vorwiegend im oberdt. Sprachraum (bekannt: Mozarts Schwester Marianne, das „Nannerl").

Nelli, Nelly (dt.), Lallformen zu Cornelia, Elli, Eleonore, Helena. Zur Verbreitung des Namens trug dt. Lyrikerin N. Sachs bei (1891–1970), deren Name eigentlich Leonie war.

Nikola, Nikoline (dt.), eingedeutschte w Formen zu Nikolaus. Im dt. Bereich empfehlenswerter als Nicola (Verwechslungsmöglichkeit mit ital. Form für Nikolaus). Name erreicht in dieser Form nicht die Beliebtheit von Nicole, nimmt aber zu.

Oda (altdt.), KF zu Namen mit od = *Erbgut*, die heute ungebräuchlich sind (Otberga, Othild). Im MA bekannt durch Stammutter der Ludolfinger, auch Name von Heiliger im frühen MA. Heute verdrängt durch hochdt. Form Ute. Nur noch vereinzelt im süddt. Raum. NF: Ota.

Odilia, Odilie (altdt.), latinisierte KF zu Oda. Im MA hl. O. Später wurde der Name in der Form Ottilie beliebter. Franz.: Odile.

Ortr(a)ud (altdt.), zum Ahd. ort = *Waffenspitze* + trud = *wehrhaft*. Um 1900 beliebt, angeregt durch Wagneroper „Lohengrin“ (als Ehefrau des Friedrich v. Telramund). Heute selten gewählt.

Ortrun (altdt.), zum Ahd. ort = *Waffenspitze* + runa = *Zauber*. Vereinzelt gewählt.

Othona (dt.), Neubildung im 19. Jh. (Ritterdichtung) als w Form zu Otto.

Ottilie (altdt.), eingedeutschte Form der (latinisierten) Odilia (zu Oda). Hl. O. gilt als Schutzpatronin des Elsass (8. Jh., Gd.: 13. 12.). Kloster und Internat St. Ottilien am Ammersee trugen zur Verbreitung des Namens im süddt. Raum bei. Heute nicht mehr häufig gewählt; verbreitet im 19. Jh. KF: Otti.

Regula (schweizerisch), KF von heute ungebräuchlichen Namen mit reg (wie Reglinde) zum Ahd. ragin oder regin = *Rat, Beschluss*. Im Hochdt.: Rega. Verbreitung in der Schweiz durch hl. R., Märtyrerin des 4. Jhs. (Gd.: 11. 9.), die Patronin von Zürich. KF: Regel (bekannt durch Novelle von G. Keller „Frau Regel Amrain und ihr Jüngster“, 1878).

Reinhild(e) (altdt.), zum Ahd. ragin/regin = *Rat, Beschluss* + hiltja = *Kampf*. Name einer Heiligen des 7. Jhs., von Friesen ermordet (Gd.: 16. 7.). Heute zunehmend gewählt. Namensträgerin: dt. Filmschauspielerin R. Solf (u. a. im TV als Tony in Serie „Buddenbrooks").

Resi (oberdt.), beliebte KF zu Theresia. Im N des dt. Sprachraums nur selten, im S weit verbreitet.

Ria (dt.), KF zu Maria. Verbreitung vor allem im Südosten des dt. Sprachraums, aber nicht häufig. Namensträgerin: dt. Eiskunstläuferin R. Falk.

Richhild(e) (altdt.), zum Ahd. richi = *reich, mächtig* + hiltja = *Kampf*. Im 19. Jh. als Adelsname sowie durch Märchenliteratur ziemlich verbreitet, heute selten gewählt.

Richlind(e) (altdt.), zum Ahd. richi = *reich, mächtig* + linta = *Lindenholzschild*. Im 19. Jh. verbreitet, heute selten.

Rieke (dt.), KF zu Friederike, Ulrike. Lit.: in Falladas „Ein Mann will nach oben" (verfilmt fürs TV mit Ursela Monn als R.).

Roberta (altdt.), w Form zu Robert.

Romi, Romy (dt.), Lallform zu Rosemarie. Verbreitung angeregt durch dt. Schauspielerin Romy Schneider (1938–1982), als „Sissi" bekannt geworden, zuletzt in Frankreich zu Weltruhm gekommen mit Filmen wie „Das Mädchen und der Kommissar".

Rosalind(e) (altdt.), zum Ahd. hruod = *Ruhm* + linta = *Lindenholzschild*. Im MA beliebt, angeregt durch Shakespeares „Wie es Euch gefällt", neu belebt im 19. Jh., auch durch Operette „Die Fledermaus" (J. Strauß, 1874). Heute vereinzelt gewählt.

Rosamunde (altdt.), zum Ahd. hruod = *Ruhm* + munt = *Schutz*. Im 19. Jh. verbreitet durch Wiederentdeckung alter Sagen.

(R. als Ehefrau des Langobardenkönigs Alboin); „Rosamundenmusik“ von Schubert (1823), engl. Schriftstellerin R. Pilcher.

Rose (dt.), NF zu Rosa oder KF zu Roswitha. Recht verbreitet. Lit.: „Rose Berndt“ (G. Hauptmann, 1903). Häufig in Doppelnamen: Ros(e) Marie (Verbreitung durch Lönslieder und Roman von A. Günther „Die Heilige und ihr Narr“, 1913; wird meist als ein Name aufgefasst; beliebtester Doppelname mit Rose), Rose Linde, Rose Lore. KF: Rosi (bekannt durch dt. Skiläuferin R. Mittermaier).

Roswitha (altdt.), zum Ahd. hruod = *Ruhm* + swint = *stark*. Alte Form: Hroswitha. Verbreitung durch Nonne R. v. Gandersheim/10. Jh., erste dt. Dichterin). Seit 1940 zunehmend beliebt.

Rotraud (altdt.), zum Ahd. hruod = *Ruhm* + trud = *wehrhaft*. Im 19. Jh. verbreitet, angeregt durch Mörikes Gedicht von „Schön Rotraud“. Auch Name einer Heiligen (Gd.: 22. 6.). Heute noch verbreitet, aber nicht mehr sehr oft gewählt. Namensträgerin: dt. Schauspielerinnen R. Richter (u. a. im Film „Das Veilchen vom Potsdamer Platz“), R. Schindler.

Rudolfine (altdt.), EF zu Rudolfa, der w Form von Rudolf. Selten gewählt.

Runa (altdt.), KF von Namen mit run (wie Runhild). Da im Nord. Rune m Name ist, muss im Dt. ein eindeutiger Zweitname dazukommen.

Runhild (altdt.), zum Ahd. runa = *Zauber* + hiltja = *Kampf*. Selten.

Ruthild (altdt.), NF zu Rodehild zum Ahd. hruod = *Ruhm* + hiltja = *Kampf*.

Schwanhild, Swanhild (altdt.), zum Ahd. *Schwan* + hiltja = *Kampf*. In der Sage Tochter von Gudrun und Sigurd. Daher im 19. Jh. verbreitet; heute nur vereinzelt gewählt.

Senta (dt.), Name unklarer Herkunft, evtl. von R. Wagner für seine Oper „Der fliegende Holländer" (1841) erfunden. Nach anderer Deutung zum Ahd. sinth = *Weg* oder auch KF von Kreszentia. Namensträgerin: dt. Schauspielerin S. Berger (u. a. im „Jedermann" in Salzburg).

Si(e)glinde (altdt.), zum Ahd. sigu = *Sieg* + linta = *Lindenholzschild*. In der Sage Name von Siegfrieds Mutter. Verbreitung im 19. Jh. durch Wagneropern. Auch heute recht beliebt, oft als Zweitname genommen.

Si(e)ghild(e), heute recht seltener Name zum Ahd. sigu = *Sieg* + hiltja = *Kampf*.

Si(e)grun (altdt.), zum Ahd. sigu = *Sieg* + runa = *Zauber*. Lit.: in Wagneroper „Die Walküre". Um 1940 recht beliebt, heute selten.

Sissi, Sissy (dt.), Lallform zu Elisabeth. Bekannt als Kosename für österr. Kaiserin E. (1837–1898); über ihr Leben die „Sissi"-Filme mit Romy Schneider. Namensträgerin: österr. Reiterin S. Theurer; Sportberichterstatterin S. de Maas.

Sonnhild, Sunhild (altdt.), zum Ahd. Wort für *Sonne* + hiltja = *Kampf*. In der Form Sonnhild im 3. Reich verbreitet. Heute selten.

Steffi (dt.), beliebte KF zu Stefanie. Namensträgerin: dt. Tennisstar S. Graf.

Suse, Susi (dt.), beliebte KF zu Susanne. Namensträgerin: dt. Filmschauspielerin Susi Nicoletti.

T(h)ilda, T(h)ilde (altdt.), KF zu Klothilde, Mathilde.

Thomasine (dt.), w Form zu Thomas.

Thusnelda (altdt.), Herkunft unklar: zum Ahd. turs = *Riese* oder zum altnord. tuis = *zwei* + hiltja = *Kampf*. Bekannt als Name der Ehefrau von Armin dem Cherusker, der 9 n. Chr. die Römer im Teutoburger Wald schlug. Im 19. Jh. neu belebt durch Dramen von Kleist und Klopstock, aber nie sehr verbreitet.

Tilla, Tilli, Tilly (dt.), KF zu Mathilde, Ottilie. Bekannt durch die große österr. Schauspielerin Tilla Durieux (eigentlich Ottilie Godefroy, 1880–1971; u. a. in „Die Irre von Chaillot").

Tina, Tine, Tini (dt.), KF zu Namen auf -tina (Bettina, Kristina, Martina), im Niederdt. auch von Katharina. Namensträgerin: Schlagersängerin T. York.

Toni, Tony (dt.), KF zu Antonia, Antonie. Recht verbreitet, angeregt durch Th. Manns Roman „Buddenbrooks" (1901).

Traude(l), Traute (dt.), KF von Namen auf -traud wie Gertraud/t, Waltraud/t. In der Form Traute volksetymologisch auch auf traut = *lieb* bezogen.

Trude, Trudi (dt.), KF von Namen auf -trud wie Gertrud, Ortrud. Namensträgerinnen: dt. Filmschauspielerinnen T. Hesterberg; T. Herr († 1991).

Ul(l)i (dt.), KF zu Ulrike, auch zu Ursula.

Ulrike (dt.), w Form von Ulrich. Verbreitung im 18. Jh., als Adelsname (Luise U. v. Preußen, Schwester Friedrichs des Großen, ab 1751 schwed. Königin). Heute beliebt. Namensträgerin: dt. Hochspringerin U. Meyfarth.

Uschi (dt.), beliebte KF zu Ursula. Namensträgerin: U. Obermeier, dt. Pop-Ikone; dt. Schauspielerin U. Glas („Zur Sache, Schätzchen", „2 Münchner in Hamburg").

Uta, Ute (altdt.), NF zu Oda. Im MA bekannt durch Sage der Nibelungen als Mutter von Kriemhild und ihrer Brüder. Verbreitung auch durch Uta v. Meißen (im 11. Jh., bekannt durch Figur im Naumburger Dom vom 13. Jh.). Mit 12./13. Jh. verschwand der Name, wurde erst im 20. Jh. wieder beliebt, vor allem in der Form Ute. NF: Uda.

Utta (altdt.), NF zu Uta. Namensträgerin: dt. Romanschriftstellerin U. Danella (u. a. „Der Maulbeerbaum").

Verena (oberdt.), KF zu Veronika. Durch Verehrung der hl. V. (um 300) vor allem in der Schweiz sehr verbreitet, aber auch im übrigen dt. Sprachraum recht beliebt. KF: Vreni.

Vroni (oberdt.), KF zu Veronika. Recht verbreitet, vor allem im süddt. Raum.

Wal(d)burg(a) (altdt.), zum Ahd. waltan = *herrschen* + *Burg*. Verbreitung durch hl. W, engl. Königstochter aus dem 8. Jh., Äbtissin in Heidenheim (Gd.: 25. 2., 2. 5.; Patronin gegen die Pest). Durch viele Volksbräuche berühmt: Walpurgisnacht vom 30. April auf den 1. Mai (Hexentanz auf dem Brocken). Name vor allem im süddt. Sprachraum (dort auch in ev. Kreisen). NF: Walpurg. KF: Burgel.

Wal(d)traud/t, Wal(d)trud/t (altdt.), zum Ahd. waltan = *herrschen* + trud = *wehrhaft*. Seit ca. 1920 beliebt. Namensträgerin: dt. Filmschauspielerin W. Haas.

Walli, Wally (altdt.), zeitweise recht beliebte KF zu Walburg (auch zu Valerie).

Wendula (altdt.), KF zu heute ungebräuchlichen Namen mit wendel (wie Wendelburg, Wendelgard) zum Ahd. *Stammesnamen der Wandalen*. Gelegentlich gewählt.

Wilhelma (altdt.), w Form zu Wilhelm.

Wilhelmine (altdt.), EF zu Wilhelma, aber wesentlich beliebter. Um 1900 Modename, heute seltener gewählt. Namensträgerin des früher im Adel häufigen Namens: W. v. Bayreuth, Schwester Friedrich des Großen; Königin W. d. Niederlande, Großmutter der regierenden Königin Beatrix.

Wilma (altdt.), KF zu Wilhelma. Heute ziemlich verbreitet.

Wiltr(a)ud, Wiltr(a)ut (altdt.), zum Ahd. willio = *Wille* + trud = *wehrhaft*. Vor allem in kath. Gegenden verbreitet.

Winfriede (altdt.), w Form zu Winfried. Selten gewählt.

Wolfhild(e), Wulfhild(e) (altdt.), zum Ahd. *Wolf* + hiltja = *Kampf*. Name einer Seligen von Wessobrunn (Gd.: 8. 5.). Im 19. Jh. durch Ritterdichtung verbreitet, vor allem im Adel beliebt. Heute nur gelegentlich gewählt.

Zenzi (dt.), KF zu Innozentia, Kreszentia.

Weibliche Vornamen aus dem nordischen Kulturkreis

Agnetha, Agnete (schwed.), = Agnes. Bekannt durch schwed. Popstars ABBA.

Aina (nord.), NF zum lat. Namen Aquilina/Akulina oder zu Anna. Bekannt durch finn. Nationalepos „Kalevala“ (Namenstag: 10. 5.).

Anke (niederdt.), KF zu altdt. Anna. Bekannt: Urfassung des Liedes „Anke von Tharau“ (hochdt.: „Ännchen“). Gehört zu den beliebten Namen im dt. Sprachraum.

Annica (schwed.), NF zu Annika.

Annika (schwed.), KF zu Anna. Verbreitet durch Kinderbuch „Pippi Langstrumpf“ von A. Lindgren. In jüngerer Zeit beliebt. NF: Annica.

Anita (niederdt.), KF zu Anna. Antje (niederdt.), KF zu Anna. Name ab 1960 steigend beliebt, in jüngster Zeit etwas abnehmend. Namensträgerin: dt. Schauspielerin A. Weisgerber („Der Landarzt“).

Asta (skand.), KF zu Anastasia, Astrid, Augusta. Bekannt durch dän. Stummfilmstar A. Nielsen (1885–1972). In den 20er Jahren recht verbreitet.

Astrid (skand.), zum altnord. ase = *Gottheit* + nd = *Reiterin* oder frid = *schön*. In jüngerer Zeit übernommen. In der Schweiz gebräuchlich als Andenken an dort tödlich verunglückte beliebte Belgierkönigin (Mutter König Baudouins, aus dem schwed. Königshaus, 1905–1935). Vorher mehr im Adel, heute verbreitet.

Barbro (nord.), = Barbara.

Benedikte (nord.), w Form zu Benedikt. KF: Benne, Bente.

Berit (nord.), NF zu Birgit. Auch bei uns verbreitet.

Bibi (nord.), KF zu Brigitte, bekannt durch Schlagersängerin B. Johns, Kinderserie „B. Blocksberg“.

Birgit(ta) (nord.), = Brigitte. Als Name der hl. Brigida/Bridget (ir. Patronin des 5./6. Jhs., Gd.: 1. 2.) bekannt. In Schweden verbreitet durch hl. Brigitta (14. Jh., Gd.: 8. 10.), die Stifterin des Brigittenordens. Skand. Form im dt. Sprachraum sehr beliebt (verdrängte Brigitte). In Ostdeutschland seit Beginn der 70er Jahre abnehmend.

Birte (nord.), KF zu Birgit. Zunehmend im ganzen dt. Sprachraum.

Brit(t), Britta (nord.), KF zu Brigitta. Gilt als modern. Britt häufig in Doppelnamen wie Annbritt.

Dagmar (skand.), im 13. Jh. in Dänemark verbreitet als Umbildung des Namens einer Königin, der böhm. Prinzessin Dragomira. Bei uns durch skand. Literatur im 19. Jh. eingebürgert. Sehr beliebt. Namensträgerin: Tagesschausprecherin D. Berghoff.

Dagny (nord.), = *neuer Tag*, in jüngerer Zeit gebildet und bei uns eingeführt.

Dort(h)e, Dört(h)e (niederdt.), KF zu Dorothea. Bekannt: dän. Schlagersängerin Dorthe Kollo. In der Form Dörthe relativ häufig.

Eike (niederdt.), KF zu Namen mit Adel-. Nach S nimmt Verbreitung gegenwärtig zu.

Elga (nord.), NF zu Helga. Bekannt durch gleichnamiges Drama von G. Hauptmann (1905) nach Grillparzers Novelle „Das Kloster von Sendomir".

Elke (fries.), KF zu Adelheid. Beliebter Name, mit angeregt durch Storms Novelle „Der Schimmelreiter" (1888). Größte Verbreitung im dt. Sprachraum zwischen 1955 und 1960. Namensträgerin: dt. Filmschauspielerin E. Sommer.

Fenja (niederdt.-fries.), vermutlich KF zu Namen mit -fred = *Friede*. In Norddt. bekannt seit dem 14. Jh. Besonders seit Ende des 20./Anfang des 21. Jh. wieder häufiger im dt. Sprachraum vergeben. In der nordischen Mythologie ist F. eine von zwei Riesinnen mit übermenschlichen Kräften, die vormals Walküren waren und dem dänischen König Frodi als Kriegsgefangene geschenkt wurden. Sie müssen die Glückmühle für den König drehen und bescheren ihm damit Wohlstand und Frieden. Als der König undankbar wird, mahlen sie so stark, dass die Mühle zerbricht, und rufen mit einem Lied ein mächtiges Heer herbei. Damit sorgen sie für den Untergang von König Frodi. Namensträgerin: F. Rühl (*1968), dt. Schauspielerin, bekannt durch dt. TV-Serie „Gute Zeiten, schlechte Zeiten". NF: Fenna.

Finja (nord.), Herkunft unklar: möglicherweise w Form zu Finn, auch russ. KF zu Rufina möglich, der w Form zu Rufus = *der Rote*. Im dt. Sprachraum seit den 1960er Jahren vorkommender Vorname. Seit Anfang des 21. Jh. immer beliebter. Namensträgerin: F. Martens (*1981), dt. Schauspielerin. NF: Finnia.

Fita (niederdt.), KF zu Friederike. Bekannt: dt. Schauspielerin F. Benkhoff.

Frauke (fries.), = *kleine Frau*. Seit Ende der 70er Jahre auch im S zunehmend gewählt.

Freya, Freia (nord.), Im 19. Jh. entlehnter Vorname nach der Göttin Freyja (= *Herrin, Herrscherin*) aus der nordischen Mythologie. Ursprünglich eine Erdgöttin, wird F. später als Göttin der Liebe und des Frühlings verehrt. Sie ist die schönste der Vanen. Namensträgerinnen: F. Klier (*1950), dt. Regisseurin und Bürgerrechtlerin; F. Trampert (*1968), dt. Schauspielerin, z. B. in TV-Serien „Verbotene Liebe" oder „Frauenknast".

Fricka, Frigga (niederdt., nord.), KF zu Friederike.

Garda, Garde, Gardi, Gardy (fries.), KF zu Gerharde. Bekannt: dt. Schauspielerin Gardy Granass.

Gerda (nord.), KF zu Gertrud, auch als altisländ. = *Schützerin* gedeutet. Im 19. Jh. aus dem Nord. übernommen, stärkste Verbreitung in 20er und 30er Jahren. Heute zurückgegangen. Lit.: in Andersens Märchen „Die Schneeprinzessin", Th. Manns Roman „Buddenbrooks".

Gerrit (fries.), zu Gerharde. Auch als m Name gebräuchlich.

Gesa (fries.), KF zu Gertrud. Verbreitet durch Roman „Seefahrt ist not" (Gorch Fock).

Gesche (fries.), NF zu Gesa oder KF zu Margarethe.

Gesine (fries.), NF zu Gesa. Name dringt nach S vor.

Greta (nord.), KF zu Margarethe. Bekannt: schwed. Filmschauspielerin G. Garbo (1905–1990; „die Göttliche", u. a. in „Königin Christine"); Chansonsängerin G. Keller. Niederdt.: Greet(je), niederländ.: Griet(je).

Gun(n) (nord.), KF zu Gunild. Walkürenname. In jüngerer Zeit aus dem Nord. übernommen. Name einer schwed. Heiligen, Gd.: 22. 4. Zunehmend gewählt.

Gun(h)ild (nord.), zum Ahd. gund = *Kampf* + hiltja = *Kampf*, in jüngerer Zeit aus dem Nord. übernommen.

Gunilla (nord.), NF zu Gunild; bekannt: G. v. Bismarck.

Hedda (nord.), KF zu Hedwig. Im 19. Jh. bei uns eingebürgert durch Ibsens Drama „H. Gabler" (1891). Nicht häufig gewählt.

Heike (fries.), KF zu Adelheid, Heinrike. Auch m (da aber besser Heiko). Um 1960 in Spitzenstellungen. Dt. Sportlerinnen H. Drechsler, H. Henkel.

Helga, Helge (nord.), w zu Helge. Ab 1900 verbreitet, heute häufig. Namensträgerin: dt. Schauspielerin H. Feddersen (1930–1990).

Henni, Henny (niederdt.), KF zu Henrike. Um 1900 Modename. Namensträgerin: Schauspielerin H. Porten (1890–1960).

Henrike (niederdt.), w Form zu Henrik. Im 17. Jh. stark verbreitet; heute selten. KF: Hendrikje (H. Stoffels, Ehefrau von Rembrandt).

Hilke (fries.), KF zu Hildegard. Vor allem im norddt. Sprachraum.

Hilla, Hille (fries.), = Hilda. Im norddt. Sprachraum geläufig.

Hjördis (nord.), zum altisländ. hjor = *Schwert* + dis = *Göttin*. Verbreitet (aber selten) durch Ibsens Schauspiel „Nordische Heerfahrt". NF: Jördis.

Iduna (nord.), Name einer altnord. *Göttin (der Jugend)*.

Imke, Imma, Imme (fries.), KF zu Irmgard. Imme wird oft gleichgesetzt mit der alten Bezeichnung für Biene.

Inga, Inge (nord.), KF zu Ingeborg. Häufiger Name, vor allem im 20. Jh. In Schweden ist der Doppelname Ingalisa sehr häufig.

Ingeborg (nord.), zu Yngvi = *Sohn des Stammesvaters aller Menschen* + bergan = *schützen*. Im 19. Jh. bei uns durch Frithjofsage populär, um 1900 vorwiegend im Adel. Ab 1920 weite Verbreitung. Heute beliebt, aber keine Spitzenstellung. Lit.: in Th. Manns Novelle „Tonio Kröger"; Curt Goetz' Komödie

„Ingeborg" (1921). Namensträgerinnen: dt. Dichterin I. Bachmann (1926–1973); dt. Filmschauspielerin I. Schöner; Opernsängerin I. Hallstein.

Ingmar (nord.), gleichlautend zum m Vornamen. Bekannt durch Schauspielerin I. Zeisberg.

Ingrid (nord.), zum altisländ. *Götternamen Yngvi* + germ. fridu = *schön*. Evtl. Walkürenname. Durch skand. Literatur im 19. Jh. bei uns verbreitet, im 20. Jh. teilweise in Spitzenstellungen. Namensträgerinnen: Schauspielerinnen I. Bergmann (1947–1982; „Casablanca", „Herbstsonate", letzter Film: „Golda Meir"), I. Thulin, I. Andree, I. van Bergen. NF: Ingerid.

Inka, Inken (fries.), KF zu Ingeborg. Inka bei uns selten gewählt; Inken gilt als modern (gebräuchlich seit G. Hauptmanns „Vor Sonnenuntergang", 1932), nimmt an Beliebtheit zu.

Janna (niederdt.), KF zu Johanna, Marianne. Seit 1960 zunehmend. NF: Janne.

Janne (niederdt.), NF zu Janna. Seit Beginn des 21. Jh. immer beliebter. (Aber: Im Dt. in der Regel als m Name bekannt = finnische Form zu Jan.) Braucht einen eindeutigen, zweiten Vornamen. Namensträgerinnen: J. Drücker (*1981), dt. Schauspielerin (u. a. in TV-Serie „Marienhof"); J. Schäfer (*1981), dt. Schwimmerin.

Jutta (nord.), altnord. Herkunftsbezeichnung = *aus Jütland stammend*. Im 9./10. Jh. vermischt mit hebr. Namen Judith zu Judita. Name mehrerer Heiliger im MA. Im 19. Jh. verbreitet im Adel; ab 1950 allgemein häufig gewählt. Im N des dt. Sprachraums inzwischen wieder im Rückgang, im S noch zunehmend. Dän.: Jytte.

Kai, Kaj, Kay (nord.), KF zu Katharina. Nur mit eindeutigem Zweitnamen zulässig, da auch als m Name gebräuchlich. Namensträgerin: Schauspielerin K. Fischer, TV-Sprecherin Kay-Sölve Richter.

Kaja (nord.), KF zu Katharina. Vereinzelt bei uns.

Karen (nord.), NF zu Karin. Nimmt an Beliebtheit zu.

Karin (nord.), KF zu Katharina. Im 19. Jh. durch skand. Literatur bei uns eingebürgert. Ab 1940 zunehmend gewählt, heute etwas rückläufig. Namensträgerinnen: Schauspielerinnen K. Baal, K. Dor, K. Anselm, K. Eickelbaum (beide in TV-Serie „Tatort“), K. Huebner (erste dt. Eliza in „My fair Lady“). NF: Karina, Kari.

Karsta (niederdt.), = Christa. Bekannt durch Schauspielerin C. Lock. NF: Carsta.

Kersti(n) (schwed.), NF zu Kristina. Im ganzen dt. Sprachraum häufig gewählt.

Kirsten (skand.), Abwandlung zu Christine. Ursprünglich war K. ein m (als Abwandlung zu Christian) und w Name, bei uns wird er aber vornehmlich als w Vorname gebraucht. Im Dt. seit Anfang des 20. Jh. bekannt. Namensträgerinnen: K. Flagstad (1895–1962), norweg. Sopranistin; K. Dunst (*1982), amer. Schauspielerin; K. Thomson (*1983), australische Mittelstreckenschwimmerin.

Kristin (nord.), KF zu Kristina. Bekannt durch S. Undsets Roman „K. Lavranstochter“ (1920).

Kristina (nord.), = Christina. Sehr beliebt bei uns.

Kristine (dän.), = Christine. Bei uns selten.

Laila (finn.), Umbildung zu Aila = *die Weise*. Seit ca. 1960 bei uns gebräuchlich.

Lale (dän.), Lallform zu Lieselotte Helen, dem Namen der dän. Sängerin L. Andersen (1913–1972; berühmt durch „Lili Marleen").

Liv (nord.), = *Leben* (schwed.) oder *Schutz* (altisländ.). Verbreitung angeregt durch schwed. Filmschauspielerin L. Ullmann (Bergmann-Filme wie „Herbstsonate", „Szenen einer Ehe").

Maike(n) (fries.), KF zu Maria. NF: Meike(n).

Maj (nord.), KF zu Maria. Geläufig in Doppelnamen Maj-Britt. (Filmschauspielerin M.-B. Nilsson machte ihn bekannt.) Name nimmt an Beliebtheit zu.

Male(e)n, Malena, Malene (nord.), KF zu Magdalena. NF: Malina.

Maren (dän.), = Marina (nordische Form von Maria). Ab ca. 1960 steigend beliebt, aber noch nicht in Spitzenpositionen.

Mareike (niederdt.), KF zu Maria. Bei uns seit Ende des 19. Jh. bekannt und ab Mitte der 1960er Jahre bis Ende der 1990er Jahre gelegentlich vergeben. Jetzt eher selten. Namensträgerin: M. Amado (*1954), niederländ. TV-Moderatorin.

Mark (schwed.), KF zu Margarethe, NF zu Margit.

Märta, Merta (nord.), KF zu Margarethe (Name der Tochter des norweg. Kronprinzenpaares).

Meike(n) (fries.), = Maike(n). Beide Formen häufig, vor allem im norddt. Raum, wo sie z. T. Spitzenstellungen einnehmen.

Merete (dän.), Meret, KF zu Margarethe. Schauspielerin M. Becker.

Mette (niederdt.), KF zu Mechthild. Lit.: Roman „Frau Mette“ von H.-W. Geißler.

Mirja (finn.), = Maria. Name der Ehefrau von Günther Sachs.

Nanna (nord.), Name einer altnord. Göttin, Geliebte des Sonnengottes Baldur; dadurch relativ starke Verbreitung.

Neele, Nele (niederdt.-fries.), KF zu Cornelia. Seit Mitte der 1970er Jahre kommt der Name regelmäßig im Dt. vor und ist seit Ende des 20. Jh./Anfang des 21. Jh. sehr populär. Seitdem unter den Spitzenreitern w Vornamen.

Pernilla, Pernille (nord.), = Petronella.

Pirkko (finn.), KF zu Brigitta.

Ragna (nord.), KF zu Namen mit Rein- (Reinhild). Seit 1960 bei uns geläufig.

Ragnhild (nord.), = Reinhild. Name einer norweg. Prinzessin. Bei uns selten gewählt.

Randi (nord.), KF eines Namens mit ragn = *Rat* + fridu = *schön*. Verbreitung bei uns wohl angeregt durch gleichnamige Romane von Lise Gast.

Rix(t)a (fries.), KF von Namen mit Rich- (Richlinde). Nur im norddt. Sprachraum.

Ronja (nord.), Name unklarer Bedeutung. Verbreitung bei uns seit ca. 1974, angeregt durch gleichnamiges Buch von A. Lindgren.

Saskia (niederländ.), w Form zu Sasso = *der Sachse*. Bekannt durch Rembrandts Frau S. van Uijlenburg (17. Jh.). Gelegentlich bei uns (Name der Tochter des TV-Moderators Dieter Thomas Heck).

Signe (nord.), Gestalt der nord. Sage. Heute häufiger gewählt.

Sigrid (nord.), Walkürenname zu ahd. sigu = *Sieg* + fridu = *schön*. Um 1900 eingebürgert durch skand. Literatur; zunächst im Adel, ab 1920 allgemein. Heute noch verbreitet. Namensträgerin: Schriftstellerin S. Undset („Kristin Lavranstochter"; Nobelpreis 1928); Opernsängerin S. Onegin.

Si(i)ri (nord.), KF zu Sigrid.

Silja (fries.), KF zu Cecilie. Seit 1960 leicht zunehmend. Als Fam.name bekannt durch Opernsängerin Anja S.

Silke (niederdt.), KF zu Cecilie, Gisela. Seit 1950 beliebt, ansteigend bis in die 70er Jahre.

Siv, Siw (schwed.), altnord. Göttername (Ehefrau Thors) oder KF zu Elisabeth. Bekannt bei uns durch Schlagersängerinnen S. Malmquist, S. Inger.

Solveig (nord.), zum skand. salv = *Haus* + vig = *Kampf*. Bekannt durch „Peer Gynt" (Drama von Ibsen, Musik von Grieg). Gilt als modern.

Svea (schwed.), Personifizierung Schwedens. Heilige mit Gd.: 14. 8. Ab 1960 auch bei uns verbreitet.

Svenja (nord.), w Form zu Sven. Seit Mitte des 20. Jh. im Dt. bekannt. Namensträgerin: S. Pages (*1966), dt. Schauspielerin (u. a. in „Diese Drombuschs"). NF: Swenja.

Swenja (nord.), NF zu Svenja.

Theda (fries.), KF zu Theodelinde.

T(h)ora (nord.), KF zu Thorhild. Name ab 1900 bei uns verbreitet, vorwiegend in ev. Kreisen.

T(h)ordis (nord.), *Göttername* Thor + dis = Göttin. Vereinzelt bei uns.

T(h)orhild (nord.), *Göttername Thor* + hiltja = *Kampf*. In jüngerer Zeit aus dem Nord. übernommen.

Trina, Trine (niederdt.), KF zu Katharina.

T(h)yra (nord.), latinisierte Form eines altschwed. Namens zu *Gott Thor* + vig = *Kampf*. Verbreitet durch Ballade „Gorm Grimme" von Th. Storm, aber selten belegt.

Ulla (schwed.), KF zu Hulda oder Ulrika. Name verbreitet durch Schauspielerin U. Jacobsson („Sie tanzte nur einen Sommer"). Verbreitet auch als Doppelname Ulla-Britt.

Urd(a) (schwed.), Name der germ. *Schicksalsgöttin der Vergangenheit*.

Viveca, Vivica (schwed.), = Wiebke. Latinisierte Form des dän. Vibeke. NF: Viveka, Vivika.

Wencke (nord.), KF von Namen auf -wine (Alwine) oder mit Wern- (Werngard). Bekannt (und vereinzelt gewählt) durch norweg. Sängerin W. Myrrhe („Beiß nicht gleich in jeden Apfel").

Wiebke (fries.), KF des altdt. Namens Wigberta. NF: Wiete.

Witta (niederdt.), zum Ahd. witu = *Gehölz*. Bekannt durch Schauspielerin W. Pohl.

Weibliche Vornamen aus dem osteuropäischen Kulturkreis

Alissa, Alyssa (vermutlich russ.), NF von Alice. Auch engl. oder niederländ. Herkunft möglich. Eine lit. Gestalt in Martin

Walsers Roman „Halbzeit“ (1960), Namensträgerinnen: Alissa Walser, dt. Schriftstellerin und Grafikerin (*1961); Alyssa Milano (*1972), amer. Schauspielerin (u. a. in „Charmed – Zauberhafte Hexen“).

Anja (russ.), KF zu Anna. Seit ca. 1960 starke Verbreitung im dt. Sprachraum; in Ostdeutschland ab 1970 abnehmend. Namensträgerinnen: dt. Schauspielerinnen A. Schute, A. Jaenicke, A. Kruse („D. schöne Wilhelmine“).

Anuschka (slaw.), KF zu Anna. Gilt als modern, wohl mitangeregt durch Erfolgslied Udo Jürgens („Kleine A.“). Schauspielerin A. Renzi.

Branka (slaw.), w Form zu Branko.

Bronislawa (slaw.), w Form zu Bronislaw = *Ruhmbewahrer*. In kath. Gegenden vertreten (m Form fast nicht mehr gewählt).

Dana (slaw.), KF von Bogdana, w zu Bogdan = *Gottesgeschenk*. Schauspielerin D. Vavrova („Herbstmilch“).

Dania, Danja (slaw.), KF zu Daniela. Bei uns vereinzelt.

Darja (russ.), KF zu Dorothea.

Dragica (slaw.), w Form zu Dragan.

Dunja (russ.), KF zum griech. Namen Eudokia (*die Hochgeachtete*). Verbreitung durch Puschkins Novelle „Der Postmeister“. Bekannt: jugoslaw. Schlagersängerin D. Rajter.

Edina (ungar.), EF zu Edna, auch gedeutet als hebr. Name (adina = *Zierde*). Bekannt: Schlagersängerin E. Pop (Gruppe „Dschingis Khan“).

Elina (slaw.), KF zu Helena. Auch engl. KF zu Elinor. Der Name wurde durch den finnisch-schwed. Kinderfilm „Elina“ (2002)

bei uns bekannt. Seitdem mehr und mehr im dt. Sprachraum beliebt. Namensträgerinnen: E. Swerawa (*1960), weißruss. Diskuswerferin; E. Löwensohn (*1966), amer. Schauspielerin (u. a. in „Schindlers Liste").

Etelka (ungar.), = Ottilie, auch Adelheid.

Fedora, Feodora (russ.), w Form zu Feodor. Um 1900 auch bei uns.

Ilona (ungar.), = Helene. Um 1900 noch auf den Adel beschränkt, ab 1940 weiter verbreitet. Heute häufig, aber keine Spitzenstellung. Lit.: Roman H. Habes „Ilona".

Ilonka (ungar.), KF zu Ilona.

Irina (slaw.), = Irene. Zählt im Russ. zu den beliebtesten Mädchennamen. Bei uns relativ häufig. Namensträgerinnen: Schriftstellerin I. Korschunow (Kinderbücher wie „Die Wawuschels mit den grünen Haaren", Romane); russ. Eiskunstläuferin I. Rodnina.

Iwana (russ.), w zu Iwan. Vereinzelt bei uns. KF: Iwanka.

Jadwiga (slaw.), = Hedwig. Name der poln. Nationalheiligen, poln. Königin des 14. Jhs. aus dem Hause Anjou.

Jana (slaw.), w zu Jan. Häufig in Ostdeutschland.

Janina (slaw.), KF zu Jana. Ab 1977 zunehmend verbreitet.

Jovanka (slaw.), KF zu Johanna. Vereinzelt in Österreich gewählt. Name der Frau des verstorbenen jugoslaw. Staats- und Parteichefs Josip Tito.

Julika, Julischka, Julka (ungar.), KF zu Julia. Verbreitet durch Operette „Die Maske in Blau" (Lied von der „Julischka aus Buda-Budapest", u. a. von Marika Rökk dargestellt).

Kat(h)inka (slaw.), = Katharina. Bei uns um 1900 Modename. Namensträgerin: dt. Schauspielerin K. Hoffmann.

Katja (russ.), KF zu Katharina. Bei uns seit 1950 verbreitet (unter den ersten 20 Namen). Namensträgerin: Sängerin K. Ebstein („Theater, Theater"). KF: Katka.

Kira, Kyra (russ.), griech. = *Herrin*. Name russ. Großfürstinnen. Bekannt: Prinzessin Kira v. Preußen, Namen der verstorbenen Ehefrau und der Tochter von Louis Ferdinand, Prinz v. Preußen.

Lana (russ.), KF von Namen auf -lana, = *die Zärtliche, die Sanfte*. Bei uns gelegentlich im 20. Jh., im 21. Jh. häufiger vergeben.

Lara (russ.), NF zu Laura. Bekannt durch Roman „Doktor Schiwago" von Boris Pasternak, dadurch auch bei uns vereinzelt gewählt.

Larissa (russ.), EF zu Lara oder *griech. Städtenamen*. Gelegentlich bei uns.

Lenka (slaw.), KF zu Helene, Magdalena. Gelegentlich bei uns.

Libussa (slaw.), = *Liebling*. Sagenhafte Gründerin von Prag. Verbreitet, auch bei uns durch gleichnamiges Drama von Grillparzer (1872) und Oper von Smetana(1881).

Ludmilla (slaw.), Name der böhm. Patronin (*die beim Volk Beliebte*), Gd.: 15. 9. Im ostdt. Sprachraum häufiger, aber nach W vordringend. Gilt als modern. Malenka (russ.), KF zu Melanie. Gelegentlich bei uns.

Manja (slaw.), KF zu Maria.

Marija (russ.), KF zu Maria.

Marika (ungar.), KF zu Maria. Namensträgerinnen, die Verbreitung beeinflussten: M. Rökk, Ungar. Filmschauspielerin und Tänzerin („Der Kongress tanzt"); dt. Eiskunstläuferin der 60er Jahre M. Kilius.

Mascha (russ.), KF zu Maria. Bei uns vereinzelt gewählt.

Mila, Milla (slaw.), KF zu Ludmilla. EF: Milena. Bei uns seit Anfang des 21. Jh. gelegentlich. Namensträgerin: Milla Jovovich (*1975), amer. Schauspielerin, Fotomodell und Sängerin. Ist auch im indischen Sprachraum häufig, nach einer legendären Prinzessin Mila Bai aus dem 16. Jh.

Milena (slaw), w Form zu Milan = *freundlich, gnädig, gütig.* Der Name ist aus dem Tschech. übernommen und bei uns seit Franz Kafkas Briefen an M. bekannt. In der Regel wird der Name auf dem „i" betont, es gibt aber auch die eingedeutschte Form, die man auf dem „e" betont. In Tschechien, Italien und Spanien gebräuchlich, kommt der Name bei uns etwa seit den 1930er Jahren vor. Seit Ende des 20. Jh. immer populärer. Namensträgerin: tschech. Journalistin, Schauspielerin und enge Freundin Franz Kafkas M. Jesenská (1896–1944).

Mira (slaw.), KF zu Miroslava oder zu Miranda. Der Name war bislang eher im slaw. und amer. Sprachraum verbreitet, wird aber seit Anfang des 21. Jh. auch bei uns immer populärer. Namensträgerinnen: österr. Kinderbuchautorin M. Lobe (1913–1995); M. Furlan (*1955), amer. Schauspielerin.

Mirka (slaw.), w Form zu Mirko. Lit.: „Poenichen-Trilogie" von Christine Brückner.

Monja (russ.), KF einer w Form zu Salomon. Vereinzelt bei uns.

Nadia, Nadja (slaw.), KF zu Nadjeschda (russ. = Hoffnung). Namensträgerin: dt. Filmschauspielerin N. Tiller („Buddenbrooks"). NF: Nada.

Nastassja (russ.), KF zu Anastasia. Bei uns bekannt durch Schauspielerin N. Kinski („Reifeprüfung" in TV-Serie „Tatort", Filme wie „Tess"). Lit.: In Romanen von Tolstoi.

Natascha (russ.), KF zu Natalie. In neuerer Zeit aus dem russ. Sprachraum übernommen (lit. bei Tolstoi, „Krieg und Frieden", 1864).

Nina, Ninotschka (russ.), KF von Antonina. Beliebter russ. Name. *Ninotschka:* Titelgestalt eines Agentenfilms (mit Greta Garbo). Gilt bei uns als modern noch nach 20 J. Namensträgerin: Rocksängerin Nina Hagen.

Olga (russ.), = Helga. Verbreitung durch hl. O., Großfürstin in Kiew im 10. Jh., Gd.: 11.7. (versuchte das Kiewer Reich zu christianisieren). In der 2. Hälfte des 19. Jhs. gelangte der Name durch Fürstenheiraten nach Württemberg, fand bis 1900 weite Verbreitung, mit angeregt durch Tschaikowsky-Oper „Eugen Onegin" (1879). Gilt heute als veraltet bei uns, ist aber in Russland einer der beliebtesten w Vornamen (russ. Märchengestalt O. Zarewna entspricht unserem Schneewittchen). Namensträgerin: Schauspielerin O. Tschechowa, 1897 in Russland geboren, ab 1921 in Deutschland in Filmen wie „Bel Ami", gest. 1980.

Panja (russ.), KF von Namen auf -nja. Bekannt durch Ehefrau von Udo Jürgens.

Piroschka, Piroska (ungar.), zum lat. Prisca. Bei uns bekannt durch Verfilmung des Romans von H. Hartung „Ich denke oft an Piroschka“ (1964; Lieselotte Pulver, Gunnar Möller in den Hauptrollen).

Sascha (russ.), KF zu Alexandra, auch m Name.

Sonja (russ.), KF zu Sophie. Seit 1920 zunehmend beliebter, heute Modename. Verbreitung auch durch norweg. Eiskunstläuferin S. Henie („Häseken“ im Berliner Volksmund); dt. Schauspielerin S. Ziemann (Heimatfilme in den 50er Jahren, heute am Theater).

Stanislawa (poln.), w zu Stanislaus.

Swetlana (russ.), = *hell*. Bekannt durch Stalin-Tochter, die zeitweise in USA und England lebte, 1984 in die SU zurückkehrte.

Tamara (russ.), zum hebr. tamar = *Dattelbaum*. Bei uns verbreitet durch Tänzerin T. Tumanowa. Häufig gewählt. Beliebt: T. Jagelowsk, Raumschiff-Kommandantin der 60er TV-Kultserie „Raumpatrouille“.

Tanja (russ.), KF zu Tatjana. Seit 1960 zunehmend gewählt, inzwischen in Spitzenstellungen.

Tatjana (russ.), Name asiatischen Ursprungs. Verbreitet durch mehrere kath. Heilige. Bei uns zunehmend seit 1960 (angeregt auch durch Tschaikowskys Oper „Eugen Onegin“, 1879). Namensträgerin: T. Gsovsky, Tänzerin (Ballettschule in Berlin).

Tonja (russ.), KF zu Antonia. Neuerdings bei uns verbreitet. Wohl angeregt durch Verfilmung des Pasternak-Romans „Doktor Schiwago“.

Valeska (poln.), zu Valeria oder KF zu Vladislav. Davon abgeleitet KF: Walli.

Vera (russ.), = *Glaube*, gilt auch als KF zu Verena, Veronika. Schreibweise korrekt „Wera“. Ab 1900 durch russ. Romane bei uns eingebürgert, ab 1940 zunehmend verbreitet. Bekannt: V. Tschechowa, Enkelin von Olga T. KF: Veruschka.

Wanda (slaw.). Name unklarer Bedeutung, evtl. Herkunftsbezeichnung = *die Wendische* oder *die aus dem Stamm der Wandalen*. Verbreitet durch sagenhafte poln. Prinzessin, die sich in die Weichsel stürzte. Im Adel um 1900 vertreten, später volkstümlich. Lit.: „Wanda“, Roman von G. Hauptmann. Amerik. Countrysängerin W. Jackson.

Zorah, Zorana (slaw.), entspricht dem lat. Aurora (Name der Göttin der Morgenröte). Bekannt durch TV-Serie „Die rote Zorah“.

Weibliche Vornamen – außereuropäische Sprachen

Aaliyah (arab.), = *hoch, erhaben*.

Daria (pers.), w zu Darms; Name bekannt durch Märtyrerin, Gd.: 25. 10. Selten gewählt.

Eleonore (arab.), zum arab. Ellinor = *Gott ist mein Licht*. Name gelangte durch Araber nach Spanien, Frankreich, von da durch Heirat der Französin E. v. Poitou (12. Jh.) mit König Heinrich II. von England nach Britannien. In Deutschland durch Übersetzung der Shakespeare-Dramen eingebürgert. (Leonore wurde populär durch Leonorenouvertüren zum „Fidelio“ von Beethoven sowie durch Goethes „Torquato Tasso“). Name heute wieder als modern angesehen. Namensträgerinnen: hl. E., Mutter des engl. Königs Eduard II., ital. Schauspielerin E. Duse (1859–1924). Engl.: Eleanor, Ellinor, franz.: Eleonore, nord.: Elna.

Ellinor (arab.), = *Gott ist mein Licht*. Um 1900 im dt. Sprachraum verbreitet. Heute seltener gewählt.

Elmira (arab.), = *die Fürstin*; aus dem Span. übernommen, aber bei uns nur selten. KF: Elma.

Esther (pers.), bibl. Name = *der Stern*; Name eines Buches im AT (lit. durch Händel, Grillparzer bearbeitet). Heute zunehmend gewählt. Namensträgerin: amer. Filmschauspielerin E. Williams.

Farah (pers.), aus dem Arab. = *Freude*; bei uns bekannt und vereinzelt gewählt durch pers. Ex-Kaiserin F., dritte Ehefrau des verstorbenen Schahs; amer. Filmschauspielerin Farrah Fawcett (u. a. in TV-Serie „Charlies Engel“).

Fatima (arab.), Name unklarer Bedeutung (evtl. *Kleinkind*). Bekannt durch Tochter des Propheten Mohammed (606–632). Vorname bei uns durch Wallfahrtsort F. in Spanien (Marienerscheinung von 1917) mehrfach gewählt.

Janatha (ind.), = *Die Gütige*. In Indien und Sri Lanka gebräuchlich. Tochter von Fußballer Mike Hanke Janatha-Cay.

Jasmin (pers.), *Pflanzenname*; als Vorname in Märchensammlung „1001 Nacht“. Zunehmend gewählt seit ca. 1965 (auch Zeitschrift dieses Namens), beeinflusst durch angloamer. Sprachraum. Bekannt: Tochter der amer. Schauspielerin Rita Hayworth und des Ali Khan. NF: Yasmin(e), Yasmina. Schauspielerin Yasmina Filali.

Leila (arab.), = *dunkle Nacht*. Durch engl. Einfluss bei uns seit 1950 gewählt. Lit.: Byrons „Die Ungläubige“ (1813).

Leonore (arab.), KF zu Eleonore. Verbreitet seit Bürgers „Leonore“ (1778). Lit.: in Goethes „Torquato Tasso“ (1790), Beethovens „Fidelio“ (1805; Leonorenouvertüren). Name einer Heiligen des 14. Jhs. (Gd.: 22. 5.). NF: Lenore.

Malaika (afrikanisch), aus dem Ostafrikan. = *der Engel*. Name bei uns zugelassen, wohl angeregt durch Namen der Tochter des Filmschauspielers Hardy Krüger.

Moana (polynes.), = *Ozean, Unendlichkeit, die unendliche Weite des Meeres*. Seit Anfang des 21. Jh. bei uns bekannt. Stammt aus Hawaii und hat einen polynesischen Ursprung. Nicht sehr häufig.

Nora (arab.), KF zu Eleonore. Name wurde bekannt durch Drama von Ibsen (Nora als Vorbild der Frauenemanzipation), 1880. Um 1900 weit verbreitet, auch heute noch gewählt, aber nicht in Spitzenstellungen. Bestseller-Autorin N. Roberts, Jazzmusikerin N. Jones.

Rabea (arab.), = *Frühling*; andere Deutung: hebr. Wort für *Mädchen*. Vereinzelt in Deutschland und der Schweiz. Name einer Assistentin von Wim Thoelke.

Roschana, Roxana (pers.), = *die Glänzende*; Name der Ehefrau von Alexander dem Großen. Verbreitet im angloamerikan. Sprachraum.

Samira (arab.), = *unterhaltende nächtliche Begleiterin*. W Form zu Samir. Taucht im dt. Sprachraum Ende des 20. Jh. auf und wird immer häufiger gewählt. Namensträgerin: marokkanische Pop-Sängerin S. Said (*1959).

Schirin (pers.), = *die Süße*; auch in Deutschland und Österreich belegt.

Soraya (pers.), bedeutet *guter Fürst*. Bekannt durch Ex-Kaiserin S. von Persien (2. Ehefrau des Schahs, deren Ehe und Scheidung Boulevardzeitungen lange beschäftigten).

Tuana (arab.), = *der erste Regentropfen, der in das Paradies/in den Himmel fällt*. Seit Anfang des 21. Jh. in dt. Sprachraum gelegentlich gewählt.

Yasmin (pers.), NF zu Jasmin. Namensträgerin: amer. Schauspielerin Y. Bleeth (*1968, u. a. bekannt als Caroline Holden in der TV-Serie „Baywatch“). NF: Yasmine, Yasmina.

Von Hans und Grete zu Christian und Christina – unsere Vornamen im Spiegel der Statistik

„Auch bei den Namen, welche die lieben Menschenkinder tragen, ist die Herrschaft der Mode nicht zu verkennen."

Dieses Zitat stammt nicht etwa aus unseren Tagen – nein, es ist über 150 Jahre alt! Johann Christian Dolz schrieb es in seinem Buch „Die Moden in den Taufnamen" bereits 1825. Die Mode hat also schon lange Zeit einen gewissen Einfluss auf die Wahl der Vornamen, verstärkt in unserem Jahrhundert, da die Bindungen an alte Traditionen gelockert sind und Wandlungen im sozialen Bereich sich rascher vollziehen als je zuvor. Man geht heute davon aus, dass in der Beliebtheit von Jungennamen ca. alle 20 bis 30 Jahre gravierende Änderungen eintreten; bei Mädchennamen ist der Zeitraum kürzer.

Noch vor einigen Jahrhunderten war man da viel beständiger: Um 1400 führten die Namenlisten bei den Jungen Johannes, Heinrich, Konrad, Nikolaus, Peter, Dietrich und Wilhelm an, bei den Mädchen Elisabeth, Margarethe, Anna, Katharina, Adelheid, Luitgard, Mathilde. Dabei sind natürlich die Neben-, Kurz- und Koseformen eingeschlossen, die zu den jeweiligen Namen gehören. Im 17./18. Jh. waren es dann Johannes, Konrad, Nikolaus, Peter, Georg und Kaspar, die bei den Jungennamen an der Spitze standen, bei den Mädchen Maria, Anna,

Elisabeth, Margarethe, Katharina, Christina und Susanne. Wie gering waren also die Veränderungen nach über 200 Jahren!

Um 1900 sah es dann schon anders aus: Die Liste der Jungennamen führten Johannes/Hans, Karl, Friedrich/Fritz, Wilhelm/Willi, Walther, Otto, Ernst an, die der Mädchennamen Anna, Maria/Marie, Margarethe/Grete, Martha, Gertrud/Trude, Frieda, Else/Elsa. In den 20er Jahren zählten Heinz, Willi, Fritz und Karl-Heinz zu den beliebtesten Jungennamen, bei den Mädchen dominierten Hannelore, Anneliese und Lieselotte. Die 30er Jahre brachten Jungennamen wie Horst, Klaus, Wolfgang, Günther, Gerhard, Uwe und Kai in Spitzenpositionen, Mädchennamen wie Ursula, Gerda, Ingeborg, Karin, Brigitte, Christa, Antje und Dörte. Mit dem Ende des Zweiten Weltkriegs setzte auf dem Gebiet der Namenmoden ein tiefgreifender Wandel ein. Anstelle der bislang bevorzugten altdeutschen und nordischen Namen sind es nunmehr die biblisch-antiken Namen, die einen Boom erleben. Bei den Jungennamen handelt es sich dabei um Michael, Peter, Thomas, Stefan und Andreas, bei den Mädchennamen um Barbara, Gabriele, Susanne, Sabine, Petra, Andrea, Monika; der Name Brigitte wird rasch durch die modischere Form Birgit abgelöst. Diese Namen haben in allen deutschsprachigen Ländern in den 50er Jahren Spitzenpositionen; daher kann man davon ausgehen, dass es sich wirklich um einen Modetrend handelt. Selbst in anderen europäischen Ländern, wie Ungarn und der Tschechoslowakei, sind es die entsprechenden Namen, die man am häufigsten wählt: István = Stefan, Tomas = Thomas, András = Andreas, Michál = Michael!

Im deutschen Sprachraum bringen die 60er Jahre bei den Jungennamen Matthias, Alexander, Oliver, Christian und Martin an die Spitze, Anja, Claudia, Britta (was den Namen Birgit weitgehend ablöst), Nicole, Tanja, Sandra bei den Mädchennamen. Neu erscheinen in den 70er Jahren Tobias u. Daniel bei den Jungen, bei den Mädchen sind es Alexandra, Melanie, Sonja, Stefanie und Michaela, später Bianca, Daniela, Julia, Nadine u. Nina. Das zeigt, dass bei den Mädchen die beliebten Vornamen rascher wechseln; auf dem Gebiet der Jungennamen ist die Stabilität weitaus größer.

Ein genaues statistisches Bild von den Veränderungen auf dem Gebiet der Vornamen ist leider nur schwer zu erstellen; es gibt keine repräsentativen Untersuchungen ausgewählter Orte. In der Bundesrepublik haben die Wickert-Institute in Tübingen jahrelang für die Zeitschrift „Eltern" die beliebtesten Namen ermittelt. Heute stellt die Gesellschaft für deutsche Sprache in Wiesbaden jährlich seit 1977 die beliebtesten Vornamen zusammen. Für die Bundesrepublik ist also die Bestandsaufnahme noch einigermaßen umfassend. In der Schweiz gibt es keine Ranglisten beliebter Vornamen. In der ehem. DDR und Österreich sind es nur einzelne Orte (in der ehem. DDR beispielsweise Borna bei Leipzig, in Österreich Wien), für die die Vornamen statistisch ermittelt werden; als repräsentativ können die dortigen Ergebnisse also nicht gelten.

Andererseits sind die regionalen Unterschiede im deutschen Sprachraum doch relativ gering, so dass man die aus bundesdeutschen Standesämtern ermittelten Ergebnisse wohl ohne bedeutende Verfälschungen auch auf die übrigen deutschsprachigen Länder übertragen kann.

1986 standen bei den Jungennamen Christian, Daniel, Sebastian, Michael und Alexander an der Spitze, bei den Mädchennamen Katharina, Christina/e, Jennifer, Sara(h) und Julia.

Im Jahr 1987 tauschten bei den Jungennamen Michael und Sebastian ihre Plätze von 1986, bei den Mädchennamen blieb Katharina an erster Stelle, es folgten Stefanie, Christina(e), Julia und Sarah.

Die Gesellschaft für deutsche Sprache hat erstmals auch die beliebtesten Namen d. Ex-DDR ermittelt. Von den Jungennamen wurden auch dort Christian, Alexander, Sebastian, Stefan am häufigsten gewählt, von den Mädchennamen Jennifer, Stefanie, Julia u. Sarah.

Die „Hitliste" 1988 führten bei den Jungen Daniel, Christian, Alexander, Sebastian und Michael an, die der Mädchen Katharina, Sarah, Julia, Anna(-e) und Christine(-a).

Für 1989 wurden als beliebteste Jungennamen Christian, Daniel, Alexander, Jan und Patrick ermittelt, als beliebteste Mädchennamen Katharina, Sarah, Anna(-e), Julia und Christine(-a).

1990 führten folgende Namen die Hitliste an: bei den Jungen Daniel, Christian, Alexander, Patrick und Tobias, bei den Mädchen Anna(-e), Christine(-a), Katharina, Lisa und Julia.

Für 1991 und auch noch für 1992 gab es zwei getrennte Listen für die alten und die neuen Bundesländer.

Für 1992 wählten die Eltern bei den Jungennamen in den alten Bundesländern am häufigsten: Alexander, Daniel, Michael; in den neuen: Philipp, Patrick, Christian. Beliebteste Mädchennamen waren 1992 in den alten Ländern: Julia, Maria, Lisa; in den neuen: Lisa, Maria, Julia.

Wie die Aufstellung erkennen lässt, halten sich beliebte Namen also meist über 100 Jahre an Spitzenpositionen, zumindest für den Zeitraum von fünf bis zehn Jahren bleiben die Modenamen erstaunlich konstant. Namen dagegen, die nur kurzfristig von den Standesämtern verzeichnet werden, wie z. B. Namen aus bekannten Fernsehserien, erscheinen nicht an Spitzenpositionen.

Abschließend noch einige Bemerkungen zu den beliebtesten Namen in der ehem. DDR im Vergleich zur Bundesrepublik. Der Verfasser des Vornamenbuches der Gesellschaft für deutsche Sprache, Dr. Wilfried Seibicke, hat sich mit diesem Thema befasst und einen Vergleich der in beiden Teilen Deutschlands am häufigsten gewählten Namen für den Zeitraum 1976–1981 durchgeführt.

Beliebte Jungennamen in der ehem. DDR: Ronny, Thomas, Daniel, Michael, René, Mike, André, Marko, Sven, Matthias, in der Bundesrepublik Christian, Michael, Stefan, Markus, Andreas, Daniel, Alexander, Matthias, Thomas, Sebastian.

Beliebte Mädchennamen in der ehem. DDR: Sandra, Susanne, Nicole, Anja, Mandy, Yvonne, Doreen, Katja, Cindy, Annett, in der Bundesrepublik Stefanie, Christine, Nicole, Melanie, Sandra, Katrin, Julia, Tanja, Nadine, Daniela.

In dieser Gegenüberstellung lassen sich deutlich Unterschiede bei Jungen- und Mädchennamen feststellen. Bei den Jungennamen sind – mit Ausnahme von Ronny, der nur in Ostdeutschland zeitweise eine Spitzenposition einnahm – dieselben Namen beliebt, wenn auch in anderer Reihenfolge. Denn die Namen, die nur in einer Liste auftauchen, sind im anderen Teil Deutschlands lediglich an anderer Stelle in der Rangfolge verzeichnet. Bei den Mädchennamen dagegen sind die Unterschiede weitaus deutlicher. In Ostdeutschland fällt eine größere Vorliebe für Namen aus dem englischen und französischen Sprachraum auf.

Aber dennoch – auch hier sind die Gemeinsamkeiten größer als die Unterschiede, so dass sich die beliebten Vornamen sowohl bei den Jungen als auch bei den Mädchen annähernd gleichmäßig über den gesamten deutschen Sprachraum verteilen.

Nach Sprachregionen betrachtet war 2005 in der Deutschschweiz *Leonie* der beliebteste weibliche Vorname. Er konnte den Spitzenreiter der beiden Vorjahre, *Lea*, vom ersten Platz und sogar aus den Top Ten verdrängen. Auch bei den Knaben gab es einen Wechsel an der Spitze der Beliebtheitsskala. *David* nimmt neu die erste Position ein. *Luca*, der beliebteste Vorname der Jahre 1997-2004, rutschte auf den fünften Platz ab.

2007 waren diese weiblichen Vornamen besonders beliebt: Marie, Sophie, Maria, Anna/Anne, Leonie, Lena, Emily, Johanna, Laura, Lea/Leah.

2007 waren diese männlichen Vornamen besonders beliebt: Leon, Maximilian, Alexander, Lukas/Lucas, Paul, Luca, Tim, Felix, David, Elias.

2010 waren diese weiblichen Vornamen besonders beliebt: Julia, Lena, Sarah, Laura, Anna, Vanessa, Selina, Elena, Lea, Nina, Alina, Sandra, Jana, Sabrina, Lina, Sophie, Hannah, Franziska, Melanie, Zoe, Jessica, Leonie, Melina, Claudia, Isabella, Anja, Luisa, Nicole, Emily, Jennifer.

2010 waren diese männlichen Vornamen besonders beliebt: Elias, Julian, Marcel, Thomas, Luca, Stefan, Alexander, Finn, Linus, Daniel, Felix, Paul, Jonas, Tim, Michael, Lukas, Kevin, Florian, Noah, David, Christian, Martin, Tobias, Fabian, Simon, Maximilian, Jan, Marco, Andreas, Andrea, Marvin.

Maria Theresia oder Laura – das ist heute die Frage

„Familienvater, lege Deinem Kinde einen Namen zu, der ihn in seinen eigenen Augen ehrt", so rät der griechische Philosoph Pythagoras schon im 6. Jh. v. Chr. – ähnlich, wie ca. 2300 Jahre später der deutsche Dichter Friedrich Rückert:

„Gebt Euren Kindern schöne Namen,
darin ein Beispiel nachzuahmen,
ein Muster vorzuhalten sei.
Sie werden leichter es vollbringen,
sich guten Namen zu erringen,
denn Gutes wohnt dem Schönen bei."

Im Namen eines Menschen liegt eine geheimnisvolle Kraft. Die Kenntnis vom Namen eines anderen verschafft eine gewisse Macht über diesen – wir kennen das Motiv aus dem Märchen vom Rumpelstilzchen („Ach, wie gut, dass niemand weiß, dass ich Rumpelstilzchen heiß'!") und aus der Lohengrinsage („Nie sollst Du mich befragen"). Diesen Gedanken vertritt auch Honoré de Balzac im 19. Jh.: „Die Namen werden im Himmel gegeben. Man wird dort oben benannt, bevor man hienieden ist. Übrigens bin ich nicht der einzige, der felsenfest davon überzeugt ist, dass zwischen Namen und Persönlichkeit tiefgeheime Beziehungen walten."

Das heißt: Die Entscheidung für einen Namen ist eine wichtige Angelegenheit, die sich die meisten Eltern auch nicht leicht machen: Da werden Bücher gewälzt, Diskussionen geführt, oft fragt man Verwandte und Bekannte um Rat.

Welche Gesichtspunkte sollte man bei der Namenswahl beachten?
Welche Kriterien haben dafür überhaupt eine Bedeutung?

a) Bedeutung der Tradition

Auch heute spielen in vielen Familien Namen eine Rolle, die seit Generationen immer wieder gegeben werden. Eine alte Sitte ist es, dem Enkel den Namen des Großvaters zu geben. – Das war schon bei den alten Griechen so; häufig findet man es in den USA; auch im dänischen Königshaus ist es so üblich (es wechseln hier die Namen Christian und Frederik einander ab).

Überhaupt ist es der Adel, bei dem die Tradition eine stärkere Rolle spielt. Man denke an die Vergangenheit mit ihren Reihen von Heinrichs und Ottos bei den deutschen Kaisern, an die Friedrichs und Wilhelms im preußischen und die Ludwigs im bayerischen Königshaus sowie die Louis im französischen. Aber auch im Bürgertum und noch heute kennt man solche Traditionen. So kann es zum Beispiel üblich sein, den ältesten Sohn Otto zu nennen, die älteste Tochter Lotte. Bis vor wenigen Jahrzehnten waren das ja auch durchaus modische Namen.

Heute kann man nun, um einerseits alte Traditionen zu wahren, andererseits seine Kinder nicht mit zu altmodischen Namen zu belasten, den oft geübten Ausweg wählen, den traditionellen Namen als Zweitnamen zu geben. Aus dem Otto wird dann vielleicht ein Frank Otto, aus der Lotte eine Inge Lotte.

Eine andere Möglichkeit besteht darin, alte Namen dem modernen Geschmack anzupassen: So heißt der jüngste Spross der Familie nicht mehr Erich, wie sein Opa, sondern Erik. Aus dem Vatersnamen Johannes wird ein Hansjoachim. Statt Elisabeth taufen die jungen Eltern ihre Tochter Lisbeth. Für Katharina wird die modische Kurzform Katrin gegeben.

Ebenso lassen sich die elterlichen Namen auch oft für das andere Geschlecht abwandeln: heißt der Vater Dieter, entscheiden sich die Eltern vielleicht dafür, ihre Tochter Dietlinde zu nennen; der mütterliche Name Martina kann für einen Sohn in Martin abgeändert werden. Bei vielen Namen lässt sich diese Änderung leicht bewerkstelligen: Aus dem erwarteten Andreas kann eine Andrea werden, aus Alexander Alexandra, aus Michael Michaela. Auf diese Art und Weise hat man gleich für beide Geschlechter einen Namen bereit und kann ruhig abwarten, ob es nun künftig einen Peter oder eine Petra in der Familie gibt.

Nach dem 2. Weltkrieg wahrte man Traditionen auch auf die Weise, dass man seinem Kind häufig den Namen eines gefallenen Familienangehörigen, sei es Bruder, Vater, Vetter, gab. Flüchtlinge und Heimatvertriebene dokumentierten ihre Verbindung mit der alten Heimat dadurch, dass sie ihren Kindern gern die überkommenen, in der Heimat gebräuchlichen Namen verliehen.

Aber man kann eine Vorliebe für traditionelle Namen auch übertreiben. Namen zum Beispiel, die eindeutigen Bezug auf historische Vorbilder erkennen lassen, stellen für das Kind eher eine Belastung dar, zum Beispiel Julius Caesar, Wolfgang Amadeus, Johann Wolfgang, Che Guevara.

b) Traditionelle Landschaftsbindung

Im Laufe der Jahrhunderte haben sich bestimmte regionale Namenstraditionen entwickelt. Dies sollte man heute mit berücksichtigen, auch wenn die landschaftlichen Bindungen von Namen sich stark gelockert haben. So wäre es doch unpassend, wenn ein Elternpaar aus Norddeutschland Namen wie Sepp und Xaver, Walburga oder Kreszentia für seine Kinder wählte, die in der landläufigen Vorstellung mit dem Alpenraum verknüpft sind. Ebenso wären eindeutig in nördliche Gebiete weisende Namen wie Piet, Onno, Barbro oder Hjördis in Oberbayern fehl am Platze.

c) Traditionelle Vorstellungen

Namen haben ja eine gewisse Suggestivkraft – wir stellen uns zu bestimmten Namen bestimmte Leute vor, sei es aus der „großen Welt" oder aus der engeren Bekanntschaft. Dabei spielen zum einen Antipathie und Sympathie eine Rolle („Meine Tochter soll auf keinen Fall Claudia heißen; ich hatte eine Klassenkameradin dieses Namens, die ich nicht leiden konnte" – „Der Name Matthias würde uns gefallen, wir kennen da einen netten Jungen, der so heißt"). Zum anderen gibt es neben diesem stark subjektiven Auswahlkriterium feste landläufige Vorstellungen, die an bestimmte Namen gebunden sind. In einer durchwegs blonden Familie wirkt eine Carmen vermutlich ebenso ausgefallen wie ein Siegfried in einer Familie mit mehr mediterranem Aussehen. Und wer weiß denn bei der Geburt schon, ob das neugeborene Töchterchen später dem Walkürenideal des Namens Brunhilde gerecht wird?

d) Sprachgeschichtliche Bedeutung des Namens

Dieses Kriterium spielt heute nur noch eine begrenzte Rolle. Aber gerade in unserer Zeit, die geprägt ist von oft heftig geäußerter Friedenssehnsucht und Furcht vor erneuten kriegerischen Auseinandersetzungen, erscheint es durchaus sinnvoll, anstelle von Namen, die als einen Bestandteil Wörter des Kampfes haben (Hildegard, Gunther), solche auszuwählen, die mit dem Frieden zu tun haben, wie Irene oder Gottfried.

Man sollte sich also ruhig die Mühe machen, nachzuforschen, was der Name eigentlich bedeutet, den man seinem Kind gibt. Problematisch ist es, wenn Eltern ihrem Kind „exotische" Namen geben, die vielleicht auf einer Safari in Ostafrika oder bei einem Ceylonaufenthalt ihr Gefallen gefunden haben. Die Bedeutung von Namen aus uns so fremden Kulturkreisen ist oft schwer zu ermitteln. Auch kann es zu unliebsamen Überraschungen kommen, wenn man zum Beispiel nicht daran denkt, dass im Japanischen der Familienname vor dem Personennamen genannt wird. Unter Umständen trägt dann das Kind einen in einem fremden Land häufigen Familiennamen als Vornamen und erregt damit, wenn es selbst einmal in dieses Land kommt, nur Heiterkeit. Ganz davon zu schweigen, dass solche exotischen Namen nur in den seltensten Fällen zu unseren Familiennamen passen!

e) Klang und Zusammenklang

Das ist heute das Hauptmotiv für die Namenswahl: Der Vorname soll gut klingen. Vor allem bei Mädchen beeinflusst dieses Kriterium schon lange die Entscheidung – möglicherweise deshalb, weil man auf den Zusammenklang von Vor- und Nachnamen (zumindest bis zur Änderung unseres Namensrechts 1976) nicht die Rücksicht zu nehmen brauchte wie bei den Söhnen. Der Name änderte sich mit der Eheschließung ohnehin oft.

Es kommt also bei der Wahl des Vornamens auch auf den Familiennamen an: Zu einem Namen wie Hinterhuber passen schlecht die Vornamen Dirk und Silke, zu einem Andersen kaum Franz Josef oder Ramona.

Auch die Silbenzahl muss einigermaßen zusammenpassen. Zu einem Namen wie Meier-Schmidt harmoniert ein einfacher Vorname besser als ein Doppelname; ein kurzer Familienname lässt eher einen langen Vornamen zu (Rosemarie Schmitz klingt besser als Brit Schmitz). Der Vorname sollte auch nicht mit dem Vokal aufhören, mit dem der Nachname beginnt: Statt Uwe oder Simone Ebert wählt man besser Klaus oder Ingrid. Einfache Nachnamen wie Schulz, Krause, Müller lassen sich schlecht kombinieren mit so pompösen Vornamen wie Ägidius oder Berenice.

Eine Alliteration von Vor- und Nachnamen, das heißt beide beginnen mit demselben Buchstaben, kann gut wirken, wenn auch eine gewisse Gefahr der Künstlichkeit besteht (aus Schauspielerkreisen zum Beispiel bekannt Marilyn Monroe, Brigitte Bardot).

Aber nicht nur die Harmonie zwischen Personen- und Familiennamen ist wichtig, ebenso gehören die Namen der Geschwister in die Überlegungen einbezogen. Zu ähnlich klingende Namen meide man besser: ruft man nämlich eines seiner Kinder mit Namen Peter und Petra, so kann es passieren, dass keines kommt, da jedes fest davon überzeugt ist, der andere sei gemeint! Hübsch klingt es, wenn Geschwisternamen ähnliche Bestandteile haben, Alliteration wie bei Hans und Helga, Stefan und Susanne, oder gleiche Endsilben wie bei Regine und Caroline. Ähnlich wie bei dem Zusammenhang von Vor- und Nachnamen sollte man auch bei Geschwisternamen auf eine passende Silbenzahl achten: Eine Isabella-Monika passt schlecht zu einem Bruder Rolf. Gut zusammen klingen Dirk und Mark, Britt und Jörg, Margit und Ingrid.

Ein Tipp noch für Eltern, die aus unterschiedlichen Sprachräumen stammen: Es gibt zahlreiche Namen, die zumindest in den meisten europäischen Sprachen vorkommen. Ist zum Beispiel ein Elternteil deutsch, der andere aus dem englischen Sprachraum, so lassen sich für die Kinder Namen denken wie Christoph/Christopher, Johannes/John, Katharina/Catherine, Elisabeth/Elizabeth. Bei einem deutsch-französischen Elternpaar gibt es Möglichkeiten wie Hans/Jean, Peter/Pierre und Angelika/Angélique, Marion (nur in der Aussprache verschieden). In einer deutsch-italienischen Partnerschaft wären Mario und Sabina angebracht; so lassen sich die Interessen beider Eltern gut vereinbaren, das Kind kann mit einem Namen angeredet werden, der beiden vertraut ist.

f) Wie hätten Sie es gern – modisch oder originell?

Beides lässt sich heute beobachten: zum einen ein Hang zur Originalität (vor allem bei der sozialen Oberschicht), zum anderen ein Trend zu Modenamen. Bei Namen, die so exklusiv klingen wie Olympia oder Cajus, besteht die Gefahr, dass das Kind in der Gruppe ausgelacht wird; bei ausgesprochenen Modenamen die, dass in einer Gruppe, sei es Kindergarten oder Schule, der Name in zu starker Häufung auftritt; und wer kann es einer Ursula verdenken, dass sie ihren Namen ablehnt, wenn es außer ihr sieben gleichnamige Mädchen in der Klasse gibt?

Eltern sollten also bei der Auswahl des Vornamens auch bedenken, dass der Name eine Wirkung auf das Kind ausübt, die, wie Psychologen ausführen, zuweilen eine verhängnisvolle sein kann. John Steinbeck meint dazu in seinem Werk „Jenseits von Eden“: „Name – damit hat es eine sehr mysteriöse Bewandtnis. Ich bin mir nie ganz klar darüber geworden, ob der Name sich nach dem Kinde formt oder sich das Kind verändert, um zum Namen zu passen."

Der Einfluss der Mode ist selbstverständlich nicht zu unterschätzen, da der Zeitgeschmack auch bestimmt, was als wohlklingend gelten soll: So kommen uns heute wieder Namen wie Frieda und Paul, die Eltern um die vorletzte Jahrhundertwende ihrem Kind wegen ihres guten Klanges gaben, wieder frisch und modern vor. Ein wesentlicher Modetrend in heutiger Zeit besteht in der Vorliebe für kurze Namen wie Mark oder Kerstin. Der Vorteil dabei ist, dass solche Namen sich schlecht verkürzen lassen; oft ärgert sich nämlich der Träger eines langen Namens über nicht auszurottende Verstümmelungen seines Namens (das ist zum Beispiel bei der Abkürzung Gitti zu Brigitte der Fall!).

g) „Von der Wiege bis zur Bahre – auch beim Namen geht es um Formulare" (in Abwandlung eines bekannten Sprichwortes)

Ganz ohne Vorschriften – seien sie rechtlicher Art oder die Rechtschreibung betreffend, geht es natürlich auch auf dem Gebiet der Vornamenwahl nicht.

Eltern haben zwar die freie Wahl des Vornamens, aber ein Vorname muss auch als solcher erkennbar sein. Das heißt: Nicht erlaubt sind Bezeichnungen für Gegenstände (wie Grammophon), Eigenschaften (wie Wahrhaftigkeit, Schönheit), Familiennamen, geographische Begriffe, Titel (z. B. Prinzessin), Pflanzennamen (soweit sie sich nicht, wie Viola, eingebürgert haben) und Phantasienamen (die im Unterschied zu uns in Amerika durchaus zulässig sind; man denke an die Schauspielerin Brooke Shields; aber auch der Ortsname Dallas ist als Frauenname angenommen worden). Bei uns lehnte ein Standesbeamter den Namen „Pumuckl“ für einen Jungen zunächst ab. Vor Gericht siegten allerdings die Eltern. Ein anderer Namensstreit wurde für die Eltern ebenfalls positiv entschieden: Ein Junge darf Merlin heißen, da es sich dabei um den bekannten Namen des Zauberers aus der Artussage handelt.

Eine weitere Einschränkung geht bei uns in die Richtung, dass ein Name das Geschlecht des Kindes eindeutig festlegen muss. In Zweifelsfällen – wie bei Kai oder Arne – kann der Standesbeamte einen unverwechselbaren Zweitnamen verlangen. Eine Ausnahme bildet nur der Name Maria, der traditionell als Zweitname für Jungen zulässig ist (Rainer Maria Rilke z. B.). Die Schweiz, in der Namen aus den vier Landessprachen – Deutsch, Französisch, Italienisch, Rätoromanisch – offiziell zugelassen sind, hat eine genaue Liste von Namen, die nur im Zusammenhang mit einem eindeutig männlichen oder weiblichen Namen gegeben werden dürfen: Namen wie Andrea, Gabriele, Simone sind im Italienischen zum Beispiel männlich, im Französischen können Camille, Claude und Dominique für beide Geschlechter gelten. Auch die Namen Gerit, Kai, Kersten, Patrice, Sascha und Wanja erfordern nach Schweizer Recht einen Zusatznamen.

Nahezu selbstverständlich ist es wohl, dass Geschwister keine völlig gleichlautenden Namen tragen dürfen.

Verboten sind im deutschen Sprachraum Namen, die dem Ansehen des Kindes schaden könnten, mögen sie von der Bedeutung her noch so sinnvoll sein. Dazu gehören Kain, Judas, Barabbas. Auch Jesus und Christus sind bei uns nicht zugelassen (in Spanien hingegen ist Jesus ein gebräuchlicher Name, in Griechenland Christus).

Die Anzahl der Vornamen ist bei uns unbeschränkt, allerdings ist es empfehlenswert, nicht mehr als zwei oder drei zu wählen. Mehr stellen eigentlich nur eine Last für das Kind dar! In der Tschechoslowakei ist sogar nur ein Name erlaubt, in Spanien ein Doppel- oder zwei einfache Namen.

Der Name des Kindes muss in Deutschland spätestens einen Monat nach der Geburt eingetragen werden (die Geburtsanzeige hat innerhalb einer Woche zu erfolgen), ebenso ist es in Österreich, während die Schweiz eine Frist von drei Tagen für Anzeige der Geburt und Anmeldung des Namens vorschreibt. Die USA dagegen kennen keine Fristen. Sie erlauben die Eintragung „Mädchen Smith“ oder „Junge Miller“ so lange, bis sich die Eltern oder, im Extremfall, das Kind selbst für einen Namen entscheiden.

In der Bundesrepublik wird seit 1968 der Rufname nicht mehr hervorgehoben, und in Österreich gilt generell der erste Name als Rufname.

In allen deutschsprachigen Ländern ist eine Änderung des Vornamens nur durch ein rechtliches Verfahren möglich; dem Antrag wird nur bei einem echten Grund stattgegeben. Ja, selbst geringfügige Änderungen wie z.B. Hannelore zu Hanne-Lore sind genehmigungspflichtig!

Die Rechtschreibung wurde erstmals 1901 in einer amtlichen Rechtschreibregelung für Vornamen festgelegt. Heute gilt der Duden als maßgeblich; aber die Eltern haben die Möglichkeit, sich für eine individuelle Schreibweise zu entscheiden. Es hängt von ihnen ab, ob das Kind sich Mathias oder Matthias, Kristina oder Christina schreiben soll. Namen aus fremden Sprachen, die womöglich sogar noch eine andere

Schrift haben (griechisch oder kyrillisch zum Beispiel) müssen die Schreibweise haben, die der heimatlichen am nächsten kommt, also auch mit den üblichen Akzenten. So ist die eingedeutschte Schreibweise Maik eigentlich falsch, nur Mike richtig. Eingebürgert dagegen hat sich bei uns das englische -y statt des deutschen -i (Harry, Fanny, Sissy). Für das eigentlich richtige griechische ph nimmt man heute meist f (Stefan statt Stephan). Auch das für altdeutsche Namen richtige th wird heute vorwiegend als t geschrieben (Dieter statt Diether, Günter statt Günther). Bei altdeutschen Namen ist k richtig gegenüber c (Karl statt Carl), anders natürlich bei Carmen. Das germanische f hat sich durch lateinischen Einfluss oft in v verwandelt (Detlef zu Detlev, Folker zu Volker).

Aber die Frage der Rechtschreibung wird weitgehend liberal gehandhabt. Die Entscheidung der Eltern hat hier den Vorrang.

Namenstage

Auswahl männlicher Namenstage

Abraham 8.10./20.12.
Achim 16.8.
Adam 24.12.
Adolf 17.6.
Albert 7.8./22.10./15.11.
Alexander 26.2./18.5./12.12.
Alfons 1.8./30.10./22.11.
Alfred 14.3./26.10.
Alois 21.6.
Andreas 4.2./30.11.
Anselm 21.4.
Anton(ius) 17.1./13.6.
Arno 24.1./13.7.
Arnold 18.7./1.12.
August 28.2./3.8.

Bartholomäus 24.8.
Benedikt 21.3./17.7.
Benjamin 30.8.
Bernhard 15.6./20.8.
Bert 28.3.
Bertram 6.6.
Boris 2.5.
Bruno 14.2./6.10./11.10.
Burkhard 14.10.

Camillo 14.7./18.7.
Christian 24.5./3.11./4.12.
Christoph 15.3./25.7.
Claudius 30.10.
Clemens 15.3./23.11.
Cornelius 3.7./16.9.
Crispin 25.10.

Daniel 10.4./21.7.
David 26.6./29.12.
Detlef 28.4.
Dieter 9.7.
Dietmar 5.3./28.9.
Dietrich 6.5./1.7.
Dominik 4.8./20.12.

Eberhard 9.1./22.6.
Eckard 25.9./27.11.
Edgar 8.7./10.9.
Eduard 18.3./26.5.
Elmar 24.3./18.8.
Emanuel 26.3.
Emil 8.2./21.5.
Erich/Erik 18.5.
Ernst 13.3./7.11.
Erwin 25.4./29.5.
Eugen 1.11./13.12.

Fabian 20.1.
Felix 11.9./20.11.
Ferdinand 30.5./19.10.
Florian 4.5.
Frank 5.6.
Franz(iskus) 29.1./2.4./4.10./3.12.
Friedrich 5.3./20.11.

Gabriel 24.3./29.9.
Georg 23.4.
Gerhard 19.3./23.4.
Gernot 24.9.
Gerald 19.4./7.10.
Gregor 12.3./1.6./3.9.
Guido 30.3./12.9.
Gunnar 16.3.
Gunther/Günther 9.10./28.11.
Gustav 10.3.

Hans 26.6.
Harald 27.6.
Heino 18.10.
Heinrich 23.1./15.7./20.12.
Heinz 2.3.
Helmut 28.4./5.10.
Heribert 16.3./30.8.
Hermann 7.4./21.5.
Holger 20.12.
Hubert(us) 20.3./3.11.
Hugo 1.4./17.11.

Ignaz 31.7./23.10./1.2.
Ingo 21.10.

Jakob(us) 3.5./25.7.
Joachim/Jochen 26.7./16.8.
Jörg 7.10.
Johann(es) 16.5./24.6./27.12.
Jonas 12.11.
Joseph 19.3./1.5./27.8.
Julian 27.1./19.2.

Kaspar 6.1.
Kilian 8.6./8.7.
Klaus 25.9.
Knud 10.7./19.1.
Konrad 4.4./26.11.
Konstantin 17.2.
Kuno/Kunibert 19.5./12.11.
Kurt 19.2.

Leo 11.4./12.6./10.11.
Leonhard/Lienhard 6.11.
Leopold 15.11.
Lorenz 21.7./10.8.

Lothar 7.4./15.6.
Ludwig 25.8./9.10.
Lukas 18.1./17.2.

Manfred 28.1.
Marius 19.1./26.9.
Markus 4.1./25.4./18.6.
Martin 13.4./10.11./11.11.
Matthias 24.2.
Max(imilian) 12.3./21.8.
Michael 5.7./29.9.
Moritz 4.2./22.9.

Nikolaus 20.3./10.9./6.12.
Norbert 6.6./7.6.

Olav 10.7.
Oliver 1.7./11.7.
Oskar 3.2.
Otmar 16.11.
Otto 23.2./2.7./27.11.

Patrick 17.3.
Paul(us) 25.1./28.4./30.6.
Peter 22.2./28.4./19.6.
Philipp 3.5./22.8./18.12.

Raffael 29.9./24.10.
Raimund/Reimund 23.1./31.8.
Rainer/Reiner 15.4./5.11.
Ralf 1.12.
Richard 7.2./21.12.
Robert 4.1./11.8./17.9.
Roger/Rüdiger 1.3./6.5./12.10.
Roland 14.7./9.11.
Rolf/Rudolf 17.4./29.10.
Rupert/Ruprecht 23.2./27.3.

Sebastian 20.1.
Sergius/Sergej 7.10.
Siegbert 1.2./12.7./19.8.
Siegfried 15.2./22.8.
Sigismund 2.5.
Silvester 26.11./31.12.
Sim(e)on 5.1./16.3./28.10.
Stefan 20.8./28.11./26.12.

Theo 26.1./6.2.
Theodor 11.2./9.11.
Thomas 28.1./22.6./29.12.
Titus 6.1./26.1./18.9.
Tobias 13.6./2.9.

Udo 3.10./28.12.
Ulrich 11.3./4.7.

Valentin 7.1./14.2.
Veit 15.6.
Viktor 20.4./10.10.
Vinzenz 22.1./24.5.
Volker 18.10.

Walt(h)er 8.4./17.5./27.6.
Werner 11.1./18.4.
Wilfried 12.10.
Willibald 7.7.
Winfried 5.6.
Wolfgang 23.3./31.10.
Wolfram/Wulfram 20.3.

Xaver 3.12.

Zacharias 14.3./6.9./5.11.

Auswahl weiblicher Namenstage

Adelheid 5.2./10.2./16.12.
Agnes 21.1./28.1./16.11.
Alexandra 20.3./21.4.
Alice 12.6.
Almut 12.3.
Andrea 12.6.
Angela 4.1./31.5./1.6.
Anke 9.6.
Anna 9.2./26.7.
Antonia 11.3./6.5.
Ariane (Adriane) 2.8.
Astrid 10.8.
Aurelia 13.10./15.10.

Barbara 4.12.
Beate 8.3./29.6./6.9.
Beatrix 17.1./29.7.
Bernadette 18.2./16.4./22.9.
Bert(h)a 4.7./8.11.
Birgit/Brigitte 1.2.
Birgitta 22.7./12.10.
Brunhild 17.12.

Carmen 16.7.
Carola 17.8.
Cecilie 22.11.
Charlotte 4.11.
Christa 4.6.
Christina/e (Christiane) 15.12.
Clara 8.5./11.8.
Claudia 20.3./18.8.
Cordula 22.10.
Cornelia 31.3.

Dagmar 24.5.
Diana 10.6.
Dietlinde 22.1.
Dora/Dorothea 6.2./25.6.
Doris/Dolores 15.9.
Edith 26.1./16.9.
Eleonore 21.2./25.6.
Elfriede 8.2./20.5./19.10.
Elisabeth 8.7./5.11./19.11.
Emilie 17.2./2.6./24.8.
Erika 18.5.
Erna 12.1.
Esther 24.5.
Eugenia 16.9./25.12.
Eva 24.12.

Fabiola 27.12.
Felizitas 26.3./23.11.
Flora 24.11.
Franziska 9.3./21.8./14.12.
Frieda 19.10.

Gabriele 18.1./24.3.
Georgia 15.2.
Gerda 5.3./17.3.
Gertr(a)ud 17.3./16.11.
Gisela 13.2./7.5.
Gundula 6.5.
Gwendolyn 18.10.

Hanna 9.8./2.10./4.12.
Hannelore 21.8.
Hedwig 14.4./16.10.
Heidi 10.2.
Helena/e 26.4./22.5./18.8.
Helga 7.5./11.9.
Henriette 10.3.
Hert(h)a 12.4./24.11.
Hilda/e 12.1./17.11.
Hildegard 17.9./25.9.

Ines 2.3.
Ingeborg 30.7./30.8.
Ingrid 3.8./2.9.
Irene 21.2./5.4./18.9.
Irma 13.3.
Irmgard 19.2./17.7./4.9.
Isabella 22.2./21.8.
Isolde 6.4./5.8.

Jacqueline 23.7.
Johanna/Jeanne 2.2./30.5.
Josephine 23.10.
Julia/e 16.2./8.4./21.8.
Juliane 16.2./5.4./19.6.
Jutta 13.1./29.11.

Karin 30.4.
Karla 18.1.
Karoline 29.1.
Katharina 24.3./30.4./25.11.
Konstanze 18.2./25.6.
Kunigunde 3.3./13.7.

Laila 26.1.
Laura 10.8./19.10.
Liane 19.6.
Luisa/e 31.1./15.3./17.10.
Luzia 13.12.
Lydia 3.8.

Magda(lena/e) 29.5./22.7.
Margaretha/e 10.6./20.7./16.10.
Maria 2.2./25.3./31.5./2.7./15.8./22.8./8.9./15.9./11.10./8.12. u.v.a.
Marianne 17.4.
Marina 25.7.
Marion 22.5.
Martha 19.1./29.7.
Martina 1.1./13.1./2.7.
Mathilde 14.3.
Mechthild 26.2./19.11.
Melanie 31.12.
Michaela 24.8.

Mildred 13.7.
Monika 4.5./27.8.

Nathalie 27.7./1.12.
Nicole/Nikola 10.9.
Nina 15.12.

Odilia/Ottilie 13.12.
Olga 11.7./21.7.
Olivia 5.3.

Patricia 13.3./15.8.
Pauline 9.1.
Philippine 16.10.
Pia 19.1./3.9.

Rachel 30.9.
Raffaela 11.6.
Rebekka 23.3.
Regina/e 10.5./1.6./7.7.
Reinhild 13.2./16.7.
Renate 23.4./22.5.
Ricarda 18.10.
Rita 22.3./22.5./30.8.
Rosa 21.2./30.8./4.9.
Roswitha 30.3./5.9.
Rotraud 22.6.
Ruth 17.7./1.9.

Sabina/e 30.1./1.2./13.3./2.6./29.8.
Sara(h) 13.7./1.9./10.12.
Sibylla/e 29.4./18.12.
Sieglinde 24.7.
Sigrid 7.1./5.5.
Silvia 3.11.
Sophia/e 15.5./16.5./24.5.
Stephanie 26.3./14.5.
Susanna/e 19.2./24.5./11.8.

Tamara 29.12.
Thea 5.4./25.7./19.12.
Thekla 23.9.
Theodora 1.4.
Theresa/e/Theresia 5.9./1.10./15.10.

Ursula 21.10.

Valerie 14.4./4.5.
Vera 21.1.
Verana 22.6./1.9.
Veronika 9.1./28.2.
Viktoria 5.9./23.12.
Viola 3.5./31.12.

Walburga 25.2./30.4.
Waltraud 9.4.
Wilhelmine 6.4./19.9.
Wiltrud 2.7.

Yvonne 19.5.

Zita 27.4.

Namensverzeichnis

Hinweis

Doppelnamen werden jeweils unter dem Stichwort des ersten Teilnamens aufgeführt.

Zum Beispiel: Anneliese unter „Anna",

Hannelore unter „Hanne",

Rosemarie unter „Rose",

Karl-Heinz unter „Karl" etc.

Männliche Vornamen von A–Z

Aaron 27
Abel 27
Abraham 28
Absalom 153
Achilles 38
Achim 101
Achmed 171
Adalbert 27, 84, 101, 102, 165
Adalbrecht 101, 102
Adam 113
Adelbert 101
Adelbrecht 101
Adelmar 111
Adolf 101, 102, 109
Adolph 101
Adrian 38
Aemilius 111
Ägidius 84
Ahmed 171
Al 77
Alain 64, 77
Alan 64, 77
Alarich 102
Alaster 77
Alban 39
Albert 77, 102, 106
Albin 39, 102
Albion 77
Alboin 102
Albrecht 27, 102
Albuin 102
Aldis 77
Aldous 77
Alec 77
Alessandro 75
Alex 102
Alexander 39, 77, 102, 165, 169
Alexis 39, 102
Alf 102
Alfons 103
Alfonso 103
Alfred 84, 102, 103, 155
Algernon 77
Ali 171
Aljoscha 165
Allan 64, 77
Allister 77
Alois 65
Aloyse 65
Aloysius 65
Alwin 83, 103
Amadeus 40
Amalrich 112
Ambroise 40
Ambrose 40
Ambrosius 40
Anatol 40
Anatolij 40
Anders 41
Andi 103
Andor 41
András 41
André 65
Andreas 40, 65, 77, 103
Andrej 41
Andrew 77
Andy 77, 103

Angelus 41, 119
Angus 78
Anno 103
Anselm 103
Ansgar 94, 104, 136
Antek 41, 165
Anthony 41, 78, 99
Antoine 41
Anton 41, 65, 145, 165
Antonio 41, 65
Antonius 65, 78, 99, 164
Apollonius 42
Archibald 78, 104
Archie 78
Aribert 65
Aristide 65
Armand 65, 125
Armgard 251
Armin 104
Arnaud 105
Arnd(t) 104
Arne 152
Arno 104
Arnold 103, 104
Arnulf 105
Aron 27
Arthur 78
Arturo 78
Arved 153
Arvid 153
Arvit 153
Arwid 153
Arwit 153
Asgeirr 94
Athene 94
August 42, 121
Augustin 42, 78
Aurelius 43, 136
Austen 78
Axel 153

Balduin 105
Balthasar 28, 171
Baptist 43
Barnard 78
Barnet 78, 106
Barney 78
Bartel 28
Barthel 28
Bartholomäus 28
Bartholomew 28
Bartolomeo 28
Basilius 170
Bastian 60, 105
Bastien 60, 65
Battista 43
Baudouin 105
Beat 22, 43
Bedrich 116
Béla 165
Belsazar 28
Ben(ny) 78
Benedict 43, 78
Benedikt 43, 65, 105, 153
Bengt 43, 153
Beniamino 29
Benito 43, 65
Benjamin 28, 78, 105
Bennet 43, 78
Benno 105
Benny 43
Bénoît 43
Bénôit 65
Bent 43, 153
Beppo 65
Bernard 106
Bernardi 106
Bernardino 67
Bernd 105
Bernhard 11, 78, 105, 106, 131, 251
Bernt 105
Bernward 106
Bert 106
Berthold 106
Berti 107
Bertil 153
Bertold 106, 153
Bertram 65, 107
Bertrand 65, 107
Bill(y) 79
Birger 153
Bjarne 153, 154
Björn 153, 154
Blasius 44
Bob 140
Bob(by) 79
Bodo 107
Bogdan 165
Bogislaw 165
Bogumil 165
Boguslaw 165
Bohumil 165
Boj 154
Boje 154
Boleslaw 165
Bonifatius 44
Boris 165
Borries 154
Börries 154
Botho 107
Boy 154
Branko 166
Brett 79
Brian 79
Bronislaw 166
Bruce 79
Bruno 107, 154
Bud 98
Burkhard 79, 107
Burt 79

Cain 79
Cajus 44
Camillo 66
Camillus 66
Carew 79
Carl 108
Carlo 129
Carlos 129
Carsten 160
Cary 79
Cäsar 66
Caspar 171
Cecil 79
Cedric 79
Celestin 45
Celestine 45
Celestino 45
César 66
Cesare 66

Charles 19, 66, 80, 129
Charlton 80
Che 66
Chlodwig 108, 132
Chris 80
Christfried 108
Christian 44, 80, 160, 301
Christianus 44
Christlieb 108
Christoph 44, 67, 80, 160
Christopher 80, 88, 89
Christophorus 44
Christos 44
Clark 80
Claude 45, 66
Claudio 45, 66
Claudius 45, 66
Claus 130
Clayton 80
Clemens 45
Cliff 80
Cliff(ord) 80
Clive 231
Coelestin 45
Coleman 89
Colin 81
Conner 80
Conni 108, 130
Connor 80
Conny 108, 130
Conrad 130
Constantin 45, 53
Constantinus 53
Cornelis 154
Cornelius 45, 154, 162
Corrado 130
Cosimo 66
Cosmas 66
Crispin(us) 45
Cristobal 45, 67
Curd 108
Curt 108

Dag 154
Dagobert 108, 154
Damian 46
Damiano 46
Damien 46
Dan 81
Daniel 29, 81, 166
Daniela 216
Danil(o) 29
Danilo 166
Dankrad 75
Dankwart 108
Danny 81
Darius 171
Dave 81
David 29, 81
Davis 81
Dean 81
Demetrius 166
Denis 67, 81
Dennis 67, 81
Denys 81
Derk 154
Derrick 81
Detlef 154
Detlev 154
Devin 81
Dick(y) 81
Diego 30, 67
Dierk 154
Dietbald 144
Dietbert 108
Dieter 108
Diethard 109
Diethelm 109
Diether 108
Dietmar 10, 109, 126, 144, 170
Dietram 109
Dietrich 108, 109, 144, 154, 164
Dimitri(j) 166
Dino 67
Dionysius 67
Dirk 22, 154
Dolf 109
Domenico 46
Domingo 46, 67
Dominic 46
Dominik 46
Dominikus 46, 67, 216
Dominique 46
Don 81
Donald 81, 99
Donat 22
Douglas 82
Doyle 82
Dragan 166
Drago 166
Dragomir 166
Drystan 76
Dustin 82
Dwight 82

Earl 82, 83
Eberhard 109
Eckart 110
Eckbert 110
Eckehard 110
Eckhard 110
Ed(dy) 82
Ede 110
Edgar 82
Edmont 83
Edmund 83
Edouard 67, 83
Eduard 67, 83, 110
Edvard 83
Edward 82, 83, 93, 98, 110
Edwin 83, 233
Egbert 110
Egilmar 111
Eginhard 110, 111, 155
Egino 111
Egmont 110, 154
Egmund 110, 154
Egolf 154
Egon 111
Ehregott 111
Ehrenfried 111
Ehrenreich 111
Ehrfried 111
Ehrhard 113
Eike 154
Eiko 154
Einhard 111
Eitel 111
Eitelfriedrich 111

Eitelfritz 111
Eiteljörg 111
Eitelwolf 111
Ekkehard 154
Elias 29, 83
Elliot 83
Ellis 83
Elmar 67, 111
Elmo 67
Elton 83
Elvis 83
Elwin 83
Em(m)eran 112
Em(m)erich 112
Emanuel 46, 134
Emanuele 46
Emil 111
Emile 111
Emilio 112
Emmanuel 46, 72
Emmerich 167
Emmo 112
Engelbert 112
Engelbrecht 112
Engelhard 113
Enno 155
Enrico 67, 124
Ephraim 29
Erasmus 46, 67, 163
Erdmann 113
Erhard 113
Erhart 113
Eric 155
Erich 155
Erik 155
Erinfried 111
Ernest 113
Ernesto 66, 113
Erno 113
Ernst 113
Errol 83
Erwin 113
Esau 30
Esra 30
Ethelbert 84
Etienne 61, 67
Ettore 50
Eugen 47
Eugene 47
Eugène 47
Eugenio 47
Eusebius 47
Eustach(ius) 47
Evelyn 84
Everard 110
Ewald 114
Ezra 30

Fabian 47
Fabien 47
Fabio 47, 67
Fabius 47
Falco 114
Falk(o) 114
Federico 116
Federigo 116
Fedor 166
Felipe 60
Felix 47
Feodor 166
Ferdinand 67, 114
Ferenc 166
Ferfried 114
Fernando 68
Ferrand 68
Fiet(j)e 155
Filippo 60
Finley 84
Finn 84, 155
Finnley 84
Fjodor 62, 166
Florens 48
Florentius 48
Florenz 48
Florian 48
Folker 146
Foster 84
Francesco 68
Francis 48
François 49
Frank 114
Franklin 84
Franz 22, 114
Franziskus 48, 68, 114
Fred 155
Fred(dy) 84
Frederic 116
Frédéric 116
Frederick 84
Frederik 155
Fredrik 155
Fridolin 115
Fridtjof 155
Fried 115
Friedbert 115
Friedel 115
Friedemann 115
Frieder 116
Friedhelm 116
Friedrich 114, 115, 116, 117, 155
Frithjof 155
Fritz 117
Fürchtegott 117
Fynn 84, 155

Gabor 30
Gabriel 30
Gabriele 30, 68
Gangolf 117, 151
Gary 84
Gaspard 171
Gasparo 171
Gaston 68, 84
Gaudenz 49
Gawrila 30
Geoffrey 87, 119
Georg 49, 101, 128, 156, 159, 167
George 49
Georges 49
Ger(r)it 156
Gerald 117
Gérard 118
Géraud 117
Gerd 117
Gerhard 118, 156
Gerhart 118
Germain 49
German 49
Germano 49

Gernot 118, 136
Gerold 118
Gerolf 136
Gert 117
Géza 166
Giacomo 68
Gianni 68
Gil 84
Gilbert 118
Gilbrecht 118
Giles 52, 84
Gilles 84
Gioacchino 31
Gion 118
Giordano 32, 69
Giorgio 49
Giovanni 69
Giraldo 117
Girolamo 50
Gisbert 118
Giselbert 118
Giselbrecht 118
Giselher 118
Giselmar 119
Gismar 119
Giulio 52
Giuseppe 33, 65, 69
Glendon 85
Glenn 85
Godefroy 119
Goffredo 119
Golo 119
Göran 49, 156
Gordian 50
Gordon 85
Gösta 156
Gostislaw 156
Gottfried 87, 115, 119, 120
Gotthard 119
Gotthelf 119
Gotthilf 119
Gotthold 120
Gottleib 120
Gottlieb 119, 120
Gottliebe 19
Gottlob 165
Gottwald 120
Götz 49, 120
Graham 85
Grant 85
Gratian 85
Gregoire 50
Gregor 49, 85, 159, 166
Gregory 50, 85
Grigor 50
Grigorij 50, 166
Grischa 166
Guglielmo 150
Guido 69, 146, 149
Guillaume 150
Guillermo 150
Gun(n)ar 156
Gundolf 120
Gunt(h)er 120
Günt(h)er 120
Gunther 119
Günther 118, 156
Guntram 121
Gus 156
Gust(e)l 121
Gustaf 156
Gustav 121, 156
Gustave 156
Gusti 121
Guy 85, 146
György 49
Gyula 52

Ha(a)kon 156
Hadamar 121
Hadebrand 121
Hademar 121, 123
Hadubrand 121
Hagen 121, 156
Hajo 156
Hakwin 156
Hal 86
Han(n)s 121
Hannes 121
Hanno 121
Hans 17, 301
Hans-Joachim 156
Hänschen 121
Hänsel 121
Hansi 121
Har(r)o 157
Harald 157
Harbert 157
Hardi 122
Hardy 122
Harm 157
Harmen 157
Harms 157
Harold 85
Harro 122
Harry 85
Hartmut 122
Hartwig 122
Harvey 86
Hasso 123
Hat 85
Hatto 123
Haug 157
Hauke 157
Hector 50
Heiko 157
Heimeran 123
Heimfried 123
Heimito 123
Heimo 123
Heimrich 112
Hein 157
Heiner 123
Heini 123
Heino 123
Heinrich 67, 69, 86, 112, 123, 124, 125, 126, 157, 158
Heintje 157
Heinz 124
Heio 157
Hektor 50
Hel(l)mut(h) 124
Helge 157, 168, 284
Helgi 157
Helmfried 124
Helmold 161
Hendricus 157
Hendrik 124, 157
Hendryk 157

Henner 125
Hennes 125
Henning 158
Henri 19, 69, 124
Henrik 157
Henry 85, 86, 124
Herbert 106, 122, 125
Herman 125
Hermann 65, 122, 125, 157
Hernando 69
Herwig 125
Hesso 123
Hias 145
Hieronymus 50, 87
Hilaire 50
Hilarius 50
Hilary 50
Hildebert 126
Hildebrand 126
Hildemar 126
Hilmar 126
Hinnerk 158
Hinrich 158
Hinz 126
Hiob 18, 70
Hoimar 158
Holger 158
Horst 126
Horstmar 126
Howard 86
Hubert 50, 126
Hubertus 50
Hugbert 157
Hugh 127
Hugo 127, 156, 157
Hugues 127
Humbert 76
Humfrey 86
Humphrey 86

Ian 86
Ibrahim 28
Ignatius 50
Ignaz 50
Igor 166
Ilja 29
Immanuel 30, 46
Immo 158
Imre 112, 167
Ingbert 127
Ingmar 127
Ingo 127
Ingobert 127
Ingolf 127
Ingomar 127
Ingraban 127
Ingram 127
Ingvar 158
Ingwar 158
Innozenz 51
Ira 86
Irmbert 158
Irvin(g) 86
Isbert 128
Isidor 51
Ismar 128
Istvan 61
Ivan 167
Ivar 158
Ivo 76, 77, 128
Iwan 128, 167, 170
Iwar 158
Iwo 128

Jack 87
Jacob 30
Jacques 30, 69
Jago 30
Jaime 30, 69
Jakob 30, 67, 69, 87
James 30, 87
Jan 22, 32, 158
Janick 159
Janik 159
Janis 159
Jannes 158
Jannick 76, 158
Jannik 158, 159
Jannis 158, 159
János 32, 167
Janosch 167
Jaromir 167
Jaroslaw 167
Jason 51
Jasper 87, 171
Jay Ron 87
Jean 19, 69, 97
Jedor 62
Jeff 87
Jeffrey 87, 119
Jenö 47
Jens 32, 159
Jeremias 30, 87, 120
Jeremie 128
Jérémie 128
Jeremy 30, 87, 128
Jermaine 49
Jermyn 49
Jerome 50, 87
Jérôme 87
Jerry 87
Jesko 167
Jim(my) 87
Jiri 49
Joachim 101, 160
Joakim 160
Jobst 18, 31, 70
Jochem 31
Jochen 31
Jodokus 18, 70
Joe 87
Joel 31
Johann(es) 31
Johannes 17, 31, 69, 70, 76, 87, 97, 118, 121, 125, 158, 159, 167
John 86, 87
Jona 32
Jonah 32
Jonas 32
Jonathan 32
Jöran 49
Jordan 32
Jörg 128
Jorge 49
Jörge 49
Jörgen 159
Joris 159
Jörn 159
José 33

Josef 33, 142
Joseph 33, 69, 74, 87, 128
Joshua 33
Juan 70
Jules 52, 70
Julian 51, 70
Julien 52, 70
Julio 52
Julius 52, 70
Jupp 128
Jurek 167
Jürg 159
Jürgen 156, 159
Juri 49, 167
Jürn 159
Jürnjakob 159
Jürnjochen 159
Just(us) 52
Justin 88
Justin(us) 52
Justus 88

Kai 160, 286
Kaj 160
Kajetan 52
Kálmán 89, 167
Karel 129, 167
Karl 66, 80, 108, 128, 167
Karl-Heinz 124
Karsten 160
Kasimir 167
Kaspar 87, 171
Kay 160
Keith 88
Kenneth 88
Keno 160
Kermit 88
Kersten 160
Kester 88
Kevin 88
Kilian 17, 89
Kim 89, 160
Kimi 160
Kirk 89
Kit 89
Kla(a)s 160
Klaus 17, 57, 129
Knud 160
Knut 160
Kolja 57, 168
Koloman 89, 167
Kondrat 130
Konrad 10, 108, 130, 160
Konradin 130
Konstantin 45, 52, 53, 168
Korbinian 70
Krister 160
Kristian 160
Kristof 160
Kunibert 130
Kuno 130, 160
Kunz 130
Kurt 130
Kyrill(us) 53

Ladislaus 168, 170
Lajos 133, 168
Lambert 131
Lambrecht 131
Lancelot 89
Larry 89
Lars 53, 160, 161
Lasse 160, 161
Laurentius 53, 89, 131, 132, 160, 161
Laurenz 53
Laurids 161
Laurin 131
Lauritz 161
Lawrence 53, 89
Leander 53, 70
Leandro 53, 70
Leberecht 131
Lee 89
Leif 161
Len 90
Lene 267
Lenn 90
Lennart 90, 161
Lennox 90
Lenny 90
Leo 53, 91, 131
Leon 70
Léon 54
Leonard 90
Leonce 70
Leone 54
Leonhard 90, 131, 132, 161
Leonhard(t) 131
Leonid 168
Leonidas 168
Leopold 53, 131
Leslie 90
Levi 33
Levin 161
Lew 54
Lewin 161
Lewis 90, 133
Liam 90
Liborius 154
Liebwin 161
Lienhard 132
Linus 33
Lion 54, 91
Lionel 54, 91
Loisl 65
Lorenz 53, 132
Lorenzo 74
Lot(h)ar 132
Lou 71
Louis 19, 70, 71, 133, 161
Lovis 161
Lowis 161
Luc 54, 71
Luca 71
Lucius 54
Ludovico 76, 133
Ludwig 71, 76, 90, 132, 133, 161, 168
Luggi 133
Luigi 71, 133
Luis 71, 133
Luitpold 133
Luiz 71, 133
Luk 71
Luka 71
Lukas 54, 71, 91
Luke 54, 91

Lutz 133
Luzius 54

Mads 162
Magnus 54
Maik 133
Malcolm 91
Malte 161
Manfred 133, 155
Manfried 133
Manolito 71
Manu 134
Manuel 30, 46, 71, 72
Marc 55, 72
Marc-Tell 144
Marcel 55, 72
Marcello 55
Marcellus 55, 72
Marco 55, 72
Marek 55, 168
Maria 34
Marian 55
Mario 55, 72
Marius 55
Mark 55
Mark(o) 134
Markolf 134
Markus 55, 72, 91, 134, 168
Markward 134
Marlon 91
Marten 56, 161
Martin 55, 161
Martino 56
Marvin 91
Massimo 56, 72
Mathieu 72
Mathis 162
Mats 162
Matteo 72
Matthäus 34
Matthias 34, 72, 145, 162
Matti 162
Maurice 72, 135
Mauritius 135
Max 56, 134
Maxim 56
Maxime 56
Maximilian 56, 134
Maximilianus 72
Máximo 56
Maximus 56
Maxwell 91
Meinhard 133
Meinrad 134
Melchior 34, 171
Melvin 91
Merlin 92
Merten 161
Mica 162
Michael 35, 73, 92, 135, 162
Michel 73, 135
Miguel 73
Mika 162
Mike 92, 133
Miklós 57
Milan 168, 294
Miles 92
Milko 168
Miloslaw 168
Milton 92
Mirko 168
Miroslaw 168
Misch(k)a 168
Mitch 92
Mitchell 92
Montague 92
Monty 92
Morgan 93
Moritz 72, 93, 135
Morris 93
Morten 56, 161
Mortimer 93
Moses 135
Myrddin 92

Nat 93
Nathan 35
Neal 93
Ned 93
Neil 93
Nelson 93
Nepomuk 168
Nevio 73
Ni(e)ls 162
Niccolo 73
Niccolò 57
Nicholas 57, 81, 93
Nick 93
Nick(y) 93
Nicki 57
Nicky 17
Nico 56, 73
Nicol(as) 57
Nicolas 93
Nicolás 57
Nigel 94
Nike 57
Nikiaus 57
Niklas 17, 57, 135
Niklaus 135
Niklo 73
Niko 57, 73
Nikolai 57, 168
Nikolaus 17, 56, 57, 73, 81, 93, 129, 135, 160, 162, 168
Noël 73
Norbert 135
Norman 94, 136
Notker 118, 136

Octavio 57
Octavius 57
Odo 145
Odoaker 137
Oktavian 42, 57
Ola 162
Olaf 162, 163
Olav 163
Ole 163
Oleg 168
Olf 136
Oliver 94
Ollie 94
Olof 163
Oluf 163
Onno 163
Orell 22, 136
Orland 97

Orlando 97, 141
Ortfried 136
Ortwin 136
Osborn 94
Oscar 94, 136
Osgood 95
Oskar 95, 136
Osmond 95
Osric 95
Ossip 33
Oswald 95
Oswin 95
Ot(t)fried 136
Ot(t)mar 136
Otbert 137
Otfried 137, 145
Otmar 137, 145
Otto 137
Ottokar 137
Otwin 137
Owen 95

Paavo 58
Pablo 58, 74
Paddy 95
Pál 58
Pankratius 58
Pankraz 58
Paolo 58
Parcifal 96
Pascal 74
Pascale 224
Pat 95
Patrice 96
Patrick 95
Paul 58, 74
Paulus 58
Pawel 58
Pe(e)r 163
Pepe 74
Pepito 74
Percival 96
Percy 96
Peregrine 96
Peregrinus 58, 203
Perez 74
Perry 96
Peter 58, 74, 163
Petras 58
Petrus 58
Phil 96
Philip 60, 96
Philipp 59
Philippe 60
Piero 59
Pierre 59, 74
Piet 59
Piet(er) 163
Pietro 59
Pius 60
Pjotr 59
Poldi 132

Quentin 96
Quinn 96
Quirin(us) 60

Raban(us) 137
Radolf 138
Raffael 36
Ragnar 163
Raimund 96, 138
Rainer 138, 163
Rainier 138
Ralf 138
Ralph 138
Ramón 138
Randolf 74, 139
Randolph 139
Randulf 139
Raoul 74, 138
Raphael 36
Rasmus 163
Rasso 139
Ratbod 139
Raúl 138
Ray 96
Raymonde 138
Reginald 96
Regnier 138
Reimar 139
Reimer 139
Reimund 138
Rein(h)old 139
Reiner 138
Reinhard 139
Reinhold 74, 96
Remo 74
Remus 74
Renatus 74
René 74, 138
Reno 74
Reto 22, 139
Reuben 36
Rex 96
Richard 81, 97, 122, 139
Rick 97
Rienzo 53, 74
Rigo 140
Rigobert 140
Rinaldo 67, 74
Roald 163
Rob(by) 97, 140
Robert 79, 97, 140
Roberto 140
Robin 97
Rocco 74, 140
Rochus 74, 140
Rochwald 140
Rod 141
Rod(e)rick 97
Roddy 97
Roderich 75, 140, 169
Roderick 141
Rodewald 163
Rodolfo 142
Rodrigo 75, 141
Rodrigue 141
Roger 75, 141
Roland 97, 141
Rolf 141
Rolland 141
Rollo 141
Romain 60
Roman 60
Ron(ny) 97
Ronald 97
Rowland 97, 141
Roy 97
Ruben 36
Rudi 141

Rüdiger 75, 141
Rudolf 109, 141
Rudolph 141
Rudrik 141
Ruedi 141
Rupert 142
Ruprecht 142
Rurik 169
Russel 97

Sacha 169
Salomon 36
Salvador 75
Salvatore 75
Sam 97
Samuel 36, 97
Sándor 169
Sandro 75
Sascha 169, 296
Sasha 169
Sean 97
Sebald 17, 142
Sebastian 60, 65, 105
Segimundus 143
Sepp 142
Sergej 169
Sergius 169
Severin 60
Sidney 98
Siegbald 142
Siegbert 142
Siegfried 142, 163
Sieghard 143
Siegmar 143
Siegmund 143
Siegward 163
Sigismund 143
Sigurd 163
Silas 36
Silvester 61
Silvio 75
Simon 37
Sisto 61
Sixten 163
Sixtus 163
Slavko 169
Sören 61, 163
Stan 98
Stanislaus 169
Stanislaw 169
Stanley 98
Stefan 61, 98, 143
Stefano 61
Steffen 61, 143
Sten 163
Stephan 61
Stéphan 61
Stephen 61, 98
Steven 61, 98
Stewart 98
Stuart 98
Sven 163
Swen 163

T(h)ilo 145
T(h)orald 164
T(h)oralf 164
T(h)orben 164
T(h)orbjörn 164
T(h)ore 164
T(h)orolf 164
T(h)orsten 164
Tammes 37
Tankred 75
Tassilo 143
Tasso 144
Tebaldo 144
Ted(dy) 98
Teddy 62
Tell 144
Teodoro 62
Terence 98
Thassilo 143
Thasso 144
Theo 144
Theobald 144
Theoderich 81, 144
Theodor 61, 165, 166
Theodore 62, 98
Théodore 62
Theophil 62
Thibaud 144
Thibault 144
Thiemo 144
Thies 145
Thietmar 144
Thomas 37, 99
Thomé 37
Thor 164
Thorbjörn 164
Thornton 98
Thure 164
Tibald 144
Tibor 169
Til(l)man(n) 145
Till 145, 164
Tim(my) 99
Timo 144
Timofei 62
Timon 37
Timothée 62
Timotheus 62, 99, 144
Timothy 62, 99
Titus 62
Tobias 38, 99
Tobin 99
Toby 38, 99
Tom(my) 99
Tomas 37
Tommaso 37
Toni 145
Tonio 75
Tönnies 164
Tony 99, 145
Tracy 99
Traugott 145
Tristan 76
Ture 164
Tyler 99

Udebert 164
Udo 145
Ueli 146
Ugo 127
Ugolino 127
Ul(l)i 145
Ulf 145, 164
Ulfen 145
Ulfilas 145
Ulfried 164
Ulric 146

Ulrich 145, 146, 163
Umberto 76
Uodalrich 145, 146
Urbain 63
Urban 62
Uriel 38
Urs 22, 63
Ursinus 63
Utz 146
Uwe 21, 164

Vaclav 170
Václav 170
Valentin 63
Valerian 63
Valerius 63
Vasco 76
Vedastus 68
Veit 146
Vicente 64
Vico 76
Victor 63
Victorinus 64
Viktor 63, 76
Vilem 150
Vilmar 151
Vilmos 150
Vincent 64, 165
Vincentius 64
Vinzenz 64, 165
Virgil(ius) 64
Vitja 64
Vito 64, 149
Vittorio 63, 76
Vitus 146
Vlado 170
Volk(h)ard 146
Volk(h)er 146
Volkmar 147
Volkwin 147

Waldemar 147
Wallace 99
Walt 99
Walt(h)er 147
Walter 99
Wanja 170
Warrick 100
Warwick 100
Wasja 170
Wassili 170
Wedekind 149
Welf 148
Welf-Heinrich 148
Wendel(in) 148
Wendelmar 148
Wenzel 148
Wenzeslaus 148, 170
Wern(h)er 148
Wido 149
Widukund 149
Wieland 149
Wilbert 149
Wilfried 149, 150
Wilhelm 100, 149, 150
Will 100, 150
Willem 150
Willi 100, 150
William 79, 90, 100, 150
Willibald 150
Willibert 149, 151
Willy 100, 150
Wilm 151
Wilmar 151
Wilson 100
Wim 151
Winfried 151, 165
Winifred 248
Winnetou 22
Witas 146
Wito 149
Wittekind 149
Wladimir 170
Wladislaus 170
Wladislaw 168
Woldemar 147
Wolf 151
Wolfbert 151
Wolfgang 117, 151
Wolfhard 131, 152
Wolfram 11, 152
Wulf 152
Wulfila 145, 152
Wyn 165

Xaver 22
Xaver(ius) 76

Yann 76, 158
Yannic 159
Yannick 76, 158
Yannik 76, 159
York 100
Yves 76
Yvon 77

Zacharias 38
Zacharie 38
Zachary 38
Zoltán 170

Weibliche Vornamen von A–Z

Aaliyah 297
Abelone 182
Abigail 172
Ad(da) 249
Adalberga 249
Adalberta 249
Adela 249
Adelaide 211, 226
Adele 211, 249
Adèle 211
Adelgund(e) 249
Adelheid 211, 249, 260, 281, 284, 292
Adelina 211
Adeline 226, 227
Adelmut 250
Adelrune 250
Adriana 189
Adriane 179
Adrienne 179, 211
Afra 179
Agatha 180
Agathe 180
Agnes 180, 219, 279
Agnete 279
Agnetha 279
Aileen 226
Aimée 211
Aina 279
Alba 180
Alberta 249, 251
Albertina 249
Albertine 249
Albin(i)a 249
Albine 180
Alena 175
Alessandra 181, 225
Alexa 180
Alexandra 180, 181, 246, 296
Alexia 180
Alice 181, 226, 227, 290
Alicia 226, 227
Alida 249
Alina 211, 227
Aline 211
Alisha 227
Alison 227
Alissa 290
Alix 181
Allegra 211
Alma 212, 249
Almut(e) 250
Aloisia 212
Alruna 250
Alrune 250
Althea 227
Alwi 250
Alwine 250, 290
Alwy 250
Alyssa 290
Amabel 227
Amalberga 249
Amalberta 249
Amalia 250
Amalie 181, 250
Amanda 181, 242
Amata 181, 227
Amelia 181, 227
Amelie 227
Amélie 181, 212
Amely 181, 227
Amrei 250
Amy 227
Anabel 212
Anastasia 181, 247, 280
Andrea 181
Anemone 182
Anette 172
Angela 182, 212
Angèle 182
Angelica 182
Angelika 182
Angelina 212
Angélique 182
Anita 212, 280
Anja 172, 291
Anke 280
Ann 227
Anna 172, 174, 177, 212, 227, 228, 244, 250, 280, 291
Annabella 212
Annbritt 281
Anne 172, 179, 228
Annegret 228
Annelie 250
Anneliese 228
Annemarie 228
Annemie 250
Annett 212
Annette 19, 212
Anni(e) 250
Annica 280
Annice 228
Annick 213
Annika 172, 280
Annunziata 213
Anouk 213
Anselma 247
Anthea 228
Antje 280
Antoinette 182, 213
Antonetta 213
Antonia 182, 213, 277
Antonie 182
Antonina 295
Anuschka 172, 291
Aphrodite 238
Apollonia 182, 268
April 228
Arabella 213, 214
Ariadne 182
Ariane 213
Arianna 182
Artemis 188
Asta 280
Astrid 280
Audrey 228

Augusta 183
Auguste 183, 260
Aurelia 183
Aurelie 183
Ava 229
Ayleen 226

Babette 19, 213
Barb 251
Barbara 183, 229, 251, 280
Barbe 183
Bärbel 251
Barbie 229
Barbro 183, 280
Beata 183
Beate 183
Beatrice 183, 213
Beatrix 183
Becky 229
Belinda 229
Bella 214
Benedetta 184
Benedicte 184
Benedikta 184
Benedikte 184, 280
Bengta 184
Benigna 184
Benita 184
Benne 280
Bente 280
Bérénice 184
Berenike 184
Berit 280
Bernadette 214, 251
Bernhardine 173, 251, 253
Bernice 184
Bert(h)a 251
Bertalda 251
Bertrada 251
Beryl 229
Bess(y) 229
Betsy 229
Bette 229
Bettina 214, 277
Betty 229
Bianca 214
Bibi 280
Bibiana 214
Bibiane 214
Biggi 251
Birgit 251, 280, 281
Birgit(ta) 280
Birte 281
Blanche 214
Blanda 184
Blandine 184
Blanka 184, 214
Bogdana 291
Bonifatia 184
Bonnie 229
Bonny 229
Borghild 252
Branka 291
Brenda 229
Briddy 230
Bridget 184, 230, 251, 280
Brigga 230
Brigida 184, 280
Brigitta 251, 281, 288
Brigitte 184, 230, 251, 258, 280
Bringfriede 19
Brit(t) 281
Britta 281
Bronislawa 291
Brunhild(e) 251
Brünhild(e) 251
Burghild(e) 252

Cäcilie 185, 215, 230, 231
Camilla 185
Camille 185
Candice 230
Candida 185
Cara 230
Carina 214
Carla 252
Carlotta 214, 215, 220
Carmela 214
Carmen 214
Carol 195, 230
Carola 195
Carolin 230
Carolina 195, 230
Caroline 195, 230
Carolyn 230
Carrie 230
Carry 230
Cassandra 195
Catalina 196
Caterina 196
Catherine 196
Cathleen 230
Cécile 185
Cecilia 185, 215
Cecilie 215, 289
Cecily 185, 230, 231
Celia 230
Celina 215
Celine 215, 246
Céline 215
Chantal 215
Chariklia 185
Charis 185
Charity 230
Charlene 231
Charlotte 214, 215, 231, 269
Chayenne 231
Cherry 230
Cheryl 231
Cheyenne 231
Chiara 186, 216
Chlodhildis 266
Chloe 185
Chloé 185
Chris 231
Chrischona 252
Chrissy 231
Christa 252
Christabel 231
Christhild 252
Christiane 186, 252
Christina 186, 240, 286, 301
Christine 186
Cilly 185, 231
Cinderella 231
Cindy 231

Claartje 186
Claire 186, 216, 252
Clara 186, 196, 231, 252
Cläre 186, 252, 266
Clarice 186
Clarinda 231
Clarissa 186, 196
Claudia 186
Clementia 187
Clementine 187
Clivia 231
Coletta 216
Colette 216
Conni 188, 252
Conny 188, 252
Constanze 187
Cora 187
Cordelia 187, 197, 232
Cordula 187, 197
Coretta 231
Corette 231
Corinna 187, 197, 231
Corinne 187, 197
Cornelia 187, 197, 232, 244, 252, 272, 288
Cornelie 187
Cornell 232
Corny 232
Corrie 232
Corry 232
Cosima 188
Crescentia 188
Cynthia 188

Dagmar 281
Dagny 281
Daisy 232
Daliah 172
Dalilah 172
Dana 291
Dania 291
Daniela 291
Danielle 216
Danja 291
Daphne 178, 188
Daria 297
Darja 291
Davina 232
Dawn 232
Debbie 173, 232
Debora(h) 173
Deborah 232
Deirdre 232
Delia 188
Delilah 172
Della 232
Demeter 185
Denise 216
Desidena 216
Desideria 188
Desirée 188, 216
Diana 188
Dido 189
Dieta 252
Diethild 252
Diethild(e) 252
Dietlind 252
Dietlind(e) 253
Dietmut(e) 253
Dietrun 253
Dina 253
Dina(h) 173
Diona 232
Dionne 232
Dixie 232
Dolly 190, 233
Dolores 216, 220
Dominique 216
Donata 189
Donna 233
Dora 253
Doreen 233
Doris 189
Dorit 253
Dorle 253
Dorofeja 190
Dorothea 189, 190, 207, 233, 253, 291
Dorothee 190
Dorothée 190
Dorothy 190, 233
Dort(h)e 281
Dört(h)e 281
Dragan 291
Dragica 291
Dragomira 281
Dunja 291

Ebba 253
Eberhardine 253
Edda 233
Edelgard 253
Edeltraud 253
Edeltraut 228
Edina 233, 291
Edith 233
Edith(a) 233
Edna 233, 291
Edwina 233
Effi(e) 253
Ehrengard 253
Ehrentraud 254
Eike 281
Eileen 226, 234
Elaine 234
Eleanor 234
Eleanor(a) 234
Elena 192, 217
Eleonore 234, 254, 269, 297, 299
Elfe 254
Elfi 254
Elfriede 254, 256
Elfrun 254
Elga 281
Eliane 217
Eliette 217
Elina 291
Elinor 291
Elisa 217
Elisabeth 173, 219, 226, 254, 255, 267, 268, 289
Elisabetta 173
Eliza 234
Elizabeth 173, 234, 240, 241
Elke 281
Ella 254
Ellen 234
Elli 254, 272
Ellice 234

Ellinor 244, 298
Elly 254
Elma 298
Elmira 298
Elna 234, 298
Elsa 254
Elsabe 255
Elsbe 255
Elsbeth 255
Else 255
Elvira 217
Emanuela 190
Emerentia 190
Emerita 190
Emilia 217
Emilie 234, 255
Émilie 255
Emily 234, 255
Emma 255
Emmanuelle 190
Emmi 255
Emmy 255
Emmylou 234
Enid 235
Enrica 217
Enya 235
Erdmute 255
Erika 255
Erna 256
Ernesta 256
Ernestine 256
Ernfriede 256
Erszébet 173
Esmeralda 217
Estella 207
Estelle 207
Esther 298
Etelka 292
Ethel 235
Etta 235
Eugenia 190, 192
Eugenie 190
Eulalia 190
Eusebia 190
Ev 173
Eva 173, 217, 256
Evangeline 235
Eve 173
Eveline 235
Evelyn 235
Evi 173, 256
Evita 217

Fabiana 217
Fabiane 217, 218
Fabienne 217, 218
Fabiola 217, 218
Faith 235
Fanni 256
Fanny 235, 256
Farah 298
Fatima 298
Faye 235
Fedora 292
Fee 256
Felicitas 190
Felizitas 190, 256
Fenja 281
Fenna 282
Feodora 207, 292
Fides 191
Fin(n)i 175
Finja 282
Finnia 282
Fiona 235
Fiorenza 191
Fita 282
Fjodora 207
Flora 191
Florence 191
Florentine 191
Florenze 191
Floriana 191
Floriane 191
Florianne 191
Frances 192, 235
Francesca 191
Franzi 256
Franziska 191, 256
Frauke 282
Frederica 256
Frederika 256
Freia 282
Freya 282
Freyja 282
Fricka 283
Frieda 256
Friederike 155, 256, 274, 282, 283
Friedhild 256
Friedhold 257
Friedlieb 257
Friedrun 257
Frigga 283
Fritzi 257

Gabi 174, 257
Gabriela 173
Gabriele 173, 174, 257
Gabriella 174
Gabrielle 174
Gaby 257
Gail 236
Garda 283
Garde 283
Gardi 283
Gardy 283
Garnet 236
Gebhard 117
Geneviève 218, 257
Genia 192
Genoveva 218, 257
Georgette 218
Georgia 192, 218
Georgine 192
Geraldine 236, 257
Gerda 257, 283
Gerharde 283
Gerhild 257
Gerlind(e) 257
Germaine 218
Gerrit 283
Gerta 257
Gerti 257
Gertraud 257, 277
Gertraud(e) 257
Gertrud 258, 277, 283
Gertrud(e) 257
Gertrudis 258
Gesa 283
Gesche 283

Gesine 283
Gianna 218
Gilda 236
Gill 194
Gillian 195, 239
Gilmar 119
Gina 204, 218
Ginette 257
Giovanna 174, 218
Gisa 258
Gisela 258, 289
Giselle 258
Gislinde 258
Gitta 258
Gitte 258
Giulia 194
Giuliana 195
Giuseppa 174
Gladys 236
Gloria 192
Godela 259
Gottfriede 259
Gottliebe 259
Grace 218, 236
Gracia 218
Grazia 218
Graziella 218
Greet(je) 283
Gret(h)e 259
Greta 283
Gretchen 259
Grete 17, 259, 301
Gretel 259
Griet(je) 283
Griseldis 259
Grit(t) 259
Grit(t)a 259
Grizelda 236, 259
Guda 259
Gudrun 11, 259, 260
Gudula 260
Gun(h)ild 283
Gun(n) 283
Gunda 260
Gundel 260
Gundela 260
Gundula 260
Gunild 283
Gunilla 283
Gust(e)l 260
Gusti 260
Gwen(da) 236
Gwendolyn 236

Halina 192
Hanna(h) 174
Hannah 244
Hanne 260
Harriet 236
Hartmute 255
Hazel 236
He(i)lgard 261
Heather 237
Hedda 283
Hede 260
Hedi 260
Hedwig 260, 292
Hedy 260
Heide 260, 261
Heidi 261
Heidrun 11, 261, 264
Heike 284
Heilwig 261
Heinrike 284
Hela 261
Helen 192, 234, 237
Helena 192, 211, 234, 272, 291
Helene 192, 234, 237, 261, 293
Hélène 192
Helga 281, 284, 295
Heli 261
Hella 261
Helma 261
Helmine 261
Helmtraud 261
Hemma 261
Henni 284
Henny 284
Henrietta 218, 235
Henriette 19, 218
Henrike 284
Herlinde 262
Herma 262
Hermine 262
Hert(h)a 262
Hester 237
Hetty 237
Hilaria 193
Hilary 193
Hilda 236, 262
Hildburg 262
Hilde 262
Hildegard 11, 262, 284
Hildegund 260
Hildegund(e) 263
Hildrun 263
Hilke 284
Hilla 284
Hille 284
Hiltr(a)ud 263
Hjördis 284
Holde 263
Holly 237
Hope 237
Hortense 193
Hortensia 193
Hroswitha 275
Huberta 263
Hulda 263, 290

Ida 263
Iduna 284
Ignatia 193
Ildiko 263
Ilja 167
Ilka 237
Ilona 192, 292
Ilonka 292
Ilse 263
Ilsebill 264
Imelda 264
Imke 284
Imma 284
Imme 284
Imogen 237
Ina 204, 264
Ines 219
Inga 284
Ingalisa 284

Inge 264, 284
Ingeborg 284, 285
Ingmar 285
Ingrid 285
Ingrun 264
Inka 285
Inken 285
Innozentia 193, 279
Ira 193
Ireen 193
Irena 194
Irene 193, 292
Irène 194
Irina 194, 292
Iris 194
Irma 264
Irmela 264
Irmelin 264
Irmenhild 265
Irmgard 11, 251, 255, 264, 284
Irmhild 265
Irmtraud 264, 265
Isa 219
Isabeau 219
Isabel 173, 237
Isabel(la) 219
Isabella 173, 219
Isabelle 219
Isadora 194
Isidora 194
Isobel 219, 237
Isolde 219, 237
Isotta 237
Ivy 238
Iwana 292
Iwanka 292

Jacky 238
Jaclyn 238
Jacqueline 219, 238
Jadwiga 260, 292
Jakoba 174
Jakobine 174
Jana 292
Janatha 298
Jane 238
Janet 238
Janice 238
Janina 292
Janine 265
Janna 285
Janne 285
Jasmin 298
Jean 238
Jeanette 219
Jeanie 238
Jeanne 219
Jekatenna 196
Jelena 192
Jelisaweta 173
Jennifer 238
Jenny 238
Jessica 238
Jette 265
Jill 239
Joan 238, 239
Joellina 265
Johanna 174, 218, 219, 238, 260, 285
Jolanda 194
Jolanthe 194
Jolina 265
Joline 265
Jördis 284
Josefa 174
Josefine 174
Josepha 174, 224
Josephine 174
Jovanka 292
Joy 239
Joyce 239
Juana 174, 219
Juanita 212, 219
Judith 175, 239
Judy 175, 239
Jule 194, 265
Julia 194, 197, 220, 265, 292
Juliana 194
Juliane 194, 197, 239
Julie 194
Julienne 195
Juliet 194
Juliette 220
Julika 292
Julischka 292
Julka 292
June 239
Jutta 175, 285
Jytte 285

Kaj 286
Kaja 286
Kara 239
Kare(e)n 239
Karen 196, 286
Karin 286
Karina 196
Karla 195, 252, 265
Karlotta 214
Karola 195, 215
Karolin 230
Karoline 195, 230
Karsta 286
Kassandra 195
Kät(h)e 266
Kat(h)i 266
Kat(h)inka 293
Kat(h)rein 266
Kat(h)rin 266
Kate 239
Katerina 196
Katharina 195, 230, 239, 266, 290, 293
Katharine 196
Katherina 196
Katherine 240
Kathleen 196, 239
Katja 293
Katrin 266
Kay 239, 286
Kelly 240
Kersti(n) 286
Kiara 216
Kim 240
Kimberley 240
Kimberly 240
Kira 293
Kirsten 286
Kirstie 240

Kirsty 240
Kit(ty) 240
Klara 196, 216
Kläre 216, 266
Klarissa 196
Klothilde 266, 277
Konstantina 196
Konstantine 196
Konstanze 187, 196
Kora 187, 197
Kordula 187
Korinna 197
Kostja 168
Kreszentia 279
Kriemhild 118, 120, 251, 266
Kristin 286
Kristina 186, 277, 286
Kristine 286
Kunigunde 260, 266
Kyra 293

Laila 287
Lale 287
Lana 293
Lara 293
Larissa 293
Lätitia 197, 220, 240
Laura 220, 241, 293
Laure(e) 197
Laurence 197
Laurentia 197, 220
Laurenzia 197
Lauretta 220
Laurette 220
Lavinia 197
Léa 175
Lea(h) 175
Leah 175
Leila 298
Lena 192, 267
Leni 267
Lenka 175, 293
Leonie 267, 272
Léonie 220, 267
Leonore 299
Leontine 197, 268
Leontyne 197
Leopolda 267
Leopoldine 173, 253, 267
Leslie 240
Letitia 240
Letizia 220
Li(e)sa 267
Li(e)sbeth 268
Li(e)se 267
Li(e)sel 267
Lia 197
Liane 197
Libby 240
Libussa 293
Liebhild 268
Liebtraud 268
Lil 240
Lil(l)ian 240
Lil(l)y 241
Lili 241
Lilian 240
Lilo 268
Lina 268
Linda 241, 268
Linde 268
Linn 268
Lioba 268
Lisanne 268
Liv 287
Livia 197
Liz 241
Liz(zy) 241
Liza 241
Lola 220
Lolita 220
Lona 268
Loni 268
Lonny 268
Lore 269
Loredana 220
Lorena 241
Loretta 220
Lorna 241
Lotta 269
Lotte 269
Lotti 269
Louisa 269
Louise 19, 269
Luana 241
Lucia 198, 241
Lucie 198, 241, 270
Lucinda 241
Lucy 198, 241
Ludmilla 293, 294
Ludwiga 270
Luella 241
Luisa 269
Luise 269, 270
Luiselotte 270
Luitgard 270
Lulu 270
Luna 198
Luzia 198, 241
Lydia 198
Lynn 241

Mabel 227, 242
Madalena 175
Maddalena 175
Madeleine 175, 220
Madlon 220
Madonna 243
Mady 175, 242
Mae 242
Mag 242
Mag(gie) 243
Magda 175
Magdalena 175, 220, 293
Magdalene 175, 242
Magde 242
Maggie 242
Maggy 242
Maike(n) 287
Maisie 242
Maj 287
Maj-Britt 287
Maja 198
Malaika 299
Male(e)n 287
Malena 287
Malene 175, 287
Malenka 293
Malin 175
Malwina 91

Malwine 270
Mandy 181
Manja 293
Manon 176, 220
Manuela 190, 221
Manuele 46
Mara(h) 176
Marcella 199
Marcelline 199, 215
Marcia 242
Marei 270
Mareike 287
Maren 176, 287
Maresa 270
Marga 270
Margalita 199
Margaret 179, 199, 242, 243, 245
Margareta 199
Margarete 221
Margaretha 199
Margarethe 17, 199, 242, 259, 270, 271, 272, 283, 287
Margarita 221
Margery 199, 242
Margherita 199, 221, 224
Margit 199, 270, 287
Margitta 271
Margot 221
Margret 199, 271
Margrethe 199
Margriet 199
Margrit 259, 271
Marguerite 199, 221
Maria 175, 176, 177, 198, 220, 221, 243, 287, 293, 294
Mariamne 176, 177
Marianne 177
Maria Theresia 307
Marie 176, 270, 271
Mariella 176
Marietta 221
Marija 176, 293
Marika 21, 294
Marilyn 242
Marina 221, 287
Marion 176, 221
Marisa 221
Marita 221
Maritta 224
Marja 177
Marjorie 242
Mark 287
Marlene 271
Marlies 271
Märta 287
Martha 177
Marthe 177
Martina 199, 277
Martine 199
Mary 176, 242, 243, 245
Mascha 176, 294
Mat(h)ilda 271
Mathilde 242, 272, 277
Matilda 176, 272
Maud 175, 242
Maura 176, 243
Maureen 243
Maxi 200
Maximiliane 200
Maya 198
Mecht(h)ild(e) 272
Meg 243
Meggie 243
Meike(n) 287
Mela 200
Melanie 200, 293
Melina 200
Melisande 221
Melissa 200
Melitta 200
Melusine 222
Melvina 91
Mercedes 222
Merete 287
Merle 243
Merta 287
Meryl 243
Meta 272
Mette 288
Mia 272
Micaela 177
Michaela 162, 177, 222
Michele 177
Michelle 222
Mignon 222
Mihala 177
Mihalina 177
Mila 255, 294
Mildred 243
Milena 294
Milla 294
Millicent 243
Miltraud 243
Milva 222
Mina 272
Mine 272
Minna 191, 272
Minnie 243
Mira 294
Mirabella 223
Miranda 200, 294
Mireille 223
Mirella 223
Mirja 177, 288
Mirjam 176, 177
Mirka 294
Miroslava 294
Moana 299
Moira 243
Molly 243, 245
Mona 243
Monica 200, 201
Monika 200
Monique 201
Monja 294
Muriel 243
Myrtle 244

Nada 295
Nadia 295
Nadine 223
Nadja 223, 295
Nadjeschda 295
Naemi 177
Nan 244
Nancy 228, 244
Nanette 223, 228
Nanna 272, 288

Nanni 272
Nanny 244
Naomi 177
Nastasja 181
Nastassja 295
Natalia 201
Natalie 201, 295
Natascha 295
Nathalie 201
Neele 288
Nele 288
Nell 244
Nelli 272
Nellie 244
Nellis 244
Nelly 244, 272
Nicola 57, 73
Nicole 223
Nicoletta 216
Nikola 272
Nikoline 272
Nina 184, 295
Ninotschka 295
Noah 35
Noelle 223
Noemi 177
Nora 299
Noreen 244
Norma 244

Octavia 201
Oda 223, 273, 278
Odette 223
Odile 273
Odilia 273
Odilie 273
Oktavia 201
Olga 295
Oliva 201
Olive 244
Olivia 201, 244
Oona 244, 248
Ophelia 201
Ornella 223
Orscheli 208
Orsola 208
Orsolya 208
Ortr(a)ud 273
Ortrud 277
Ortrun 273
Ota 273
Othona 273
Ottilie 273, 292

Pam 244
Pamela 244
Pamina 202
Panja 295
Pansy 244
Paola 202, 223
Patience 245
Patrice 245
Patricia 202, 245
Patrizia 202, 245
Patsy 245
Patty 245
Paula 202, 223
Paulette 202
Paulina 202
Pauline 202
Peace 245
Pearl 245
Peg(gy) 245
Penelope 245
Penny 245
Pepita 224
Perdita 203
Peregrina 203
Pernilla 288
Pernille 288
Petra 203
Petronella 224, 288
Petronia 224
Petula 245
Philine 203
Philippa 203, 245
Philippine 203
Phoebe 203
Phyllis 203
Pia 204
Pilar 224
Pippa 245
Pirkko 288
Piroschka 295
Piroska 295
Poldi 267
Polly 245
Prisca 204
Priscilla 204, 245
Prudence 245

Rabea 299
Rachel 178
Raffaela 178
Raffaella 224
Ragna 288
Ragnhild 288
Rahel 175, 178
Randi 288
Raphaela 178
Raquel 178
Rebecca 178
Rebekka 178
Rega 204, 273
Regi 204
Regina 204, 218
Regine 204
Regula 273
Reinhild 288
Reinhild(e) 274
Renata 204
Renate 204, 224
Renée 204, 224
Resi 274
Ria 274
Ric(c)arda 224
Richhild(e) 274
Richlind(e) 274
Rieke 274
Rita 224
Rix(t)a 288
Roberta 274
Roderica 245
Romana 204, 225
Romi 274
Romilda 224
Romina 225
Romy 274
Ronja 288
Rosa 204, 225
Rosaleen 246

Rosalia 225
Rosalie 225, 246
Rosalind(e) 274
Rosalyn 246
Rosamunde 274
Rosanna 225
Roschana 299
Rose 204, 275
Rosemarie 204
Roswitha 275
Rotraud 275
Rowena 246
Roxana 246, 299
Roxane 246
Rudolfa 275
Rudolfine 275
Rufina 282
Runa 275
Runhild 275
Rut 178
Ruth 178
Ruthild 275

Sabina 205
Sabine 205
Sabrina 246
Sally 178, 246
Salome 178
Samantha 246
Samira 299
Sandie 246
Sandra 181, 225, 307
Sandy 246
Sanna 179
Sanne 179
Sara 179
Sara(h) 178
Saskia 288
Scarlett 246
Schirin 299
Schoschana 179
Schwanhild 276
Selina 246
Selma 19, 247
Senta 276
Serena 205, 247
Sévérine 225
Sharon 247
Sheila 247
Shirley 247
Si(e)ghild(e) 276
Si(e)glinde 276
Si(e)grun 276
Si(i)ri 289
Sibyl 205
Sibylla 205
Sibylle 205
Sidonia 205
Sidonie 205
Signe 289
Sigrid 289
Sigrun 264
Silja 289
Silke 289
Silvelin 206
Silvetta 206
Silvia 205
Silvie 206
Silvina 206
Simone 225
Sina 225
Sissi 276
Sissy 276
Siv 289
Siw 289
Sofia 206
Sofie 206
Solange 225
Solveig 289
Sondra 247
Sonja 206, 296
Sonnhild 276
Sophia 206
Sophie 206, 296
Sophy 206
Soraya 300
Stacia 247
Stacy 247
Stanislawa 296
Stefanie 206, 256, 276
Steffi 276
Stella 207
Stephanie 206
Sue 247
Sunhild 276
Susan 179, 247
Susanna 179
Susanne 179, 276
Suse 179, 276
Susi 179, 276
Susy 247
Suzanne 179
Svea 289
Svenja 289
Swanhild 276
Swenja 289
Swetlana 296
Sylvia 206

T(h)ilda 277
T(h)ilde 277
T(h)ora 289
T(h)ordis 290
T(h)orhild 290
T(h)yra 290
Tabea 179
Tabitha 179
Tamara 296
Tanja 296
Tatjana 296
Teresa 208, 247
Terry 247
Tess(y) 248
Thea 207
Theda 289
Thekla 207
Thelma 248
Theodelinde 289
Theodora 189, 207
Therese 207, 247
Thérèse 208
Theresia 207
Thomasine 277
Thorhild 289
Thusnelda 277
Tilla 277
Tilli 277
Tilly 277
Tina 277
Tine 277
Tini 277

Tiziana 225
Toni 277
Tony 277
Tosca 226
Traude(l) 277
Traute 277
Tressa 248
Trina 290
Trine 290
Trude 277
Trudi 277
Tuana 300

Uda 278
Ul(l)i 277
Ulana 195
Ulla 208, 290
Ulrika 208, 290
Ulrike 208, 274, 277
Una 244, 248
Undine 208
Uorschla 208
Urd(a) 290
Urschla 208
Ursel 208
Ursina 208
Ursly 208
Ursola 208
Ursula 208, 277
Ursulane 208
Ursule 208
Ursuline 208
Uschi 278
Usle 208
Uta 278
Ute 278
Utta 278

Valentina 208
Valentine 208
Valeria 209
Valeriane 209
Valerie 209
Vanessa 248
Verena 278
Veronika 209, 278, 297
Véronique 209
Veruschka 297
Vibeke 290
Vicky 209
Victoria 209
Viktoria 209
Viktoria-Luise 148
Vinzenta 210
Vinzentia 210
Vinzentina 210
Viola 210, 248
Violet 248
Violetta 226
Virginia 210
Virginie 210
Viveca 290
Viveka 290
Vivian 248
Viviana 210
Viviane 210, 214
Vivica 290
Vivien 248
Vivika 290
Vreni 278
Vroni 278

Wal(d)burg(a) 278
Wal(d)traud/t 278
Wal(d)trud/t 278
Walli 278
Wallis 99
Wally 278
Waltraud/t 277
Wanda 297
Warwara 183
Wencke 290
Wendelburg 279
Wendelgard 279
Wendula 279
Wendy 248
Werngard 290
Wiebke 290
Wiete 290
Wilhelma 279
Wilhelmine 261, 279
Wilma 279
Wiltr(a)ud 279
Wiltr(a)ut 279
Winfriede 279
Winnie 248
Witta 290
Wolfhild(e) 279
Wulfhild(e) 279

Xenia 210

Yasmin 300
Yasmin(e) 298
Yasmina 298, 300
Yasmine 300
Yvette 226
Yvonne 226
Zarah 179
Zenta 210
Zenzi 188, 193, 210, 279
Zita 226
Zorah 297
Zorana 297